에듀윌과 함께 시작하면,
당신도 합격할 수 있습니다!

대학 진학 후 진로를 고민하다 1년 만에
서울시 행정직 9급, 7급에 모두 합격한 대학생

다니던 직장을 그만두고
어릴 적 꿈이었던 경찰공무원에 합격한 30세 퇴직자

용기를 내 계리직공무원에 도전해
4개월 만에 합격한 40대 주부

직장생활과 병행하며 7개월간 공부해
국가공무원 세무직에 당당히 합격한 51세 직장인까지

누구나 합격할 수 있습니다.
시작하겠다는 '다짐' 하나면 충분합니다.

마지막 페이지를 덮으면,

에듀윌과 함께
공무원 합격이 시작됩니다.

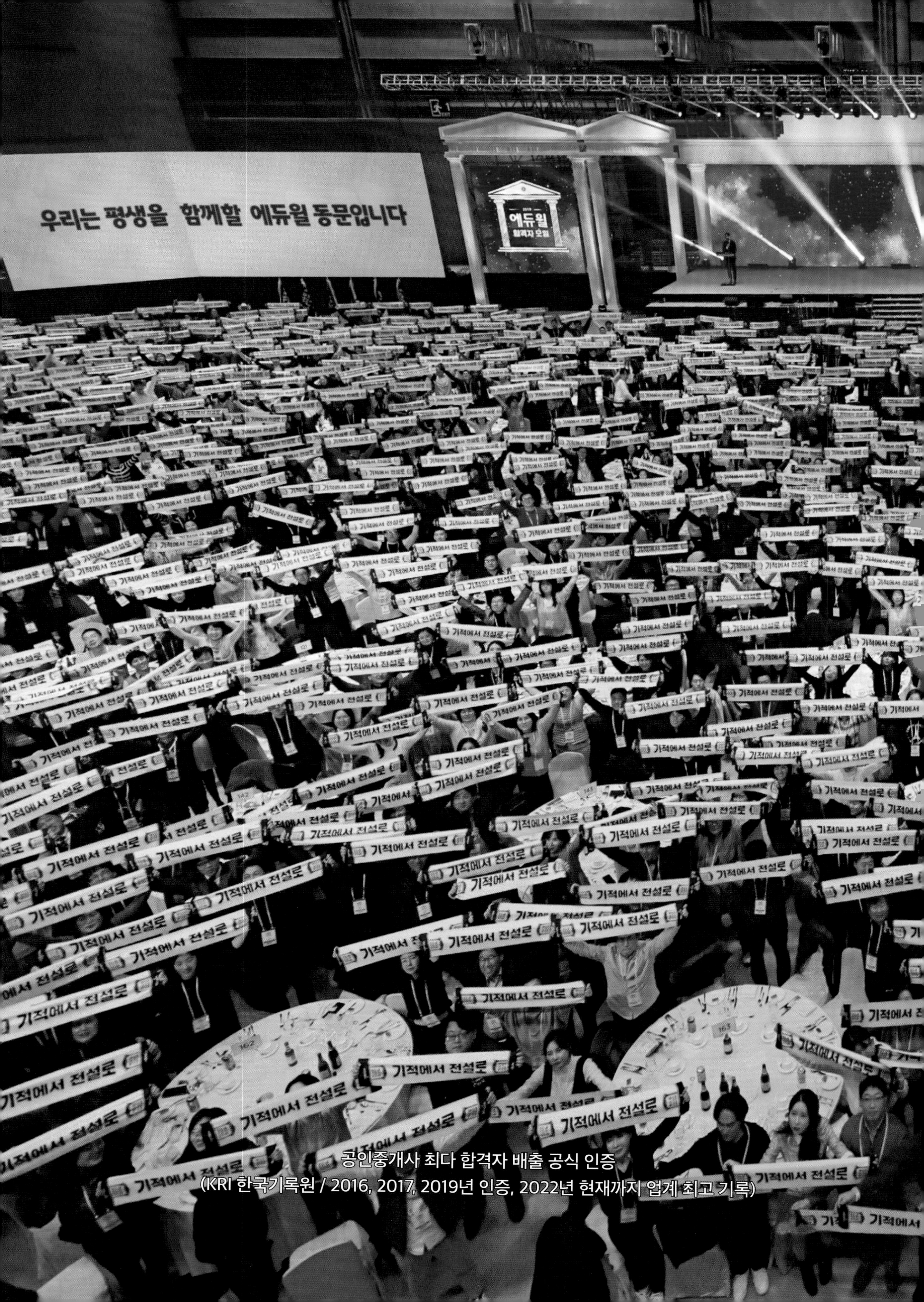

공인중개사 최다 합격자 배출 공식 인증
(KRI 한국기록원 / 2016, 2017, 2019년 인증, 2022년 현재까지 업계 최고 기록)

에듀윌과 함께하면 꿈은 현실이 됩니다
6년간 아무도 깨지 못한 기록
합격자 수 1위
에듀윌
기적에서 전설로
합격자 모임 실제 현장 (서울 강남 코엑스)

합격자 수 1,495%* 수직 상승!
매년 놀라운 성장

에듀윌 공무원은 '합격자 수'라는 확실한 결과로 증명하며
지금도 기록을 만들어 가고 있습니다.

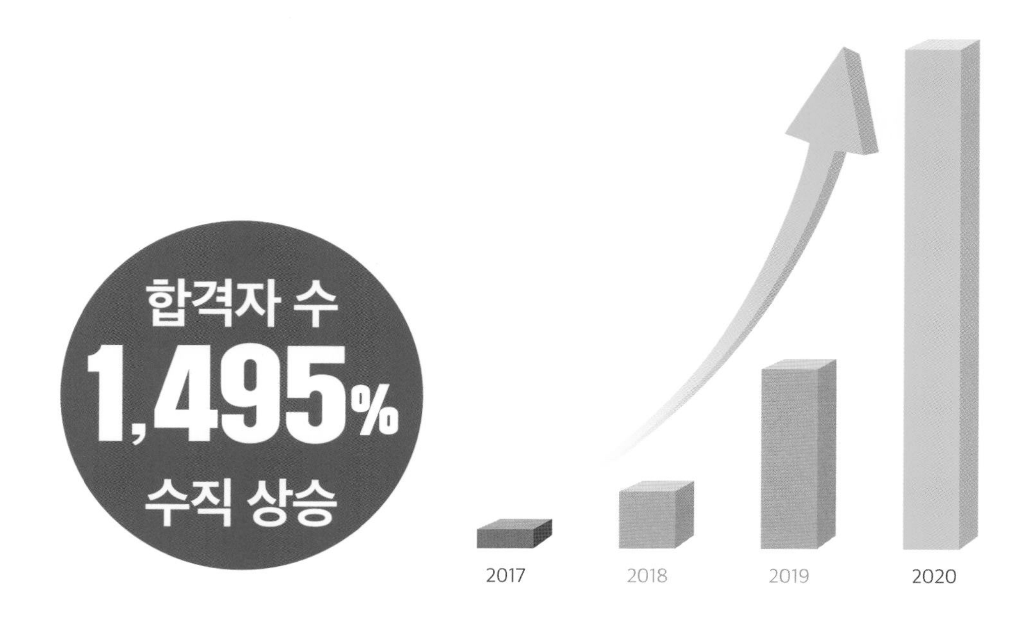

합격자 수를 폭발적으로 증가시킨 독한 소방 평생패스

합격 시 0원
최대 100% 환급

+

합격할 때까지
전 강좌 무제한 수강

+

전문 학습매니저의
1:1 코칭 시스템

※ 환급내용은 상품페이지 참고. 상품은 변경될 수 있음.

상품
페이지

* 2017/2020 공무원 온라인 과정 환급자 수 비교

강의 만족도 99%*
명품 강의

에듀윌 공무원 전문 교수진!
합격의 차이를 직접 경험해 보세요

합격자 수 1,495%* 수직 상승으로 증명된 합격 커리큘럼

독한 시작	▶	독한 회독	▶	독한 기출요약	▶	독한 문풀	▶	독한 파이널
기초 + 기본이론		심화이론 완성		핵심요약 + 기출문제 파악		단원별 문제풀이		동형모의고사 + 파이널

* 2017/2020 공무원 온라인 과정 환급자 수 비교
* 7·9급공무원 대표 교수진 2021년 7월 강의 만족도 평균 (배영표/성정혜/신형철/윤세훈/강성민)
* 경찰공무원 대표 교수진 2020년 11월 강의 만족도 평균
* 소방공무원 대표 교수진 2020년 12월 강의 만족도 평균
* 계리직공무원 대표 교수진 2020년 8월 19일~9월 16일 강의 만족도 평균

2022 과목개편 완벽대비 소방 합격 명품 교수진

소방학원 1위* 에듀윌 소방
강의 만족도 99%*

* 2022 대한민국 브랜드만족도 소방학원 교육 1위 (한경비즈니스)
* 소방공무원 대표 교수진 2020년 12월 강의 만족도 평균

9급·7급 수석 합격자* 배출!
합격생들의 진짜 합격스토리

에듀윌 강의·교재·학습시스템의 우수성을
2021년도에도 입증하였습니다!

주변 추천으로 선택한 에듀윌, 합격까지 걸린 시간 9개월

김○준 지방직 9급 일반행정직(수원시) 수석 합격

에듀윌이 합격 커리큘럼으로 유명하다는 것을 알고 있었고 또 주변 친구들에게 "에듀윌 다니고 보통 다 합격했다"라는 말을 듣고 에듀윌을 선택하게 되었습니다. 특히, 기본서의 경우 교재 흐름이 잘 짜여 있고, 기출문제나 모의고사가 실려 있어 실전감각을 키우는 데 큰 도움이 되었습니다. 면접을 준비할 때도 학원 매니저님들이 틈틈이 도와주셨고 스스로 실전처럼 말하는 연습을 하기도 했습니다. 그 결과 면접관님께 제 생각이나 의견을 소신 있게 전달할 수 있었습니다.

고민없이 에듀윌을 선택, 온라인 강의 반복 수강으로 합격 완성

박○은 국가직 9급 일반농업직 최종 합격

공무원 시험은 빨리 준비할수록 더 좋다고 생각해서 상담 후 바로 고민 없이 에듀윌을 선택했습니다. 과목별 교재가 동일하기 때문에 한 과목당 세 교수님의 강의를 모두 들었습니다. 심지어 전년도 강의까지 포함하여 강의를 무제한으로 들었습니다. 덕분에 중요한 부분을 알게 되었고 그 부분을 집중적으로 먼저 외우며 공부할 수 있었습니다. 우울할 때에는 내용을 아는 활기찬 드라마를 틀어놓고 공부하며 위로를 받았는데 집중도 잘되어 좋았습니다.

체계가 잘 짜여진 에듀윌은 합격으로 가는 최고의 동반자

김○욱 국가직 9급 출입국관리직 최종 합격

에듀윌은 체계가 굉장히 잘 짜여져 있습니다. 만약, 공무원이 되고 싶은데 아무것도 모르는 초시생이라면 묻지 말고 에듀윌을 선택하시면 됩니다. 에듀윌은 기초·기본이론부터 심화이론, 기출문제, 단원별 문제, 모의고사, 그리고 면접까지 다 챙겨주는, 시작부터 필기합격 후 끝까지 전부 관리해 주는 최고의 동반자입니다. 저는 체계적인 에듀윌의 커리큘럼과 하루에 한 페이지라도 집중해서 디테일을 외우려고 노력하는 습관 덕분에 합격할 수 있었습니다.

다음 합격의 주인공은 당신입니다!

* 2021 지방직 9급 일반행정직(수원시) 수석 합격, 2021 국가직 7급 검찰직 수석 합격

회원 가입하고 100% 무료 혜택 받기

가입 즉시, 공무원 공부에 필요한 모든 걸 드립니다!

혜택 1 초시생을 위한 합격교과서 제공

※ 에듀윌 홈페이지 ··· 직렬 사이트 선택 ··· 합격교과서 무료배포 선택 ··· 신청하기

혜택 2 초보 수험생 필수 기초강의 제공

※ 에듀윌 홈페이지 ··· 직렬 사이트 선택 ··· 상단 '처음오셨나요' 메뉴 선택 ··· 쌩기초 특강 신청 후 '나의 강의실'에서 확인 (7일 수강 가능)

혜택 3 전 과목 기출문제 해설강의 제공

※ 에듀윌 홈페이지 ··· 직렬 사이트 선택 ··· 상단 '학습자료' 메뉴 선택 ··· 기출문제 해설특강 (최신 3개년 주요 직렬 기출문제 해설강의 제공)

* 배송비 별도 / 비매품

합격의 시작은 잘 만든 입문서로부터

에듀윌 소방 합격교과서

무료배포 선착순 100명

무료배포 이벤트

* 본 혜택과 경로는 예고 없이 변경되거나 대체될 수 있음.

1초 합격예측
모바일 성적분석표

1초 안에 '클릭' 한 번으로 성적을 확인하실 수 있습니다!

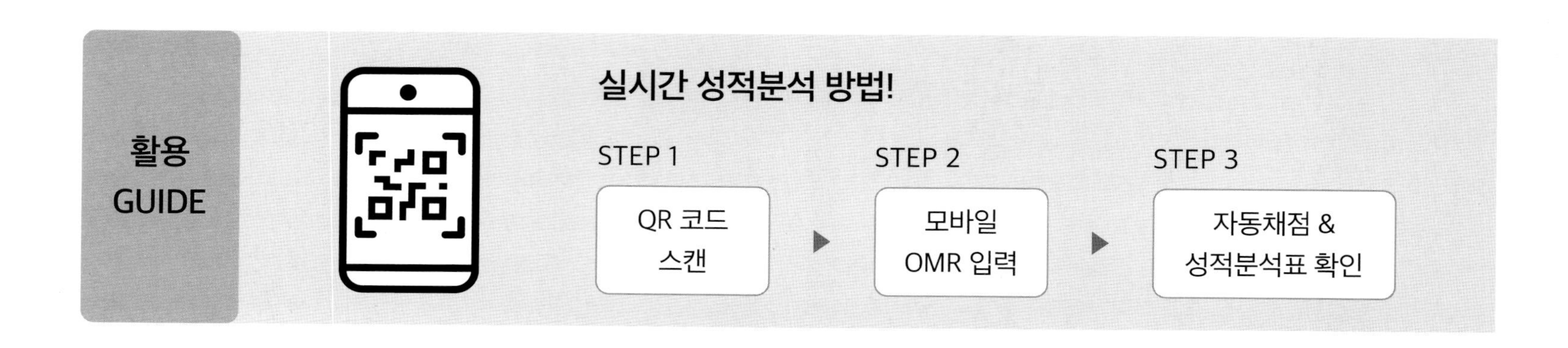

STEP 1

STEP 2

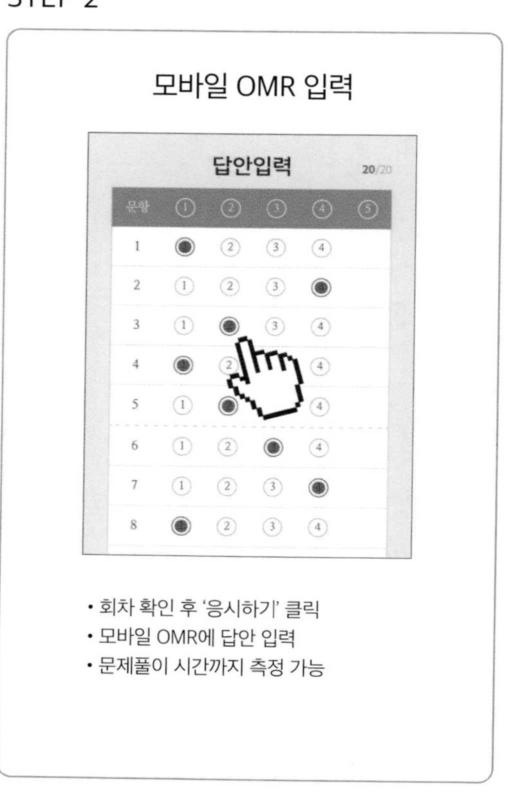

STEP 3

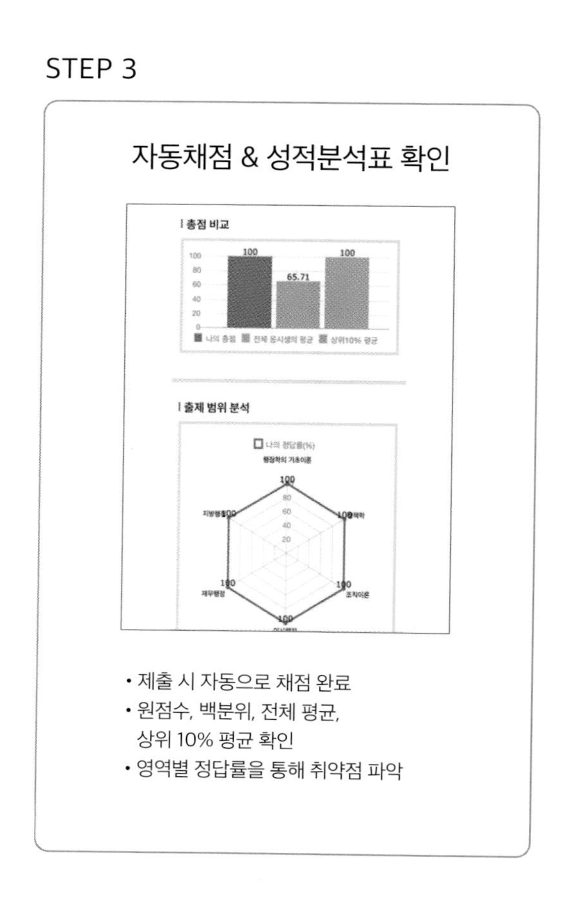

※ 본 서비스는 에듀윌 공무원 교재(연도별, 회차별 문항이 수록된 교재)를 구입하는 분에게 제공됨.

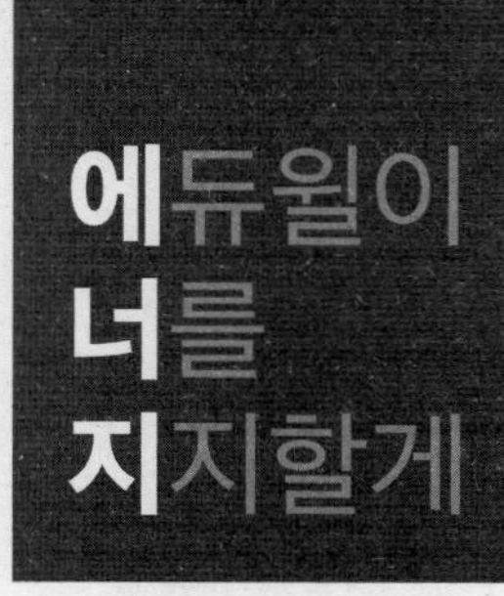

ENERGY

시작하라.

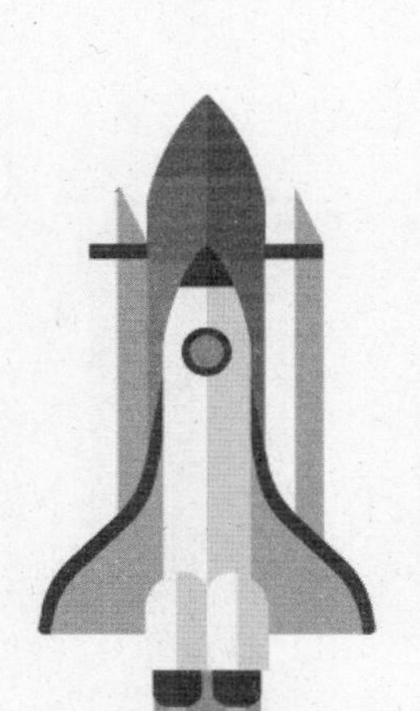

그 자체가 천재성이고,
힘이며, 마력이다.

– 요한 볼프강 폰 괴테(Johann Wolfgang von Goethe)

2022

에듀윌 소방공무원

실전동형 모의고사 12회

소방학개론+소방관계법규

eduwill

에듀윌이 다 드립니다!

단기 합격팩

전 회차 무료 해설강의

소방직 전문 교수님의
전 회차 해설강의 무료제공

1초 합격예측! 모바일 성적분석표

응시생들과의 비교를 통해
객관적 실력 진단과 취약점 파악 가능

기출재구성 모의고사

최빈출 문제만 선별하여
재구성한 모의고사 2회분 제공

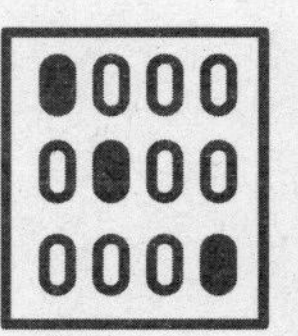

실전 OMR 카드

잘라서 활용 가능한
OMR 카드 제공

INTRO

저자의 말

“이 교재를 통해 소방공무원을 꿈꾸는 수험생 모두에게 합격의 영광이 있기를 기원합니다.”

직업의 패러다임이 시대에 따라 변화하고 있는 추세입니다. 공무원이라는 직업 중에서도 국민의 생명과 재산을 보호하는 소방공무원의 인기는 점점 높아지고 있습니다. 소방공무원은 화재의 예방, 진압, 구조 · 구급은 물론 각종 재난 · 재해 현장에서 국민의 생명과 재산을 보호함으로써 존경과 사랑을 받는 직업입니다.

본 저자는 40여 년간 소방공무원 및 소방 관련학과 교수로 재직하였고, 전국 소방공무원 시험문제를 출제했습니다. 이와 같은 경험을 바탕으로 실전동형 모의고사 교재를 집필하였습니다.

먼저 소방학개론은 소방공무원이라면 반드시 알아야 할 소방의 기초부터 소방행정, 소방시설의 작동원리 등에 관한 문제를 골고루 출제하였습니다. 소방관계법규는 수시로 개정되는 법령 내용을 반영하여 문제를 출제하였습니다. 소방관계법규는 법조문이 개정될 때도 있지만, 신설되는 경우뿐만 아니라 삭제되는 경우도 많으므로 이에 유의하며 학습하는 것이 중요합니다.

모쪼록 이 교재를 통해 소방공무원을 꿈꾸는 수험생 모두에게 합격의 영광이 있기를 기원합니다.

저자 우 성 천

STRUCTURE

구성과 특징

문제편

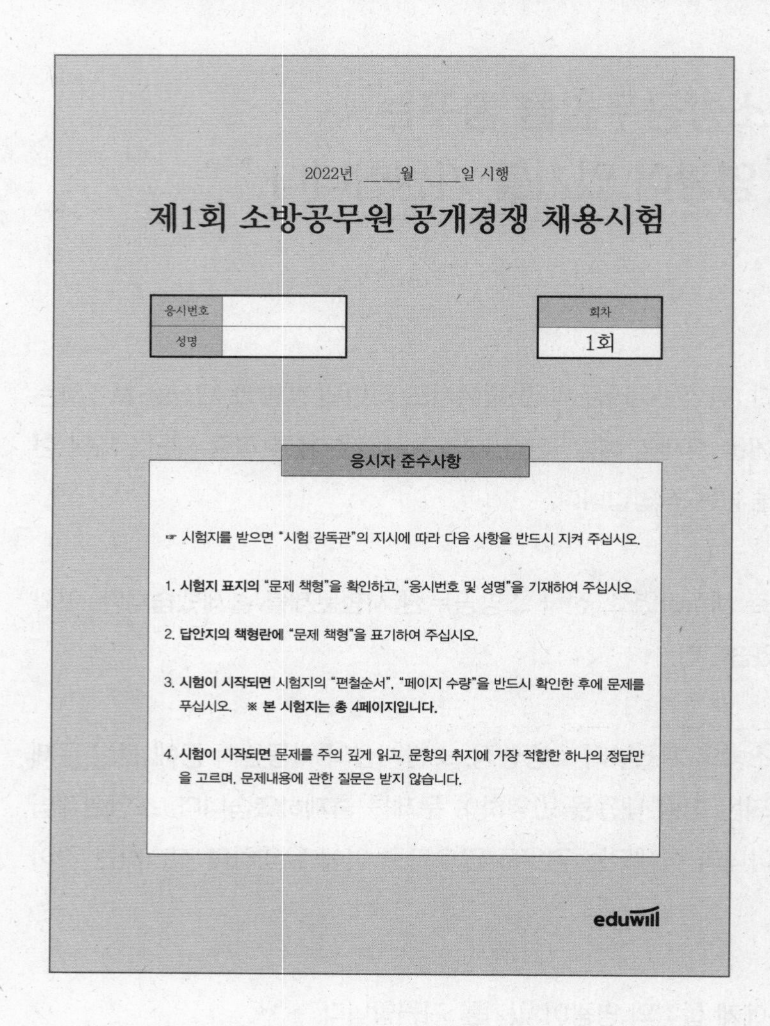

2022년 ____월 ____일 시행

제1회 소방공무원 공개경쟁 채용시험

응시번호	
성명	

회차
1회

응시자 준수사항

☞ 시험지를 받으면 "시험 감독관"의 지시에 따라 다음 사항을 반드시 지켜 주십시오.

1. 시험지 표지의 "문제 책형"을 확인하고, "응시번호 및 성명"을 기재하여 주십시오.
2. 답안지의 책형란에 "문제 책형"을 표기하여 주십시오.
3. 시험이 시작되면 시험지의 "편철순서", "페이지 수량"을 반드시 확인한 후에 문제를 푸십시오. ※ 본 시험지는 총 4페이지입니다.
4. 시험이 시작되면 문제를 주의 깊게 읽고, 문항의 취지에 가장 적합한 하나의 정답만을 고르며, 문제내용에 관한 질문은 받지 않습니다.

eduwill

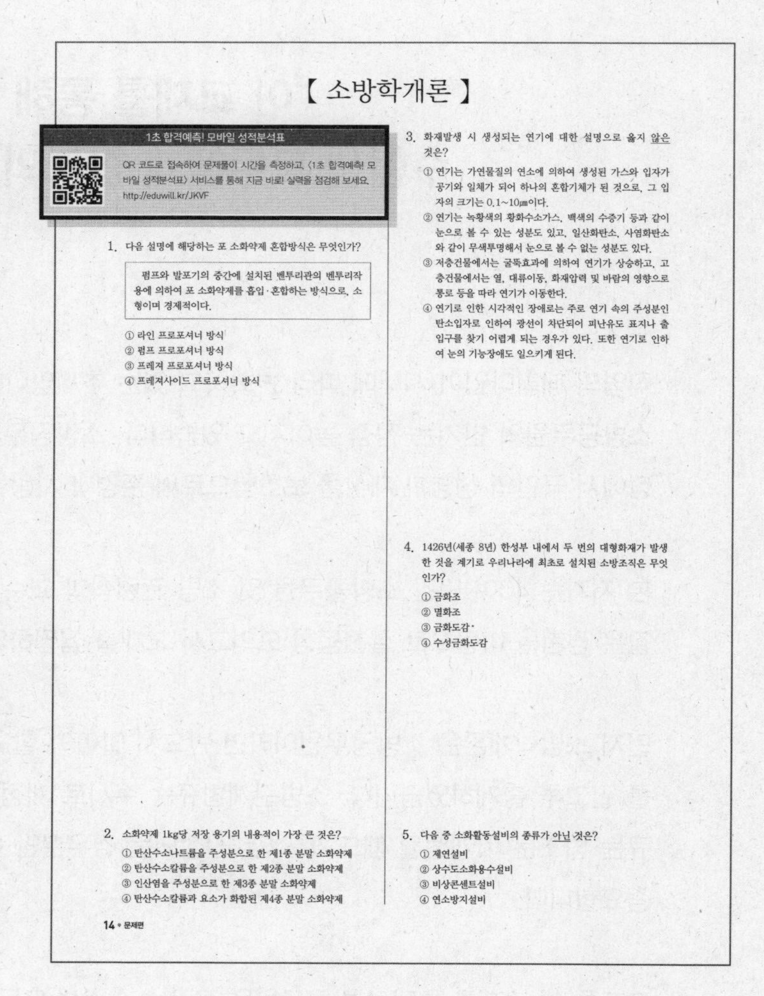

【 소방학개론 】

1초 합격예측! 모바일 성적분석표

QR 코드로 접속하여 문제풀이 시간을 측정하고, 〈1초 합격예측! 모바일 성적분석표〉 서비스를 통해 지금 바로! 실력을 점검해 보세요.
http://eduwill.kr/JKVF

1. 다음 설명에 해당하는 포 소화약제 혼합방식은 무엇인가?

   펌프와 발포기의 중간에 설치된 벤투리관의 벤투리작용에 의하여 포 소화약제를 흡입·혼합하는 방식으로, 소형이며 경제적이다.

   ① 라인 프로포셔너 방식
   ② 펌프 프로포셔너 방식
   ③ 프레져 프로포셔너 방식
   ④ 프레져사이드 프로포셔너 방식

2. 소화약제 1kg당 저장 용기의 내용적이 가장 큰 것은?
   ① 탄산수소나트륨을 주성분으로 한 제1종 분말 소화약제
   ② 탄산수소칼륨을 주성분으로 한 제2종 분말 소화약제
   ③ 인산염을 주성분으로 한 제3종 분말 소화약제
   ④ 탄산수소칼륨과 요소가 화합된 제4종 분말 소화약제

3. 화재발생 시 생성되는 연기에 대한 설명으로 옳지 않은 것은?
   ① 연기는 가연물질의 연소에 의하여 생성된 가스와 입자가 공기와 일체가 되어 하나의 혼합기체가 된 것으로, 그 입자의 크기는 0.1~10㎛이다.
   ② 연기는 녹황색의 황화수소가스, 백색의 수증기 등과 같이 눈으로 볼 수 있는 성분도 있고, 일산화탄소, 사염화탄소와 같이 무색투명해서 눈으로 볼 수 없는 성분도 있다.
   ③ 저층건물에서는 굴뚝효과에 의하여 연기가 상승하고, 고층건물에서는 열, 대류이동, 화재압력 및 바람의 영향으로 통로 등을 따라 연기가 이동한다.
   ④ 연기로 인한 시각적인 장애로는 주로 연기 속의 주성분인 탄소입자로 인하여 광선이 차단되어 피난유도 표지나 출입구를 찾기 어렵게 되는 경우가 있다. 또한 연기로 인하여 눈의 기능장애도 일으키게 된다.

4. 1426년(세종 8년) 한성부 내에서 두 번의 대형화재가 발생한 것을 계기로 우리나라에 최초로 설치된 소방조직은 무엇인가?
   ① 금화조
   ② 멸화조
   ③ 금화도감
   ④ 수성금화도감

5. 다음 중 소화활동설비의 종류가 아닌 것은?
   ① 제연설비
   ② 상수도소화용수설비
   ③ 비상콘센트설비
   ④ 연소방지설비

14 • 문제편

실제 시험지와 크기, 종이, 서체 동일!

실제 시험과 동일한 환경을 구현하여 시험에 응시하는 것 같은 실전 감각을 키울 수 있습니다.

회차별로 잘라서 활용 가능!

회차별로 표지를 수록하여 잘라서 활용할 수 있도록 하였습니다.

소방 시험 출제경향 완벽 반영!

최신 3회차 기출문제와 1:1 유형 매칭을 통해 소방 시험의 출제경향을 제대로 반영한 소방다운 문제만을 수록하였습니다.

무료제공 1초 합격예측 서비스

QR 코드 스캔 후 정답을 입력하면 자동으로 채점이 가능합니다. 성적결과분석으로 취약 영역 파악은 물론, 다른 수험생들과의 성적 비교도 가능합니다.

실제 소방공무원 시험을
완벽하게 구현하다!

해설편

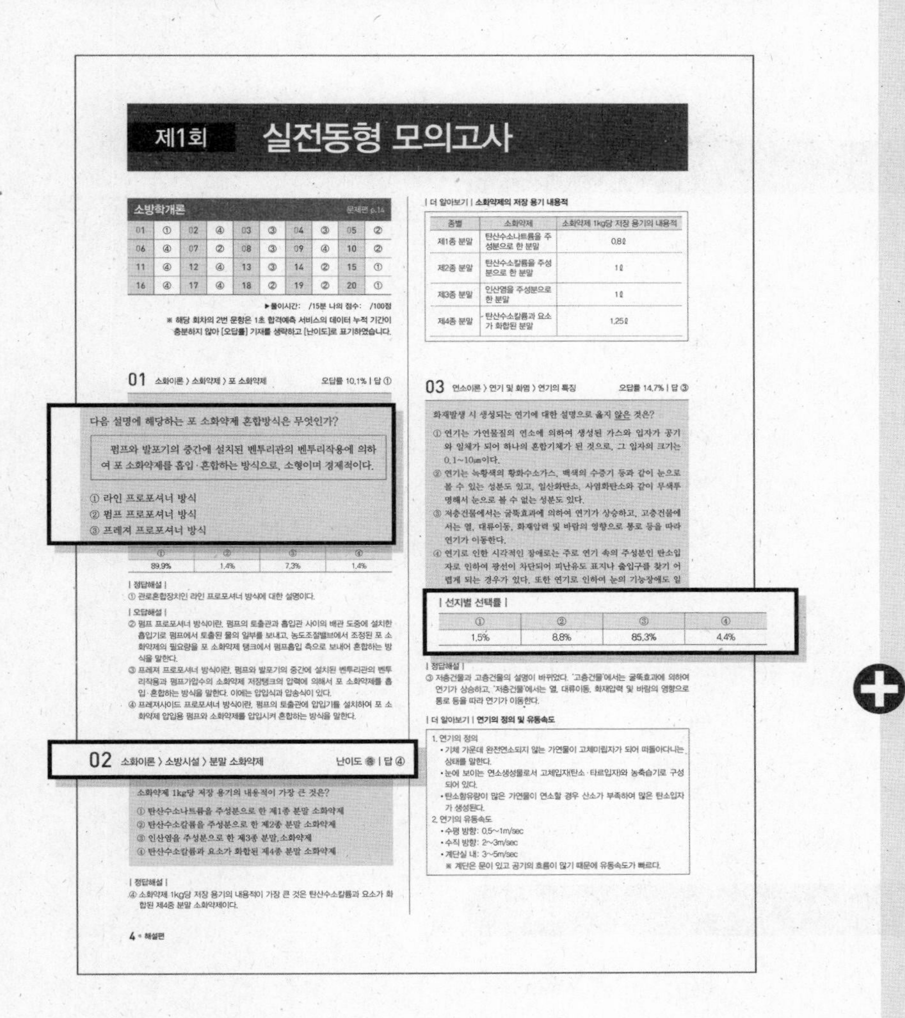

문제편 문제 한 번 더 수록!

문제편에서 풀었던 문제를 한 번 더 수록하여 자동으로 2회독이 가능합니다. 또한 해설의 이해를 도와 효율적으로 학습할 수 있습니다.

전 문항 개념 연계 카테고리 수록 및 상세해설

전 문항 연계학습이 가능하도록 개념 카테고리를 수록하였고, 오답까지 상세한 해설을 수록하였습니다.

문항별 오답률 & 선지별 선택률 제시

문항별 오답률 및 오답률이 높은 TOP 3 문항을 표시하여 고난도 문제 위주로 복습할 수 있으며, 선지별 선택률을 통해 실제 수험생들과 비교해볼 수 있습니다.

별책부록

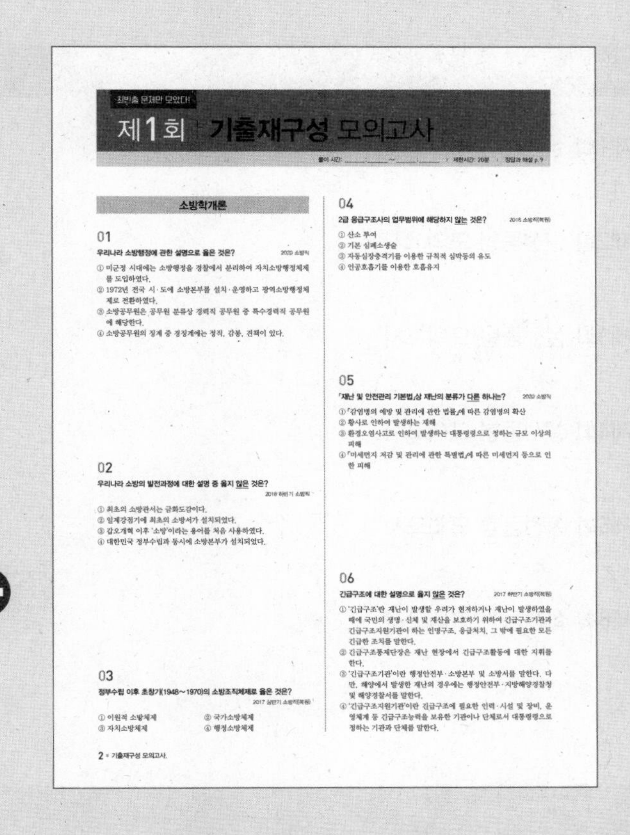

기출재구성 모의고사로 확실한 마무리!

기출은 마지막까지 중요하다! 7개년 기출문제 중 반드시 풀어봐야 하는 최빈출 문제를 재구성한 모의고사 2회분을 수록하여 기출문제로 확실히 마무리할 수 있습니다.

CONTENTS

차례

FREE

무료 해설강의

수강 방법

영어

한국사

행정법총론

소방학개론+소방관계법규

1 에듀윌 도서몰(book.eduwill.net) ▸ 동영상 강의실 ▸ 공무원 ▸ 소방공무원 실전동형 모의고사 해설 검색
※ 에듀윌 회원 가입 후 이용 가능

2 유튜브(www.youtube.com) ▸ 에듀윌 공무원 ▸ 소방공무원 실전동형 모의고사 해설 검색
※ 순차적 업로드 예정

3 네이버 카페 닥공사(cafe.naver.com/kts9719), 소방꿈(cafe.naver.com/gsdccompany), 다음 카페 소사모(cafe.daum.net/im119)
※ 순차적 업로드 예정

활용 TIP

아직은 불안해!
확실한 마무리 학습이 필요하다면?

1번부터 20번까지 모든 문항의 해설강의를 수강하여
아는 문제도 다시 한 번 꼼꼼히,
확실하게 짚고 넘어간다!

시간이 없다!
빠르게 마무리 하고 싶다면?

맞힌 문제는 과감하게 스킵하고
틀린 문제와 찍은 문제의 해설강의만 수강하여
취약한 내용만 빠르게 복습한다!

FIRE
FIGHTER

소방학개론

2022년 ____월 ____일 시행

제1회 소방공무원 공개경쟁 채용시험

응시번호	
성명	

회차
1회

응시자 준수사항

☞ 시험지를 받으면 "시험 감독관"의 지시에 따라 다음 사항을 반드시 지켜 주십시오.

1. **시험지 표지의** "문제 책형"을 확인하고, "응시번호 및 성명"을 기재하여 주십시오.

2. **답안지의 책형란에** "문제 책형"을 표기하여 주십시오.

3. **시험이 시작되면** 시험지의 "편철순서", "페이지 수량"을 반드시 확인한 후에 문제를 풀십시오. **※ 본 시험지는 총 4페이지입니다.**

4. **시험이 시작되면** 문제를 주의 깊게 읽고, 문항의 취지에 가장 적합한 하나의 정답만을 고르며, 문제내용에 관한 질문은 받지 않습니다.

【 소방학개론 】

풀이시간: ___:___ ~ ___:___ 제한시간: 15분

1초 합격예측! 모바일 성적분석표

QR 코드로 접속하여 문제풀이 시간을 측정하고, 〈1초 합격예측! 모바일 성적분석표〉 서비스를 통해 지금 바로! 실력을 점검해 보세요.
http://eduwill.kr/JKVF

1. 다음 설명에 해당하는 포 소화약제 혼합방식은 무엇인가?

> 펌프와 발포기의 중간에 설치된 벤투리관의 벤투리작용에 의하여 포 소화약제를 흡입·혼합하는 방식으로, 소형이며 경제적이다.

① 라인 프로포셔너 방식
② 펌프 프로포셔너 방식
③ 프레져 프로포셔너 방식
④ 프레져사이드 프로포셔너 방식

2. 소화약제 1kg당 저장 용기의 내용적이 가장 큰 것은?

① 탄산수소나트륨을 주성분으로 한 제1종 분말 소화약제
② 탄산수소칼륨을 주성분으로 한 제2종 분말 소화약제
③ 인산염을 주성분으로 한 제3종 분말 소화약제
④ 탄산수소칼륨과 요소가 화합된 제4종 분말 소화약제

3. 화재발생 시 생성되는 연기에 대한 설명으로 옳지 <u>않은</u> 것은?

① 연기는 가연물질의 연소에 의하여 생성된 가스와 입자가 공기와 일체가 되어 하나의 혼합기체가 된 것으로, 그 입자의 크기는 0.1~10㎛이다.
② 연기는 녹황색의 황화수소가스, 백색의 수증기 등과 같이 눈으로 볼 수 있는 성분도 있고, 일산화탄소, 사염화탄소와 같이 무색투명해서 눈으로 볼 수 없는 성분도 있다.
③ 저층건물에서는 굴뚝효과에 의하여 연기가 상승하고, 고층건물에서는 열, 대류이동, 화재압력 및 바람의 영향으로 통로 등을 따라 연기가 이동한다.
④ 연기로 인한 시각적인 장애로는 주로 연기 속의 주성분인 탄소입자로 인하여 광선이 차단되어 피난유도 표지나 출입구를 찾기 어렵게 되는 경우가 있다. 또한 연기로 인하여 눈의 기능장애도 일으키게 된다.

4. 1426년(세종 8년) 한성부 내에서 두 번의 대형화재가 발생한 것을 계기로 우리나라에 최초로 설치된 소방조직은 무엇인가?

① 금화조
② 멸화조
③ 금화도감
④ 수성금화도감

5. 다음 중 소화활동설비의 종류가 <u>아닌</u> 것은?

① 제연설비
② 상수도소화용수설비
③ 비상콘센트설비
④ 연소방지설비

6. 소화기의 온도적응성에 대한 설명으로 옳지 않은 것은?

① 분말소화기는 −20℃ 이상 40℃ 이하에서 사용한다.
② CO_2·할론소화기는 0℃ 이상 40℃에서 사용한다.
③ 할로겐화합물 및 불활성기체소화기는 55℃ 이하에서 사용할 수 있다.
④ 포소화기는 −20℃ 이상 30℃ 이하에서 사용한다.

7. 제6류 위험물의 안전관리와 소화방법으로 옳지 않은 것은?

① 불연성이지만 연소를 돕는 물질이므로 화재가 발생한 경우에는 가연물과 격리하여야 한다.
② 원칙적으로 질식소화보다 물로 소화하는 것이 좋다.
③ 용기를 밀전하고 파손방지, 전도방지, 변형방지에 주의한다.
④ 화기엄금과 직사광선을 차단하고 강환원제, 유기물질, 가연성 위험물과의 접촉을 피한다.

8. 1급 응급구조사만 할 수 있는 업무범위에 해당하는 것은?

① 외부 출혈의 지혈 및 창상의 응급처치
② 쇼크방지용 하의 등을 이용한 혈압의 유지
③ 심폐소생술의 시행을 위한 기도 유지
④ 자동심장충격기를 이용한 규칙적 심박동의 유도

9. 위험물의 위험도에 대한 일반적 성질로 옳지 않은 것은?

① 제1류 위험물은 불연성 물질이지만, 다른 가연물의 연소를 돕는 조연성(지연성) 물질이다.
② 제2류 위험물의 금속분은 물이나 산과 접촉하면 발열하게 된다.
③ 제3류 위험물 모두(황린 제외) 물에 대한 위험반응을 초래하는 고체 및 액체물질이다.
④ 제4류 위험물은 산소의 공급 없이 가열·충격으로 연소·폭발이 가능하다.

10. 다음 설명에 해당하는 것은 무엇인가?

유류표면에 불이 붙었을 때 포를 방사하면 물과 기름이 섞이지 않은 상태에서 끓는 기름온도에 의하여 물이 표면에서 튀면서 수증기화되어 유류가 탱크 외부로 비산·분출하는 현상

① 보일오버 현상
② 슬롭오버 현상
③ 플래시오버 현상
④ 오일오버 현상

11. 위험물저장탱크에서 유출된 가스가 구름을 형성하며 떠다니다가 점화원과 접촉하는 동시에 폭발이 일어나는 기상폭발을 무엇이라고 하는가?

① 가스폭발
② 분진폭발
③ 분무폭발
④ 증기운폭발

12. 재난현장 통합자원봉사지원단의 지역대책본부장은 재난의 효율적 수습을 위하여 지역대책본부에 통합자원봉사지원단을 설치·운영할 수 있는데, 다음 중 지원단의 업무로 옳지 않은 것은?

① 자원봉사자의 모집·등록
② 자원봉사자의 배치·운영
③ 자원봉사자에 대한 교육·훈련
④ 자원봉사자에 대한 비상연락망 구축

13. 재난관리기금의 적립 및 운용에 관한 설명 중 옳지 않은 것은?

① 지방자치단체는 재난관리에 드는 비용에 충당하기 위하여 매년 재난관리기금을 적립하여야 한다.
② 재난관리기금의 매년도 최저적립액은 최근 3년 동안의 「지방세법」에 의한 보통세 수입결산액의 평균연액의 100분의 1에 해당하는 금액으로 한다.
③ 재난관리기금에서 생기는 수입의 70%는 재난관리기금에 편입하여야 한다.
④ 매년도 최저적립액 중 일정비율 이상은 응급복구 또는 긴급한 조치에 우선적으로 사용하여야 한다.

14. 국가는 국민의 안전의식 수준을 높이기 위하여 국민안전의 날을 정해 필요한 행사 등을 하고 있는데, 국민안전의 날은 매년 언제인가?

① 4월 15일
② 4월 16일
③ 5월 15일
④ 5월 16일

15. 연기감지기(광전식)에 해당되지 않는 것은?

① 감지선형 감지기
② 광전식 분리형 감지기
③ 광전식 스포트형 감지기
④ 공기흡입형 감지기

16. 화재로 인한 피해 중 간접적 피해에 해당하는 것은?

① 연기로 인한 식료품 등의 피해
② 유독가스로 인한 인명의 피해
③ 소화용수로 인한 수손피해
④ 화재복구에 수반되는 피해

17. 제4류 위험물의 위험성이라고 볼 수 없는 것은?

① 화재 시 발생된 증기는 가연성이며, 공기보다 무거우므로 체류하기 쉽다.
② 일반적으로 물보다 가볍고 물에 잘 녹지 않는다. 따라서 석유류 화재 중 물을 방수하면 오히려 화재면적을 확대하는 결과를 가져온다.
③ 대량으로 연소하고 있을 때에는 다량의 복사열, 대류열로 인하여 화재가 확대된다. 또한 흑색연기가 많이 발생하며 화재진압이 매우 곤란하다.
④ 발생증기는 공기와 혼합하여 연소범위를 형성한다. 연소범위가 넓을수록, 연소범위의 하한이 높을수록 위험성이 높다.

18. 다음 중 물리적 폭발에 해당되는 것은 무엇인가?

① 분해폭발
② 증기폭발
③ 산화폭발
④ 중합폭발

19. 연소이론에 대한 설명으로 옳지 않은 것은?

① 목탄, 활성탄은 흡착열에 의하여 자연발화가 가능하다.
② 공기 중에 있는 가연성 가스 중 수소의 연소범위가 가장 넓다.
③ 증발연소하는 고체가연물질 중에는 파라핀, 왁스, 장뇌 등이 있다.
④ 물질이 공기 중에서 산소를 공급받아 산화를 일으키는 현상, 즉 외부의 점화원 접촉이 연소를 시작할 수 있는 최저온도를 인화점이라 한다.

20. 건물의 외부에서 관찰할 수 있는 백드래프트 현상의 징후가 아닌 것은?

① 화염이 보이고 창문이나 문이 뜨거운 경우
② 창문을 통해 보았을 때 건물 내에서 연기가 소용돌이치고 있는 경우
③ 유리창의 안쪽으로 타르와 유사한 기름성분의 물질이 흘러내리는 경우
④ 연기가 균열된 틈이나 작은 구멍을 통하여 빠져나오고, 건물 안으로 연기가 빨려 들어가는 경우

해설편 ▸ p.4

2022년 ____월 ____일 시행

제2회 소방공무원 공개경쟁 채용시험

응시번호	
성명	

회차
2회

응시자 준수사항

☞ 시험지를 받으면 "시험 감독관"의 지시에 따라 다음 사항을 반드시 지켜 주십시오.

1. **시험지 표지의** "문제 책형"을 확인하고, "응시번호 및 성명"을 기재하여 주십시오.

2. **답안지의 책형란에** "문제 책형"을 표기하여 주십시오.

3. **시험이 시작되면** 시험지의 "편철순서", "페이지 수량"을 반드시 확인한 후에 문제를 푸십시오. **※ 본 시험지는 총 4페이지입니다.**

4. **시험이 시작되면** 문제를 주의 깊게 읽고, 문항의 취지에 가장 적합한 하나의 정답만을 고르며, 문제내용에 관한 질문은 받지 않습니다.

【 소방학개론 】

풀이시간: ____:____ ~ ____: ____ 제한시간: 18분

1초 합격예측! 모바일 성적분석표

QR 코드로 접속하여 문제풀이 시간을 측정하고, 〈1초 합격예측! 모바일 성적분석표〉 서비스를 통해 지금 바로! 실력을 점검해 보세요.
http://eduwill.kr/6KVF

1. 할론·이산화탄소 소화설비 등의 설치장소에 관한 기준으로 옳지 않은 것은?

① 방호구역 외의 장소에 설치할 것
② 갑종·을종 방화문으로 구획된 실에 설치할 것
③ 용기 간의 간격은 점검에 지장이 없도록 10cm 이상 유지할 것
④ 저장용기와 집합관을 연결하는 배관에는 체크밸브를 설치할 것

2. 감지기 형식의 구분에 관한 설명으로 옳지 않은 것은?

① 방수 유무에 따라 방수형과 비방수형으로 구분한다.
② 내식성 유무에 따라 내산형, 내알칼리형, 보통형으로 구분한다.
③ 화재신호의 발신방법에 따라 무선식과 유선식으로 구분한다.
④ 불꽃감지기는 설치장소에 따라 옥내형, 옥외형, 도로형으로 구분한다.

3. 화재가 진행되기 위해서는 연소가 시작될 수 있도록 충분한 증기(산소)가 있어야 하는데, 다음 중 화재진행에 영향을 미치는 요인이라고 보기 어려운 것은?

① 구획실의 천장높이
② 구획실의 위치
③ 구획실을 둘러싸고 있는 물질들의 열 특성
④ 배연구(환기구)의 크기, 수, 위치

4. 다음 중 화재를 진압하거나 인명구조활동을 위하여 사용하는 소화활동설비에 해당하지 않는 것은?

① 비상콘센트설비
② 무선통신보조설비
③ 소화수조·저수조설비
④ 제연설비

5. 다음 중 구조대원이 구조요청을 거절할 수 없는 경우는?

① 단순 아파트 현관문의 개방
② 말벌집의 제거
③ 시설물에 대한 단순 안전조치 및 장애물의 단순 제거
④ 동물의 단순 처리·포획 및 구조

6. 화재발생 시 인간의 기본적 피난심리에 대한 설명으로 옳지 않은 것은?

① 지광본능이란 어두운 곳에서 밝은 불빛을 따라 행동하는 습성이다.
② 우회본능이란 오른손잡이는 오른발을 축으로 시계 반대방향으로 행동하는 습성이다.
③ 추종본능이란 혼란 시 판단력이 저하되어 최초로 달리는 앞사람을 따르는 습성이다.
④ 퇴피본능은 반사적으로 화염연기 등으로부터 멀리하려는 본능이다.

7. 액화석유가스(LPG)의 일반적 성질에 관한 설명으로 옳지 않은 것은?

① 기화 시에는 공기보다 1.5~2배 가볍다.
② 주성분은 프로판, 부탄이다.
③ 무색·무취·무미·무독성의 성질을 가지고 있다.
④ 휘발유 등 유기용매에 잘 용해된다.

8. 제4류 위험물의 일반적 성질이 아닌 것은?

① 대표적 성질은 인화성 액체이며 유기화합물이라는 점이다.
② 대부분 물에 잘 녹지 않으며, 모두 물과 반응하지 않는다.
③ 시안화수소를 제외한 대부분 증기비중은 공기보다 무겁다.
④ 대부분 물보다 가볍고 물에 녹지 않는 것(비수용성)이 많다.

9. 우리나라 소방조직에 관한 설명으로 옳지 않은 것은?

① 우리나라 최초의 소방조직은 수성금화도감이다.
② 우리나라에 최초로 설립된 소방서는 경성소방서이다.
③ 우리나라 최초의 소방청은 미군정시대에 설치되었다.
④ 우리나라의 「소방법」은 1958년에 제정되었다.

10. 가정이나 음식점 등에서 많이 사용하는 식용유의 화재에 관한 설명으로 옳지 않은 것은?

① 발화점이 비점 이하이다.
② 발화점과 인화점의 차이가 크다.
③ 국제표준화기구(ISO)는 F급 화재로 분류하고 있다.
④ 화염을 제거해도 식용유의 온도가 발화점 이하로 내려가지 않으면 즉시 재발화할 수 있다.

11. 구조대원이 환자를 대할 때의 효과적인 의사전달이 아닌 것은?

① 환자운반 시 특정 신체 부분을 무리하여 만지거나 단독행동을 하여서는 안 된다.
② 중요한 이야기를 할 때에는 반드시 요구조자의 눈을 맞춰야 한다.
③ 대화 시 전문용어를 사용하되 구조대원 개인의 의학적 예단은 절대 금지한다.
④ 환자의 이름을 부르도록 하며 진실을 말하는 것이 원칙이지만, 환자에게 충격을 줄 수 있는 말은 피한다.

12. 분말 소화약제의 특징과 거리가 먼 것은?

① 분말은 방사 후 흡습하여 약알칼리와 약산성을 나타내기 때문에 금속을 부식시킬 수 있다.
② 분말가루의 입자가 너무 크면 소화효과가 떨어지기 때문에 미세할수록 소화효과가 좋다.
③ 분말은 수면에 고르게 살포한 경우, 1시간 이내에 침강하지 않아야 한다.
④ 분말은 털면 털어지기 때문에 오염은 적지만, 정밀기기류나 통신기기류에는 부적합하다.

13. 구급차의 표시로 적당하지 않은 것은?

① 일반구급차는 적색 또는 녹색으로 '환자이송', '환자후송' 또는 '응급출동'이라는 표시를 할 수 있다.
② 구급차의 전·후·좌·우면 중 1면 이상에 구급차를 운영하는 기관의 명칭·전화번호를 표시한다.
③ 구급차는 바탕색이 백색이어야 하며, 전·후·좌·우면 중 2면 이상에 녹십자 표시를 한다.
④ 구급차는 전·후·좌·우면의 중앙 부위에는 너비 5cm 내지 10cm의 띠를 가로로 표시해야 한다.

14. 점화원(착화원) 없이 불이 붙는 최저 온도를 발화점이라고 하는데, 이 발화점이 낮아지는 조건에 해당하지 않는 것은?

① 열전도율이 낮을 것
② 발열량(반응열)이 클 것
③ 분자구조가 복잡할 것
④ 산소의 농도와 친화력이 적을 것

15. 각 기체의 법칙에 대한 설명으로 옳지 않은 것은?

① 보일의 법칙: 일정한 온도에서 기체의 부피는 압력에 반비례한다.
② 샤를의 법칙: 일정한 압력에서 기체의 부피는 절대온도에 반비례한다.
③ 보일·샤를의 법칙: 일정량의 기체의 부피는 압력에 반비례하고, 절대온도에 비례한다.
④ 이상기체 상태방정식: 이상유체란 실제 유체를 비압축성이며 점성이 없다고 가정한다.

16. 소화기는 물이나 기타 소화약제를 압력에 의해서 방사하여 소화를 행하는 기구로 사람이 조작하는 것을 말하는데, 소화기의 본체용기에 표시하는 사항으로 옳지 않은 것은?

① 사용 온도 범위 및 용기시험의 압력치
② A·B·C급 화재에 대한 능력단위의 수치
③ 형식승인 번호와 방사거리 및 방사시간
④ 제조번호·제조연월·제조업체명 또는 상호

17. 4℃의 물 1ℓ를 100℃의 수증기로 만드는 데 필요한 열량은 얼마인가?

① 176kcal
② 180kcal
③ 635kcal
④ 638kcal

18. 고층건물에 화재가 발생한 경우에 연기를 이동시키는 요인이라고 볼 수 없는 것은?

① 피스톤 효과
② 강제적인 냉난방 공기조화설비
③ 바람의 영향(외부 풍력차)
④ 열, 대류, 화재압력

19. 비점이 불균일한 중질류 등의 탱크 바닥에 찌꺼기와 함께 있는 물이 끓어, 수분의 급격한 부피 팽창에 의하여 기름이 탱크 외부로 넘치게 하는 현상을 무엇이라고 하는가?

① 슬롭오버 현상
② 보일오버 현상
③ 오일오버 현상
④ 프로스오버 현상

20. 상온에서 고체상태로 존재하는 고체의 연소는 분해·표면·증발·자기연소 등으로 나눌 수 있는데, 각 연소에 대한 설명으로 옳지 않은 것은?

① 증발연소란 파라핀, 나프탈렌 등 가연성 고체가 열에 녹아 액체가 되어 가연성 증기와 공기의 혼합상태에서 연소하는 현상이다.
② 자기연소란 분자 내 산소를 갖고 있지 않아 외부로부터 산소 공급이 이루어져 자기 내부의 연소형태를 갖는 현상이다.
③ 표면연소란 휘발성이 없는 고체 가연물이 고온 시 표면에서 공기와 접촉해 그 자체가 불꽃 없이 연소하는 현상이다.
④ 분해연소는 불꽃연소의 한 형태로 가연성 고체가 뜨거운 열을 만나 으스러지면서 분해생성물이 공기와 혼합기체를 만들어 연소하는 현상이다.

해설편 ▸ p.10

2022년 ____월 ____일 시행

제3회 소방공무원 공개경쟁 채용시험

응시번호	
성명	

회차
3회

응시자 준수사항

☞ 시험지를 받으면 "시험 감독관"의 지시에 따라 다음 사항을 반드시 지켜 주십시오.

1. **시험지 표지의** "문제 책형"을 확인하고, "응시번호 및 성명"을 기재하여 주십시오.

2. **답안지의 책형란에** "문제 책형"을 표기하여 주십시오.

3. **시험이 시작되면** 시험지의 "편철순서", "페이지 수량"을 반드시 확인한 후에 문제를 푸십시오. ※ **본 시험지는 총 4페이지입니다.**

4. **시험이 시작되면** 문제를 주의 깊게 읽고, 문항의 취지에 가장 적합한 하나의 정답만을 고르며, 문제내용에 관한 질문은 받지 않습니다.

【 소방학개론 】

풀이시간: ___:___ ~ ___:___ 제한시간: 17분

1초 합격예측! 모바일 성적분석표

QR 코드로 접속하여 문제풀이 시간을 측정하고, 〈1초 합격예측! 모바일 성적분석표〉 서비스를 통해 지금 바로! 실력을 점검해 보세요.
http://eduwill.kr/bKaV

1. 「재난 및 안전관리 기본법」상 재난이란 국민의 생명·신체·재산과 국가에 피해를 주거나 줄 수 있는 것인데, 다음 중 사회재난에 속하지 않는 것은?

① 화재
② 붕괴
③ 황사
④ 화생방사고

2. 불씨는 있지만 불꽃이 없는 것을 작열연소라 하는데, 다음 중 작열연소에 해당하지 않는 것은?

① 표면연소
② 응축연소
③ 무염연소
④ 발염연소

3. 가스화재 시 밸브를 차단하여 가스의 공급을 중단시키거나 산림화재 시 나무를 미리 절단하여 방화선을 구축하는 방법 등의 소화방법은?

① 질식소화
② 희석소화
③ 제거소화
④ 부촉매소화

4. 소방이라는 용어를 역사상 최초로 사용한 시기는 언제인가?

① 고려시대
② 조선시대
③ 미군정시대
④ 일제시대

5. 블레비(BLEVE) 현상에 영향을 주는 인자가 아닌 것은?

① 저장용기의 재질
② 저장물질의 물질적 역학 상태
③ 저장물질의 발화성 등의 여부
④ 저장된 물질의 종류와 형태

6. 유류 저장탱크 화재에 대한 설명으로 옳지 않은 것은?

① 오일오버(Oil over) 현상은 탱크 내의 유류가 50% 이하로 저장된 경우 화재로 인한 내부압력 상승으로 인한 탱크파열현상이다.
② 보일오버(Boil over) 현상은 비점이 불균일한 중질유 등의 탱크바닥에 찌꺼기와 함께 있는 물이 끓어 수분의 급격한 부피팽창에 의하여 기름을 탱크 외부로 넘치게 하는 현상이다.
③ 슬롭오버(Slop over) 현상이란 끓는 기름 온도에 의하여 물이 유류표면에서 튀면서 수증기화되어 갑작스러운 부피팽창으로 유류가 탱크 밖으로 비산·분출하는 현상이다.
④ 프로스오버(Froth over) 현상이란 탱크 내에서 물과 기름이 함께 있을 때 뜨거운 열에 의해 넘치는 현상으로 탱크 안은 화재를 수반하는 탱크 내부의 화재현상이다.

7. 목재의 형태에 따른 연소상태의 설명으로 옳지 않은 것은?

① 목재의 크기는 작고 얇은 것이 두껍고 큰 것보다 연소가 빠르다.
② 목재의 모양은 둥근 것이 각이 있는 것보다 연소가 빠르다.
③ 목재의 표면은 거친 것이 매끄러운 것보다 연소가 빠르다.
④ 목재의 색상은 백색보다 흑색(흑색의 나무)이 연소가 빠르다.

8. 재난발생 시 수방·진화·구조 및 구난 그 밖의 재난발생을 예방하거나 피해를 줄이기 위하여 필요한 응급조치를 하여야 하는 지역통제단장의 응급조치사항이라고 보기 어려운 것은?

① 현장지휘통신체계의 확보에 관한 응급조치
② 긴급수송 및 구조수단의 확보에 관한 응급조치
③ 진화에 관한 응급조치
④ 피해시설의 응급복구 및 방역과 방범에 관한 응급조치

9. 소방사(신규임용)에서 소방정(소방서장급)까지 승진하려면 승진소요 최저근무연수는 몇 년인가?

① 12년
② 14년
③ 16년
④ 18년

10. 제연이란 화재발생 시 연기를 제어하는 설비인데, 제연방식에 대한 설명으로 옳지 않은 것은?

① 기계제연방식은 계단실 등 피난경로가 되는 부분을 기계로 급기, 가압하여 연기유입을 방지하는 방식이다.
② 스모그타워제연방식은 굴뚝, 환기통 및 루프모니터의 흡입력을 이용하여 연기를 배출하는 방식이다.
③ 자연제연방식은 건물에 설치된 창문이나 전용의 배연구를 통하여 옥외로 연기를 배출하는 방식이다.
④ 밀폐제연방식이란 공간을 밀폐시켜서 일시적으로 연기의 유출 및 공기 등의 유입을 차단시켜 제연하는 방식이다.

11. 분말 소화약제의 저장용기 설치장소 기준 및 저장방법에 대한 설명으로 옳지 않은 것은?

① 저장실의 온도가 40℃ 이하이고 온도의 변화가 적은 곳에 설치하여야 한다.
② 직사광선 및 빗물의 침투 우려가 없는 곳에 설치하여야 한다.
③ 방화문으로 구획된 실에 설치해야 하며 용기의 설치장소에는 당해 용기가 설치된 곳임을 표시하는 표지를 설치하여야 한다.
④ 분말 소화약제 저장용기는 방호구역 내의 장소에 설치하여야 한다.

12. 대규모 재난의 수습 등 필요한 조치를 하기 위하여 중앙대책본부를 두는데, 중앙대책본부장은 누구인가?

① 대통령
② 국무총리
③ 행정안전부장관
④ 소방청장

13. 연소는 가연물질의 산화발열반응을 말한다. 연소속도와 연소과정 중 반응속도에 영향을 주는 인자에 대한 설명으로 옳지 않은 것은?

① 반응하는 물질의 종류가 많으면 충돌할 가능성이 적어 반응속도가 느리다.
② 정촉매는 활성화 에너지를 높여 반응속도를 빠르게 한다.
③ 기체일 경우 압력을 증가시키면 단위부피 중의 입자수가 증가하므로 기체의 농도가 증가하여 반응속도가 상승한다.
④ 온도가 높아질수록 발열반응에 관계없이 반응속도가 상승한다.

14. 목재의 연소과정에 대한 설명으로 옳지 않은 것은?

① 100~160℃에서 목재 가열이 시작되어 목재는 갈색으로 변한다.
② 220~260℃에서 수분 증발, 갈색에서 흑갈색으로 변화한다.
③ 360~420℃에서 목재가 급격히 분해하여 수소, 일산화탄소 및 탄화수소 등이 생성된다.
④ 420~470℃에서 탄화 종료 및 발화가 시작된다.

15. 가연물의 구비조건에 대한 설명으로 옳지 않은 것은?

① 열의 전도도 값이 커야 열의 축적이 용이하다.
② 산소와 접촉할 수 있는 비표면적이 큰 물질이어야 한다.
③ 연소반응을 일으키는 점화원의 활성화 에너지값이 작아야 한다.
④ 일반적으로 산화되기 쉬운 물질로서 산소와 결합할 때 발열량이 커야 한다.

16. 물질의 위험성을 나타내는 성질로 옳지 않은 것은?

① 연소범위가 넓을수록 위험하다.
② 증발열, 비열, 표면장력이 클수록 위험하다.
③ 연소속도, 증기압, 연소열이 클수록 위험하다.
④ 비중은 작을수록, 온도는 높을수록 위험하다.

17. 물 소화약제의 소화작용으로 옳지 않은 것은?

① 피복소화
② 질식소화
③ 냉각소화
④ 희석소화

18. 소화약제의 특성 중 사용 후의 오염이 매우 크고 대응하는 화재규모는 중형에서 대형이며 적응화재가 A·B급인 소화약제에 해당하는 것은?

① 물 소화약제
② 포 소화약제
③ 이산화탄소 소화약제
④ 할로겐화합물 소화약제

19. 피난구유도등의 설치장소로서 옳지 않은 곳은?

① 직통계단, 직통계단의 계단실 및 그 부속실의 출입구에 설치한다.
② 옥내로부터 직접 지상으로 통하는 출입구 및 그 부속실의 출입구에 설치한다.
③ 피난구의 바닥으로부터 높이 1.5m 이상으로서 출입구에 인접하도록 설치한다.
④ 안전구획된 비상구로 통하는 출입구에 설치한다.

20. 연기에 대한 설명으로 옳지 않은 것은?

① 완전연소하면 탄소입자가 방출되어 연기는 농도가 짙으며 검게 보인다.
② 출화점에서 발생한 화재실의 연기는 부력을 얻어 천장면에 이르게 된다.
③ 연기는 온도가 낮은 곳이나 공기가 희박한 곳에서 연소할 경우 많은 입자가 생성되어 농도가 짙게 된다.
④ 연기란 가연물질의 연소에 의하여 생성된 가스와 입자가 공기와 일체가 되어 하나의 혼합기체가 된 것이다.

해설편 ▸ p.16

2022년 ____월 ____일 시행

제4회 소방공무원 공개경쟁 채용시험

응시번호	
성명	

회차
4회

응시자 준수사항

☞ 시험지를 받으면 "시험 감독관"의 지시에 따라 다음 사항을 반드시 지켜 주십시오.

1. **시험지 표지의** "문제 책형"을 확인하고, "응시번호 및 성명"을 기재하여 주십시오.

2. **답안지의 책형란에** "문제 책형"을 표기하여 주십시오.

3. **시험이 시작되면** 시험지의 "편철순서", "페이지 수량"을 반드시 확인한 후에 문제를 푸십시오. **※ 본 시험지는 총 4페이지입니다.**

4. **시험이 시작되면** 문제를 주의 깊게 읽고, 문항의 취지에 가장 적합한 하나의 정답만을 고르며, 문제내용에 관한 질문은 받지 않습니다.

【 소방학개론 】

풀이시간: ___:___ ~ ___: ___ 제한시간: 16분

1초 합격예측! 모바일 성적분석표

QR 코드로 접속하여 문제풀이 시간을 측정하고, 〈1초 합격예측! 모바일 성적분석표〉 서비스를 통해 지금 바로! 실력을 점검해 보세요.
http://eduwill.kr/VKVF

1. 소화약제의 용어에 대한 설명 중 옳지 않은 것은?

① 간이소화용구란 소화기 및 자동소화장치를 제외한 소화능력단위 1단위 이하의 소화용구로서 에어로졸식소화용구, 투척용소화용구 및 소화약제를 이용한 소화용구를 말한다.
② 소형소화기란 능력단위가 1단위 이상이고 대형수동식소화기의 능력단위 미만인 수동식소화기를 말한다.
③ 대형소화기란 화재 시 사람이 운반할 수 있도록 운반대와 바퀴가 설치되어 있고 능력단위가 A급 10단위 이상, B급 20단위 이상인 수동식소화기를 말한다.
④ 주방용자동소화장치란 가연성가스 등의 노출을 자동으로 차단하며 소화약제를 방사하여 소화하는 소화장치를 말한다.

2. 할로겐화합물 및 불활성기체 소화약제 소화설비의 저장용기 설치장소에 대한 설명으로 옳지 않은 것은?

① 방호구역 내에 설치하며, 온도가 55℃ 이하이고 온도변화가 적은 곳에 설치할 것
② 저장용기를 방호구역 외에 설치한 경우에는 방화문으로 구획된 곳에 설치할 것
③ 용기의 간격은 점검하기 쉽도록 3cm 이상 간격을 띄울 것
④ 저장용기의 약제량 손실이 5%를 초과하거나 압력손실이 10%를 초과할 경우에는 재충전하거나 저장용기를 교체할 것

3. 공기 중 가연성 가스의 위험도가 높은 순서대로 나열한 것은?

① 아세틸렌 > 수소 > 휘발유 > 프로판
② 프로판 > 수소 > 아세틸렌 > 휘발유
③ 수소 > 아세틸렌 > 휘발유 > 프로판
④ 휘발유 > 프로판 > 수소 > 아세틸렌

4. 우리나라 소방업무의 변천내용에 관한 설명으로 옳지 않은 것은?

① 1958년 「소방법」 제정 시에는 화재의 예방, 경계, 진압업무 외에 풍수해·설해도 소방업무에 포함되었다.
② 1967년 「소방법」 개정 시 소방업무는 화재의 예방, 경계, 진압업무였다.
③ 1983년 「소방법」 개정 시에는 구급대의 운영규정과 구조업무에 관한 규정이 신설되었다.
④ 1999년 「소방법」 개정 시 재난·재해, 그 밖의 위급한 상황 관리업무가 추가되었다.

5. 배관의 마찰손실은 주 손실과 부차적 손실로 구분하는데, 다음 중 주 손실에 해당하는 것은?

① 관 부속품에 의한 손실
② 관로에 의한 마찰손실
③ 관의 급격한 확대에 의한 손실
④ 관의 급격한 축소에 의한 손실

6. 소화에 대한 용어설명으로 옳지 않은 것은?

① 질식소화는 소화에 필요한 산소를 차단하거나 그 농도를 낮추어 소화하는 방법으로서, 일반적으로 공기 중의 산소 농도를 15% 이하로 낮추어 소화하는 방법이다.
② 부촉매소화는 연소의 4요소 중 가연물의 연속적인 연쇄반응을 차단·억제하여 소화하는 방법으로, 물리적 소화방법에 해당된다.
③ 냉각소화는 연소의 4연소 중 발화원(열)을 발화점 이하로 냉각시켜 소화하는 방법으로서, 다량의 물 등을 이용하여 열을 흡수해 점화에너지를 차단하는 방법이다.
④ 제거소화는 연소물이나 화원을 제거·차단 또는 감량·파괴하여 소화하는 방법으로서, 가연물을 격리시켜 소화하는 방법을 말한다.

7. 정전기 발생을 억제하기 위한 방법에 대한 설명으로 옳은 것은?

① 유속을 제한하고, 이물질을 제거하여 유체의 분출을 방지한다.
② 공기를 이온화한다.
③ 접지시설(도체를 사용)을 한다.
④ 상대습도를 70% 이상 높인다.

8. 다음 중 소방공무원의 징계에 대한 설명으로 옳지 않은 것은?

① 직무상 의무에 의해 위반하거나 직무를 태만히 한 때 징계처분을 한다.
② 「소방공무원법」 및 「국가공무원법」, 「지방공무원법」에 의한 명령에 위반한 때 징계처분을 한다.
③ 직무 내·외를 불문하고, 그 체면 또는 위신을 손상하는 행위를 한 때 징계처분을 한다.
④ 징계는 경징계와 중징계로 나뉘며, 경징계에는 정직·감봉·견책이 있고, 중징계에는 파면·해임이 있다.

9. 제4류 위험물 중 등유·경유의 인화점으로 옳은 것은?

① 21℃ 미만
② 21℃ 이상 70℃ 미만
③ 70℃ 이상 200℃ 미만
④ 200℃ 이상 250℃ 미만

10. 화재의 제반사항에 대한 설명으로 옳지 않은 것은?

① 화재하중이란 건물화재 시 단위면적당 등가가연물량의 가열온도(발열량) 및 화재의 위험성과 화재구획의 내표면적에 대한 실내장식물의 화재위험도를 말한다.
② 화재강도란 화재심도라고도 하며 단위시간당 축적되는 열의 값을 말한다.
③ 화재가혹도란 화재의 발생으로 건물 내 수용재산 및 건물 자체에 손상을 입히는 정도를 말하며 화재가혹도에 영향을 주는 요인으로는 화재하중 등이 있다.
④ 훈소화재는 거의 밀폐된 구조로 실내화재에서 많이 발생하는데, 가연물이 열로 인해 응축의 액체미립자인 분해생성물만 발생시키는 것을 말한다.

11. 디토네이션(폭효)이라고도 불리는 폭굉은 반응의 전파속도가 초음속인데, 폭굉의 설명으로 옳지 않은 것은?

① 온도의 상승은 충격파의 압력에 기인한다.
② 에너지방출 속도가 물질전달 속도에 기인하지 않고 아주 짧다.
③ 파면(화염면)에 온도, 압력, 밀도가 불연속적으로 나타난다.
④ 반응이나 화염면의 전파가 분자량이나 공기 등 난류확산에 영향을 받는다.

12. 하인리히(Heinrich)의 재해예방 4원칙에 해당하지 않는 것은?

① 예방가능의 원칙
② 손실우연의 원칙
③ 원인결과의 원칙
④ 대책선정의 원칙

13. 「재난 및 안전관리 기본법」상 특별재난의 선포권자는 누구인가?

① 소방청장
② 행정안전부장관
③ 중앙대책본부장
④ 대통령

14. 국가와 지방자치단체가 재난으로 피해를 입은 시설의 복구, 피해주민의 생계안정, 피해기업의 경영안정을 위하여 국고에서 지원할 수 있는 사항으로 옳지 않은 것은?

① 주거용 건축물의 복구비 지원
② 대학생의 학자금 지원
③ 세입자 보조 등 생계안정 지원
④ 공공시설 피해에 대한 복구사업비 지원

15. 누전경보기를 설치할 수 없는 장소에 해당하지 않는 곳은?

① 화약류를 제조하거나 저장 또는 취급하는 장소
② 가연성 증기, 먼지, 가스 등이나 부식성의 증기, 가스 등이 다량으로 체류하는 장소
③ 대전류회로, 고주파 발생회로, 습도가 높은 장소 등에 의한 영향을 받을 우려가 있는 장소
④ 온도의 변화가 완만한 장소

16. 화재조사에 관한 설명으로 옳지 않은 것은?

① 화재조사는 소화활동과 동시에 개시되는데, 화재조사관이 화재발생사실을 인지한 즉시 실시한다.
② 전소란 화재의 소실 정도가 70% 이상이 넘는 경우를 말한다.
③ 중요화재란 재산피해액이 50억 원 이상으로 추정되는 화재를 말한다.
④ 화재사고 발생 후 72시간 내에 사망한 자는 인명피해 구분 시 사망자로 구분한다.

17. 가스에 의한 폭발상한계가 100이고 폭발하한계가 10일 때, 가스가 화재를 일으킬 수 있는 위험도는 얼마인가?

① 5
② 7
③ 9
④ 11

18. 연소속도의 특징에 대한 설명으로 옳지 않은 것은?

① 연소속도는 온도와 압력이 높을수록 빨라지며, 화염이 미연소 혼합가스에 대하여 직각으로 들어오는 속도를 말한다.
② 연소속도는 혼합가스에서 연소속도가 빠른 수소, 메틸렌 가스의 함유율이 많을수록 빨라진다.
③ 연소속도는 가스의 분출상태에 따라 층류 연소속도와 난류 연소속도로 구분되는데, 보통 연소속도라 함은 난류 연소속도를 말하며 화재는 층류 연소속도를 말한다.
④ 가스의 연소는 발열반응이므로 연소가 시작되면 발생한 열에 의해 혼합가스에 열이 전달되어 발화온도에 도달하게 되면 반응이 계속되어 연소가 계속 진행된다.

19. 원인물질에 따른 폭발의 분류 중 응상폭발에 해당하는 것은?

① 증기폭발
② 가스폭발
③ 분진폭발
④ 증기운폭발

20. 이산화탄소 소화설비의 방출방식에 대한 설명으로 옳지 않은 것은?

① 전역 방출방식
② 국소 방출방식
③ 교차회로방식
④ 이동식 방출방식(호스릴방식)

해설편 ▸ p.21

2022년 ____월 ____일 시행

제5회 소방공무원 공개경쟁 채용시험

응시번호	
성명	

회차
5회

응시자 준수사항

☞ 시험지를 받으면 "시험 감독관"의 지시에 따라 다음 사항을 반드시 지켜 주십시오.

1. **시험지 표지의** "문제 책형"을 확인하고, "응시번호 및 성명"을 기재하여 주십시오.

2. **답안지의 책형란에** "문제 책형"을 표기하여 주십시오.

3. **시험이 시작되면** 시험지의 "편철순서", "페이지 수량"을 반드시 확인한 후에 문제를 푸십시오. **※ 본 시험지는 총 4페이지입니다.**

4. **시험이 시작되면** 문제를 주의 깊게 읽고, 문항의 취지에 가장 적합한 하나의 정답만을 고르며, 문제내용에 관한 질문은 받지 않습니다.

【 소방학개론 】

풀이시간: ___:___ ~ ___: ___ 제한시간: 14분

1초 합격예측! 모바일 성적분석표

QR 코드로 접속하여 문제풀이 시간을 측정하고, 〈1초 합격예측! 모바일 성적분석표〉 서비스를 통해 지금 바로! 실력을 점검해 보세요.
http://eduwill.kr/fKVF

1. 연소반응이 일어나고 있는 연소물이나 화원을 제거함으로써 연소반응을 중지시켜 소화하는 방법인 '제거소화'에 대한 설명으로 옳지 않은 것은?
   ① 산불화재가 발생한 경우 주위 산림을 벌채한다.
   ② 창고 등에서 화재가 발생하면 물건이 타지 않도록 문을 굳게 잠근다.
   ③ 유류탱크 화재가 발생한 경우 탱크 밑으로 기름을 빼낸다.
   ④ 유전화재가 발생한 경우 질소폭탄을 투하하여 순간적으로 유전 표면의 증기를 날려 보낸다.

2. 물질의 비열이 크다는 것은 열용량이 크다는 것을 의미하며 비열이 작을수록 온도가 잘 올라가는데, 다음 중 물질의 비열(cal/g℃)이 가장 큰 물질은?
   ① 아세톤
   ② 할론 1301
   ③ 파라핀 왁스
   ④ 물

3. 가스기기의 설치 및 누설 시 주의사항과 점검사항으로 옳지 않은 것은?
   ① 가연성 가스가 누출되었을 경우에는 먼저 신속히 밸브를 잠그고 개구부를 개방한다.
   ② 호스길이는 가능한 한 짧게 하고, 연소기로부터 3m 이내로 하며 T자형 호스를 연결해야 한다.
   ③ 통풍이 잘 되고 인화물질이 없는 가연성 벽의 옆면과 가스기기 뒷면에서 15cm 이상, 천장에서 1m 이상 떨어지게 한다.
   ④ LPG는 누설되었을 경우 바닥에 체류하므로 가스누설경보기는 지면으로부터 상방 30cm 이내가 되는 곳에 설치하며, LNG와 도시가스는 누설되었을 경우 천장에 체류하므로 천장으로부터 하방 30cm 이내가 되는 곳에 설치한다.

4. 다음 소화약제 중 가스계 소화약제에 해당하지 않는 것은?
   ① 이산화탄소 소화약제
   ② 할로겐화합물 소화약제
   ③ 분말 소화약제
   ④ 산·알칼리 소화약제

5. 「재난 및 안전관리 기본법」에서 사용하는 재난관리 용어의 정의로 옳지 않은 것은?

① '재난'이란 자연재난과 사회재난으로 나뉘며 국민의 생명·신체·재산과 국가에 피해를 주거나 줄 수 있는 것으로 태풍, 화재, 환경오염사고 등으로 인한 피해를 말한다.
② '재난관리'란 대한민국의 영역 밖에서 대한민국 국민의 생명·신체 및 재산에 피해를 주거나 줄 수 있는 재난으로서 정부 차원에서 대처할 필요가 있는 재난을 말한다.
③ '재난관리책임기관'이란 재난관리업무를 하는 중앙행정기관 및 지방자치단체와 지방행정기관·공공기관·공공단체 및 재난관리의 대상이 되는 중요시설의 관리기관 등으로서 대통령령으로 정하는 기관을 말한다.
④ '긴급구조'란 재난이 발생할 우려가 현저하거나 재난이 발생하였을 때에 국민의 생명·신체 및 재산을 보호하기 위하여 긴급구조기관과 긴급구조지원기관이 하는 인명구조, 응급처치 그 밖에 필요한 모든 긴급한 조치를 말한다.

6. 공업용 가스저장용기는 가스의 종류에 따라 색상을 달리하는데, 가스와 용기의 색상이 일치하지 않는 것은?

① 암모니아, 회색
② 산소, 녹색
③ 아세틸렌, 황색
④ 이산화탄소, 청색

7. 중유와 같은 중질유탱크 화재를 소화하기 위하여 물 또는 폼 소화약제를 방사한 경우, 연소하는 위험물이 수증기로 변하면서 급격한 부피팽창이 일어나 탱크 외부로 기름이 분출하는 현상을 무엇이라 하는가?

① 보일오버 현상
② 슬롭오버 현상
③ 프로스오버 현상
④ 플래시오버 현상

8. 화재발생 시 연기가 침입하는 것을 방지하고 산소와 함께 외부의 신선한 공기를 불어넣음으로써 인명대피와 동시에 소방대원의 소화활동을 원활하게 돕는 제연설비에 대한 설명으로 옳지 않은 것은?

① 하나의 제연구역 면적은 $600m^2$ 이내로 할 것
② 통로상 제연구역은 보행중심선의 길이가 60m를 초과하지 말 것
③ 하나의 제연구역은 직경 60m 원 내에 들어갈 수 있을 것
④ 하나의 제연구역은 2개 이상 층에 미치지 말 것

9. 소방공무원을 신규채용하는 경우 시보임용을 하는데, 다음 중 시보임용에 대한 설명으로 옳지 않은 것은?

① 휴직기간·직위해제기간 및 징계에 의한 정직 또는 감봉처분을 받은 기간은 시보임용기간에 산입하지 아니한다.
② 시보임용기간에 있는 소방공무원이 근무성적 또는 교육훈련성적이 불량한 때에는 면직시키거나 면직을 제청할 수 있다.
③ 소방공무원으로 임용되기 전에 그 임용과 관련하여 소방공무원교육훈련기관에서 교육훈련을 받은 기간은 시보임용기간에 산입하지 아니한다.
④ 소방공무원을 신규채용하는 경우에는 소방장 이하는 6월, 소방위 이상은 1년의 기간을 시보로 임용하고 그 기간이 만료된 다음 날에 정규 소방공무원으로 임용한다.

10. 발화부원인의 추정 5원칙에 대한 설명으로 옳지 않은 것은?

① 균열흔은 발화부에 가까울수록 뜨거워서 잘고 가늘어지는 경향이 있다.
② 탄화심도는 발화부에 가까울수록 깊어지는 경향이 있다.
③ 화염은 수직의 가연물을 따라 상승하고 측면과 하부는 연소속도가 완만하다.
④ 발화건물의 기둥, 벽, 건자재 등은 발화부의 반대쪽으로 도괴하는 경향이 있다.

11. 재난을 발생시킬 위험요인을 제거하는 등 재난예방을 위한 안전조치명령을 이행하지 아니한 자에 대한 벌칙으로 옳은 것은?

① 1년 이하의 징역 또는 1천만 원 이하의 벌금
② 2년 이하의 징역 또는 2천만 원 이하의 벌금
③ 3년 이하의 징역 또는 3천만 원 이하의 벌금
④ 5년 이하의 징역 또는 5천만 원 이하의 벌금

12. 분말 소화약제의 이상적인 조건에 해당되지 않는 것은?

① 분말의 안식각이 크고 유동성이 커야 한다.
② 장치에 대한 부식성과 열분해 시 독성이 나타나지 않아야 한다.
③ 다양한 입자크기(입도)가 유지되어 우수한 소화기능을 가져야 한다.
④ 수분에 대한 내습성과 시간에 따른 안전성이 커서 덩어리지는 현상이 없어야 한다.

13. 재난관리책임기관의 장은 재난의 수습활동에 필요한 재난관리자원을 비축·관리하여야 하는데, 다음 중 재난관리자원에 해당하지 않는 것은?

① 인력
② 장비
③ 자재
④ 시설

14. 자연발화란, 밀폐된 공간에서 후덥지근한 상태의 가연물이 산화 축적되어 발화하는 현상인데, 다음 중 자연발화에 의한 열이 아닌 것은?

① 중합열
② 분해열
③ 흡착열
④ 마찰열

15. 일반적으로 점화원의 형태를 전기열점화원, 기계열점화원으로 분류하는데, 다음 중 전기열점화원의 형태에 해당하지 않는 것은?

① 유도열
② 정전기열
③ 마찰열
④ 아크열

16. 분말 소화약제는 제1·2·3·4종으로 구분하고 있는데, 현재 사무실이나 복도 등에서 흔히 볼 수 있는 제3종 분말 소화약제에 해당하는 것은?

① 탄산수소칼륨
② 탄산수소나트륨
③ 탄산수소칼륨 + 요소
④ 제1인산암모늄

17. 제4류 위험물인 인화성 액체의 석유류 화재가 발생하는 경우에 가장 적합한 소화방법은 무엇인가?

① 유화소화
② 부촉매소화
③ 질식소화
④ 냉각소화

18. 기체의 연소는 공기 중 가연성 가스의 확산에 의해 혼합가스를 생성하여 연소하는 현상을 말하는데, 다음 중 기체의 연소에 해당하지 않는 것은?

① 폭발연소
② 확산연소
③ 증발연소
④ 예혼합연소

19. 환기지배형 화재에 관한 설명으로 옳지 않은 것은?

① 발화장소는 내화구조, 콘크리트지하층, 무창층이다.
② 발생시기는 F/O 이전이며 성장기로서 온도가 높지 않다.
③ 화세가 강하며 산소가 소진되어 부족하다.
④ 연소속도는 느리고 연소시간은 길다.

20. 에너지는 그 형태가 바뀌거나 한 물체에서 다른 물체로 에너지가 옮겨 갈 때에도 항상 전체 에너지의 총량은 변하지 않는다는 법칙은 무엇인가?

① 배수비례의 법칙
② 일정성분비의 법칙
③ 에너지보존의 법칙
④ 열량보존의 법칙

해설편 ▸ p.27

2022년 ____월 ____일 시행

제6회 소방공무원 공개경쟁 채용시험

응시번호	
성명	

회차
6회

응시자 준수사항

☞ 시험지를 받으면 "시험 감독관"의 지시에 따라 다음 사항을 반드시 지켜 주십시오.

1. **시험지 표지의** "문제 책형"을 확인하고, "응시번호 및 성명"을 기재하여 주십시오.

2. **답안지의 책형란에** "문제 책형"을 표기하여 주십시오.

3. **시험이 시작되면** 시험지의 "편철순서", "페이지 수량"을 반드시 확인한 후에 문제를 푸십시오. **※ 본 시험지는 총 4페이지입니다.**

4. **시험이 시작되면** 문제를 주의 깊게 읽고, 문항의 취지에 가장 적합한 하나의 정답만을 고르며, 문제내용에 관한 질문은 받지 않습니다.

【 소방학개론 】

풀이시간: ___:___ ~ ___: ___ 제한시간: 17분

1초 합격예측! 모바일 성적분석표

QR 코드로 접속하여 문제풀이 시간을 측정하고, 〈1초 합격예측! 모바일 성적분석표〉 서비스를 통해 지금 바로! 실력을 점검해 보세요.
http://eduwill.kr/eKVF

1. 의용소방대에 대한 설명으로 옳지 않은 것은?

① 의용소방대는 지역주민 중에서 희망자에 한하여 구성하되, 설치·정원·복제·복무 등에 관한 사항은 소방서장·소방본부장이 정한다.
② 의용소방대란, 그 지역에 거주하는 주민 중에서 봉사와 희생정신을 가진 자들로 조직된 무보수의 자율적 봉사단체이다.
③ 의용소방대는 「민법」상 법인으로서 법률의 규정에 따라 각 지방자치단체의 조례에 의해 설치되고 조직된다.
④ 의용소방대는 일제강점기의 소방조에서 비롯되어 경방단의 이름으로 이어져 운영되어 오다가 1958년 「소방법」을 제정하면서 그 설치규정이 마련되었다.

2. 응급구조사가 준수해야 할 일반원칙이라고 볼 수 없는 것은?

① 긴박한 상황에서는 환자의 안전을 우선으로 한다.
② 부상상태에 따라 긴급한 경우에는 응급처치와 함께 관계기관인 119구조대, 119구급대, 경찰, 병원 등에 응급구조를 요청한다(소방대 119구급차는 무료로 이용됨).
③ 의식이 없는 환자, 심한 출혈환자, 복부 부상환자의 경우에는 아무것도 투여하지 않는다.
④ 응급구조사는 환자의 생사 판정을 하지 않는다(의사에게 맡김).

3. 세종 8년 최초의 소방관서라고 할 수 있는 금화도감이 설치되었는데 이 금화도감의 화재대책이 아닌 것은?

① 통금시간이 시작되면 불을 끄러 가는 사람에게 구화패를 발급하였다.
② 화재가 발생하면 처음에는 소라껍데기로 만든 나팔을 불었다.
③ 화재를 진화할 때에 군인은 병조에서 감독하였다.
④ 각 관아의 노비는 한성부에서 감독하였다.

4. 섬유류 화재의 연소특성으로 옳지 않은 것은?

① 나일론은 지속적인 연소가 어렵고 용융하여 망울이 된다.
② 면은 식물성 섬유로서 연소가 쉽고 연소속도가 빠르다.
③ 모는 동물성 섬유로서 연소가 어렵고 연소속도가 느리다.
④ 폴리에스테르는 연소가 쉽고 약 250℃에서 인화하여 망울이 된다.

5. 소화약제별 대형소화기의 소화약제 충전량으로 옳지 않은 것은?

① 기계포 소화기: 20ℓ
② 화학포 소화기: 40ℓ
③ 강화액 소화기: 60ℓ
④ 물 소화기: 80ℓ

6. 소형 분말 소화기는 바닥으로부터 몇 미터(m) 이하의 높이에 설치하여야 하는가?

① 1.2m
② 1.5m
③ 1.7m
④ 1.8m

7. 밀폐된 공간 등에서 가연물이 외부로부터 열원의 공급을 받지 않고 물질 자체적으로 열을 축적하며 온도가 서서히 상승하는 현상을 자연발화현상이라 하는데, 실내의 자연발화 방지법으로 옳지 않은 것은?

① 통풍이 잘 되게 한다.
② 습도가 낮은 곳을 피한다.
③ 퇴적·수납 시 열을 분산시킨다.
④ 발열반응에 정촉매 작용을 하는 물질을 피한다.

8. 화재가 발생하기 위한 조건으로는 연소의 반응이 일어나기 위한 3가지 요소가 반드시 있어야 하는데, 이를 연소의 3요소라 한다. 연소의 3요소에 해당하지 않는 것은?

① 공기
② 질소
③ 발화에너지
④ 가연물

9. 폭발의 선행조건은 '급격한 압력 발생'이며 이미 압력이 발생한 원인에 따라서 일반적으로 화학적 폭발(화염을 동반)과 물리적 폭발(화염을 동반하지 않음)로 분류한다. 다음 중 그 분류가 다른 것은 무엇인가?

① 산화폭발
② 증기폭발
③ 분해폭발
④ 중합폭발

10. 가연물이 화학반응을 할 때 작은 에너지로 연소하는 것을 최소 발화에너지라고 하는데, 가연성 혼합가스의 농도가 짙고 연소범위 내에 가까울수록 작은 에너지로 연소할 수 있게 된다. 이에 대한 설명으로 옳지 않은 것은?

① 열전도율이 높아질 때 최소 발화에너지는 작아진다.
② 산소분압이 높아질 때 최소 발화에너지는 작아진다.
③ 압력이 상승하면 분자 간의 거리가 가까워져서 최소 발화에너지는 작아진다.
④ 온도가 상승하면 분자운동이 활발해서 최소 발화에너지는 작아진다.

11. 위험물의 자연발화에 영향을 주는 인자로 옳지 않은 것은?

① 열의 전도율: 열전도율이 작을수록 자연발화하기 쉽다.
② 퇴적방법: 열축적이 용이하도록 가연물이 적재되어 있으면 자연발화하기 쉽다.
③ 공기의 유통: 공기의 유통이 잘 될수록 열축적이 용이하여 자연발화하기 쉽다.
④ 발열량: 발열량이 큰 물질인 경우 자연발화하기 쉽다.

12. 물을 안개처럼 무상으로 방사하여 유류 표면에 유화층을 형성시켜 공기의 접촉을 막아 소화하는 방법은 무엇인가?

① 피복소화
② 유화소화
③ 희석소화
④ 부촉매소화

13. 가연성 유류는 대부분 수분을 함유하지 않기 때문에 인화점이 낮으며, 가연성 액체에 열이 가해져 발생한 가연성 기체가 공기 중 산소와 혼합하여 연소범위 안에서 점화원 등과 접촉할 경우 빨리 인화하게 된다. 다음 중 유류화재의 이상현상에 대한 설명으로 옳지 않은 것은?

① 오일오버(Oil over): 탱크 내의 유류가 50% 미만 저장된 경우 화재로 인한 내부 압력상승으로 인한 탱크 폭발현상으로 가장 격렬하다고 볼 수 있다.
② 보일오버(Boil over): 비점이 불균일한 중질유 등의 탱크 바닥에 찌꺼기와 함께 있는 물이 끓어(Boil) 수분의 급격한 부피팽창에 의하여 기름을 탱크 외부로 넘치게(over) 하는 현상이다.
③ 링파이어(Ring fire): 유류 표면에 물분무나 포를 방사하면 탱크 벽면 측은 산소차단이 되지 못해서 포 등이 귀걸이(Ring)처럼 양쪽으로 불길(fire)이 남아 있는 현상이다.
④ 프로스오버(Forth over): 물과 기름이 섞여 있을 때 뜨거운 열에 의해 넘치는 현상으로 화재를 수반하며, 탱크에서 열에 의해 기름만 끓지 않고 기름과 물이 약간 혼합된 상태에서 함께 끓는다.

14. LNG(액화천연가스)와 LPG(액화석유가스)의 일반적 특성을 비교설명한 내용으로 옳지 않은 것은?

① LNG의 자연발화온도는 약 400℃로 LPG보다 비교적 안전하다.
② LNG와 도시가스는 모두 메탄이 주원료이다.
③ LPG는 상온에서 기체로 존재하지만, 용기 내 압력을 6~7kg/cm^{2}로 가압하면 쉽게 액화할 수 있다.
④ 가스누설경보기는 LNG는 천장면에서 하방으로 30cm 이내에 설치하고, LPG는 지면에서 상방으로 30cm 이내에 설치한다.

15. 일반적으로 목조건물은 빠르면 출화 후 5~10분에 플래시오버 현상이 발생될 수 있는데, 이때 실내온도는 몇 도인가?

① 700~800℃
② 800~1,000℃
③ 1,000~1,200℃
④ 1,200~1,300℃

16. 소화약제 중 사용 후에 오염이 전혀 발생하지 않는 것은?

① 포 소화약제
② 분말 소화약제
③ 이산화탄소 소화약제
④ 할로겐화합물 소화약제

17. 소화기의 적응성에 대한 표시색상이 옳지 않은 것은?

① 일반화재용은 백색의 원형 안에 흑색문자로 'A(일반)'라고 표기한다.
② 유류화재용은 적색의 원형 안에 흑색문자로 'B(유류)'라고 표기한다.
③ 전기화재용은 청색의 원형 안에 백색문자로 'C(전기)'라고 표기한다.
④ 가스화재용은 황색의 원형 안에 흑색문자로 'E(유류)'라고 표기한다.

18. 대형피난구유도등 및 통로유도등의 설치대상에 해당하는 곳은?

① 판매시설
② 다중이용업소
③ 무창층
④ 숙박시설

19. 소방(건축)에서 사용되는 용어의 정의 중 옳지 않은 것은?

① 연면적이란 하나의 건축물 각 층의 바닥면적의 총합계를 말한다.
② 주요구조부란 바닥, 지붕틀, 보, 내력벽, 주 계단, 기둥을 말한다.
③ 불연재료란 콘크리트, 석재, 벽돌, 기와, 알루미늄, 유리 등을 말한다.
④ 고층건축물이란 층수가 50층 이상이거나 높이가 200m 이상인 건축물을 말한다.

20. 화재발생 시 소방대가 사용하는 소방용수설비로서, 대규모 건축물이나 대형 고층건물에 설치하여 소방대가 사용할 수 있도록 지하 등에 만든 소화수조에 대한 설명으로 옳지 않은 것은?

① 소화수조, 저수조의 채수구 또는 흡수관 투입구는 소방차가 3m 이내까지 접근할 수 있는 위치에 설치하여야 한다.
② 채수구는 지면으로부터 높이가 0.5m 이상 1m 이하의 위치에 설치하고 '채수구'라고 표시한 표지를 설치하여야 한다.
③ 소화수조가 옥상 또는 옥탑의 부분에 설치된 경우에는 지상에 설치된 채수구에서의 압력이 0.15MPa 이상이 되도록 하여야 한다.
④ 수원의 수위가 펌프보다 낮은 위치에 있는 가압송수장치에는 물올림장치를 설치하여야 한다.

해설편 ▸ p.32

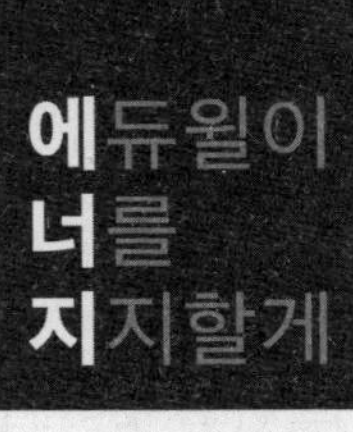
에듀윌이
너를
지지할게
ENERGY

10분 뒤와
10년 후
자신의 모습을
동시에 생각하라.

– 피터 드러커(Peter Drucker)

FIRE
FIGHTER

소방관계법규

2022년 ____월 ____일 시행

제1회 소방공무원 공개경쟁 채용시험

응시번호	
성명	

회차
1회

응시자 준수사항

☞ 시험지를 받으면 "시험 감독관"의 지시에 따라 다음 사항을 반드시 지켜 주십시오.

1. **시험지 표지의** "문제 책형"을 확인하고, "응시번호 및 성명"을 기재하여 주십시오.

2. **답안지의 책형란에** "문제 책형"을 표기하여 주십시오.

3. **시험이 시작되면** 시험지의 "편철순서", "페이지 수량"을 반드시 확인한 후에 문제를 푸십시오. **※ 본 시험지는 총 4페이지입니다.**

4. **시험이 시작되면** 문제를 주의 깊게 읽고, 문항의 취지에 가장 적합한 하나의 정답만을 고르며, 문제내용에 관한 질문은 받지 않습니다.

【 소방관계법규 】

풀이시간: ___:___ ~ ___:___ 제한시간: 14분

1초 합격예측! 모바일 성적분석표

QR 코드로 접속하여 문제풀이 시간을 측정하고, 〈1초 합격예측! 모바일 성적분석표〉 서비스를 통해 지금 바로! 실력을 점검해 보세요.
http://eduwill.kr/pKVF

1. 「소방기본법」 제1조(목적)에서 명시한 내용이 아닌 것은?

① 화재, 재난·재해 등 위급한 상황에서의 구조·구급 활동
② 공공의 안녕, 질서 유지와 복리증진
③ 화재, 재난, 풍·수·설해 현장에서의 인명구조 활동
④ 국민의 생명·신체 및 재산의 보호

2. 「소방기본법」에서 사용하는 용어의 정의로 옳지 않은 것은?

① 관계지역이란 소방대상물이 있는 장소 및 그 이웃 지역으로서 화재의 예방·경계·진압, 구조·구급 등의 활동에 필요한 지역을 말한다.
② 소방대란 화재를 진압하고 화재, 재난·재해 상황에서 구조·구급활동을 하기 위해 소방공무원, 의무소방원, 의용소방대원으로 구성된 조직체를 말한다.
③ 소방대장이란 소방청장, 소방본부장, 소방서장 등 화재, 재난·재해 등 위급한 상황이 발생한 현장에서 소방대를 지휘하는 사람을 말한다.
④ 소방본부장이란 시·도에서 화재의 예방·경계·진압·조사 및 구조·구급 등의 업무를 담당하는 부서의 장을 말한다.

3. 소방업무를 수행하는 소방본부장 또는 소방서장은 다음 중 누구의 지휘와 감독을 받는가?

① 소방청장
② 시·도지사
③ 시장·군수
④ 소방대장

4. 우리나라 소방의 날에 대한 설명으로 옳지 않은 것은?

① 소방의 날은 법정기념일이다.
② 119를 상징하는 11월 9일이 소방의 날로 제정되었다.
③ 소방의 날은 1973년 3월 30일에 제정되었다.
④ 소방의 날은 1991년 「소방법」 개정 시 날짜가 변경되었다.

5. 다음 중 소화활동에 필요한 소방용수시설을 설치하고 유지·관리하여야 하는 사람은 누구인가?

① 소방서장
② 시장·군수
③ 시·도지사
④ 소방본부장

6. 「화재예방, 소방시설 설치·유지 및 안전에 관한 법률」에서 정의하는 '소방시설'에 해당하지 않는 것은?

① 소화설비
② 비상구
③ 피난구조설비
④ 소화용수설비

7. 특정소방대상물의 관계인 또는 발주자가 도급계약을 해지할 수 있는 경우가 아닌 것은?

① 해당 도급계약의 수급인이 소방시설업을 휴업하거나 폐업한 경우
② 소방시설업이 등록취소되거나 영업정지된 경우
③ 해당 도급계약의 수급인이 정당한 사유 없이 20일 이상 소방시설공사를 계속하지 아니하는 경우
④ 해당 도급계약의 수급인이 하도급의 통지를 받은 경우 그 하수급인이 적당하지 않다고 인정되어 하수급인의 변경을 요구하였으나 정당한 사유 없이 이에 따르지 아니한 경우

8. 「화재예방, 소방시설 설치·유지 및 안전에 관한 법률 시행령」상 용어의 정의로 옳지 않은 것은?

① 무창층이란 지상층 중 개구부의 면적 합계가 바닥면적의 1/30 이하가 되는 층을 말한다.
② 피난층이란 내부로부터 지상의 안전한 곳으로 피난할 수 있는 층을 말한다.
③ 무창층의 개구부는 내부 또는 외부에서 쉽게 부수거나 열 수 있어야 한다.
④ 무창층의 개구부는 지름 50cm 이상의 원이 내접할 수 있는 크기이어야 한다.

9. 소방시설 등을 구성하거나 소방용으로 사용되는 제품 또는 기기인 소방용품에 대한 설명으로 옳지 않은 것은?

① 소화기구로서 소화약제 외의 것을 이용한 간이소화용구는 소화설비를 구성한다.
② 발신기, 수신기, 중계기, 감지기 및 음향장치 중 경종은 경보설비를 구성한다.
③ 피난구조설비는 피난사다리, 구조대, 완강기(간이완강기 및 지지대 포함)가 포함된다.
④ 소화용으로 사용하는 제품 또는 기기는 소화약제 및 방염제가 해당된다.

10. 소방특별조사를 실시하여야 하는 세부항목이 아닌 것은?

① 소방계획서의 이행에 관한 사항
② 자체점검 및 정기적 점검 등에 관한 사항
③ 「다중이용업소의 안전관리에 관한 특별법」에 따른 안전관리에 관한 사항
④ 불을 사용하는 설비 등의 관리와 특수위험물의 저장·취급에 관한 사항

11. 다음 중 소방특별조사를 실시하는 경우로 옳지 않은 것은?

① 대형화재가 발생하였거나, 특수화재가 발생할 우려가 농후한 곳에 대한 점검이 필요한 경우
② 화재경계지구에 대한 소방특별조사 등 다른 법률에서 소방특별조사를 실시하도록 한 경우
③ 국가적 행사 등 주요 행사가 개최되는 장소 및 그 주변의 관계 지역에 대하여 소방안전관리 실태를 점검할 필요가 있는 경우
④ 관계인이 소방시설 등, 방화시설, 피난시설 등에 대한 자체점검 등이 불성실하거나 불완전하다고 인정되는 경우

12. 시·도지사가 소방시설업의 등록을 반드시 취소하여야 하는 경우가 아닌 것은?

① 소방시설업자가 다른 자에게 등록증 또는 등록수첩을 빌려 준 경우
② 소방시설업자가 영업정지 기간 중에 소방시설공사 등을 한 경우
③ 소방시설업자가 거짓이나 그 밖의 부정한 방법으로 등록한 경우
④ 소방시설업자가 등록 결격사유에 해당하게 된 경우

13. 감리업자는 소방 관련 업무의 적법성·적합성 검토 및 성능시험 등을 수행하여야 하는데, 다음 중 적법성 검토에 해당하는 것은?

① 소방시설 등 설계도서의 검토
② 소방용품의 위치, 규격 및 사용자재의 검토
③ 실내장식물의 불연화와 방염 물품의 검토
④ 공사업자가 작성한 시공 상세 도면의 검토

14. 소방시설업자협회가 방염처리능력을 평가한 경우 매년 7월 31일까지 협회의 인터넷 홈페이지에 공시해야 하는 사항으로 옳지 않은 것은?

① 업종 및 등록번호
② 성명 및 주민등록번호
③ 방염처리능력 평가 결과
④ 주된 영업소의 소재지

15. 지하층을 포함한 층수가 16층 이상 40층 미만인 특정소방대상물 공사 현장의 소방공사 책임감리원 배치기준으로 옳은 것은?

① 특급감리원 중 소방기술사
② 특급감리원 이상의 소방공사 감리원(기계·전기분야)
③ 고급감리원 이상의 소방공사 감리원(기계·전기분야)
④ 중급감리원 이상의 소방공사 감리원(기계·전기분야)

16. 위험물의 종류별로 위험성을 고려하여 대통령령이 정하는 수량으로서 제조소 등의 설치허가 시 최저의 기준이 되는 수량은 무엇인가?

① 기준수량
② 지정수량
③ 저장수량
④ 최저수량

17. 제조소 등의 설치를 마쳤거나 그 위치·구조·설비의 변경을 마친 때에는 허가기관에 완공검사를 신청하여야 하는데, 이에 대한 설명으로 옳지 않은 것은?

① 완공검사를 받고자 하는 자는 소방서장에게 신청하여야 한다.
② 완공검사를 실시한 결과 기술기준에 적합하다고 인정한 때에는 완공검사필증을 교부하여야 한다.
③ 완공검사필증을 훼손·파손하여 재교부를 신청하는 경우 신청서에 해당 완공검사필증을 첨부하여 제출하여야 한다.
④ 완공검사필증을 재교부받은 자는 분실한 완공검사필증을 발견하는 경우 이를 10일 이내에 완공검사필증을 재교부받은 기관에 제출하여야 한다.

18. 시·도지사는 제조소 등의 사용의 정지가 그 이용자에게 심한 불편을 주거나 공익을 해칠 우려가 있는 때에는 사용정지처분에 갈음하여 과징금을 부과할 수 있는데, 이때 과징금은 얼마인가?

① 5천만 원 이하
② 1억 원 이하
③ 2억 원 이하
④ 3억 원 이하

19. 옥외저장소 중 위험물을 용기에 수납하여 저장 또는 취급하는 위험물의 최대수량이 지정수량의 10배 이하일 때 공지의 너비로 옳은 것은?

① 1m 이상
② 2m 이상
③ 3m 이상
④ 5m 이상

20. 1인의 안전관리자를 중복하여 선임할 수 있는 저장소 중 10개 이하의 저장소로 옳지 않은 것은?

① 옥내저장소
② 옥외저장소
③ 암반탱크저장소
④ 옥외탱크저장소

해설편 ▸ p.42

2022년 ____월 ____일 시행

제2회 소방공무원 공개경쟁 채용시험

응시번호	
성명	

회차
2회

응시자 준수사항

☞ 시험지를 받으면 "시험 감독관"의 지시에 따라 다음 사항을 반드시 지켜 주십시오.

1. **시험지 표지의** "문제 책형"을 확인하고, "응시번호 및 성명"을 기재하여 주십시오.

2. **답안지의 책형란에** "문제 책형"을 표기하여 주십시오.

3. **시험이 시작되면** 시험지의 "편철순서", "페이지 수량"을 반드시 확인한 후에 문제를 푸십시오. **※ 본 시험지는 총 4페이지입니다.**

4. **시험이 시작되면** 문제를 주의 깊게 읽고, 문항의 취지에 가장 적합한 하나의 정답만을 고르며, 문제내용에 관한 질문은 받지 않습니다.

【 소방관계법규 】

풀이시간: ___:___ ~ ___:___ 제한시간: 16분

1. 소방시설업의 업종별 영업범위를 정하는 기준은 무엇인가?

① 시·도의 조례
② 소방청장령
③ 행정자치부령
④ 대통령령

2. 「소방시설공사업법」상 시·도지사는 영업정지가 이용자에게 불편을 주거나 공익을 해칠 우려가 있을 때 영업정지처분을 갈음하여 과징금을 부과할 수 있는데, 이때 과징금의 액수에 해당하는 것은?

① 5천만 원 이하
② 1억 원 이하
③ 2억 원 이하
④ 2억 5천만 원 이하

3. 소방시설업자협회의 설립과 협회의 업무에 대한 설명으로 옳지 않은 것은?

① 협회는 소방시설업의 기술발전과 소방기술의 진흥을 위한 조사·연구·분석 및 평가 업무를 수행한다.
② 협회는 소방산업의 발전 및 소방기술의 향상을 위한 지원 업무를 수행한다.
③ 협회는 소방청장의 인가를 받아 주된 사무소의 소재지에 설립등기를 함으로써 성립한다.
④ 협회의 설립인가 절차, 정관의 기재사항 및 협회에 대한 감독에 관하여 필요한 사항은 소방청장이 정한다.

4. 소방기술자가 다른 사람에게 자격·경력수첩을 빌려 주었을 때의 벌금은 최대 얼마인가?

① 100만 원
② 200만 원
③ 300만 원
④ 500만 원

5. 소방기술자 실무교육에 관한 업무를 실무교육기관이나 한국소방안전원에 위탁할 수 있는 사람은?

① 시·도본부장
② 행정안전부장관
③ 시·도지사
④ 소방청장

6. 소방안전관리자에 대한 실무교육의 과목에 해당되지 않는 것은?

① 소방 관련 질의회신 등
② 화재 발생 시 대응 실습 등
③ 소방계획서의 작성 및 운영
④ 소방시설의 유지·관리요령

7. 소방청장은 우수 소방대상물 선정 등 업무의 객관성 및 전문성을 확보하기 위하여 필요한 경우 평가위원회를 구성하여 운영할 수 있는데, 평가위원회의 위원에 해당되지 않는 사람은?

① 소방안전관리자로 선임된 소방기술사
② 소방 관련 석사 학위 이상을 취득한 사람
③ 소방 관련 법인 또는 단체에서 소방 관련 업무에 5년 이상 종사한 사람
④ 소방공무원 교육기관, 대학 또는 연구소에서 소방과 관련한 교육 또는 연구에 5년 이상 종사한 사람

8. 소방시설 등에 대한 자체점검 시 점검 장비를 사용하여야 하는데, 소방시설과 점검 장비가 옳게 짝지어지지 않은 것은?

① 공통시설 – 전류전압측정계
② 자동화재탐지설비 – 검량계
③ 제연설비 – 풍속풍압계
④ 통로유도등 – 조도계

9. 자위소방대 및 초기대응체계의 구성·운영 및 교육에 관한 설명으로 옳지 않은 것은?

① 소방안전관리대상물의 소방안전관리자는 연 1회 이상 자위소방대를 소집하여 그 편성 상태를 점검하고, 소방교육을 실시하여야 한다.
② 소방안전관리대상물의 소방안전관리자는 소방교육을 소방훈련과 병행하여 실시할 수 있다.
③ 소방안전관리대상물의 소방안전관리자는 소방교육을 실시하였을 때에는 그 실시 결과를 자위소방대 및 초기대응체계 소방교육 실시 결과 기록부에 기록하고, 이를 1년간 보관하여야 한다.
④ 소방안전관리대상물의 소방안전관리자는 초기대응체계를 자위소방대에 포함하여 편성하되, 화재 발생 시 초기에 신속하게 대처할 수 있도록 해당 소방안전관리대상물에 근무하는 사람의 근무위치, 근무인원 등을 고려하여 편성하여야 한다.

10. 소방안전관리자의 선임신고에 대한 설명 중 옳지 않은 것은?

① 특정소방대상물의 경우 소방본부장 또는 소방서장이 공동소방안전관리대상으로 지정한 날부터 30일 이내에 선임하여야 한다.
② 소방안전관리자를 해임한 경우 소방안전관리자를 해임한 다음 날부터 30일 이내에 선임하여야 한다.
③ 소방안전관리업무를 대행하는 자를 감독하는 자를 소방안전관리자로 선임한 경우로서 그 업무대행 계약이 해지 또는 종료된 경우 소방안전관리업무 대행이 끝난 날부터 30일 이내에 선임하여야 한다.
④ 신축·증축·개축·재축·대수선 또는 용도변경으로 해당 특정소방대상물의 소방안전관리자를 신규로 선임하여야 하는 경우 해당 특정소방대상물의 완공일부터 30일 이내에 선임하여야 한다.

11. 소방본부장이나 소방서장은 소속 공무원이 옮기거나 치운 위험물을 보관하여야 하는데, 이 경우 소방본부 또는 소방서의 게시판에 그 사실을 며칠 동안 공고하여야 하는가?

① 7일
② 10일
③ 14일
④ 30일

12. 소방청장, 소방본부장 또는 소방서장은 공공의 안녕질서 유지 또는 복리증진을 위하여 필요한 경우 소방지원활동을 하게 할 수 있는데, 소방지원활동의 범주에 해당하지 않는 것은?

① 산불에 대한 예방, 진압 등 지원활동
② 화재, 재난·재해 예방을 위한 소방검사활동
③ 자연재해에 따른 급수·배수 및 제설 등 지원활동
④ 집회·공연 등 각종 행사 시 사고에 대비한 근접대기 등 지원활동

13. 소방안전교육사에 대한 설명으로 옳지 않은 것은?

① 소방청장은 소방안전교육을 위하여 소방청장이 실시하는 시험에 합격한 사람에게 소방안전교육사 자격을 부여한다.
② 소방안전교육사는 소방안전교육의 기획·진행·분석·평가 및 교수업무를 수행한다.
③ 소방안전교육사 시험의 응시자격, 시험방법, 시험과목, 시험위원, 그 밖에 소방안전교육사 시험의 실시에 필요한 사항은 대통령령으로 정한다.
④ 소방안전교육사 시험에 응시하고자 하는 사람은 소방청장이 정하는 바에 따라 수수료를 내야 한다.

14. 화재예방, 소방활동, 소방훈련을 위하여 사용되는 소방신호의 종류와 방법은 무엇으로 정하는가?

① 대통령령
② 총리령
③ 행정안전부령
④ 소방청훈령

15. 화재로 오인할 만한 우려가 있는 불을 피우거나 연막소독을 하려는 자가 관할 소방본부장 또는 소방서장에게 신고하여야 하는 지역 또는 장소가 아닌 곳은?

① 목조건물이 밀집한 지역
② 공장·창고가 밀집한 지역
③ 대형 아파트 공사를 하는 지역
④ 석유화학제품을 생산하는 공장이 있는 지역

16. 자체소방대의 설치 제외대상인 일반취급소에 해당하지 않는 것은?

① 유압장치, 윤활유순환장치 그 밖에 이와 유사한 장치로 위험물을 취급하는 일반취급소
② 보일러, 버너 그 밖에 이와 유사한 장치로 위험물을 소비하는 일반취급소
③ 지하저장탱크 그 밖에 이와 유사한 것에 위험물을 주입하는 일반취급소
④ 용기에 위험물을 옮겨 담는 일반취급소

17. 위험물안전관리자의 책무가 아닌 것은?

① 위험물의 취급에 관한 일지의 작성·기록
② 제조소 등의 계측장치·제어장치 및 안전장치 등의 적정한 유지·관리
③ 화재 등의 재난이 발생한 경우 응급조치 및 소방관서 등에 대한 연락업무
④ 예방규정을 제정하거나 변경한 경우 변경한 예방규정 1부를 소방서장에게 제출

18. 안전관리대행기관에 대한 행정처분기준에서 1차 경고에 해당하는 위반사항은?

① 안전관리대행기관의 지정기준에 미달되는 때
② 변경 등의 신고를 연간 2회 이상 하지 아니한 때
③ 소방청장의 지도·감독에 정당한 이유 없이 따르지 아니한 때
④ 안전관리대행기관의 기술인력이 안전관리업무를 성실하게 수행하지 아니한 때

19. 관계인이 예방규정을 정해야 하는 제조소 등 중 지정수량과 관계없는 것은?

① 제조소
② 옥외저장소
③ 옥내저장소
④ 이송취급소

20. 인화성액체위험물의 옥외탱크저장소의 탱크 주위에 설치하는 방유제에 대한 설명으로 옳지 않은 것은?

① 방유제 내의 면적은 80,000m^2 이하로 할 것
② 방유제 내에 설치하는 옥외저장탱크의 수는 10 이하로 할 것
③ 방유제는 높이 0.5m 이상 3m 이하, 두께 0.2m 이상, 지하매설깊이 1m 이상으로 할 것
④ 방유제의 용량은 방유제 안에 설치된 탱크가 하나인 때에는 그 탱크 용량의 100% 이상으로 할 것

해설편 ▸ p.48

2022년 ____월 ____일 시행

제3회 소방공무원 공개경쟁 채용시험

응시번호	
성명	

회차
3회

응시자 준수사항

☞ 시험지를 받으면 "시험 감독관"의 지시에 따라 다음 사항을 반드시 지켜 주십시오.

1. **시험지 표지의** "문제 책형"을 확인하고, "응시번호 및 성명"을 기재하여 주십시오.

2. **답안지의 책형란에** "문제 책형"을 표기하여 주십시오.

3. **시험이 시작되면** 시험지의 "편철순서", "페이지 수량"을 반드시 확인한 후에 문제를 푸십시오. **※ 본 시험지는 총 4페이지입니다.**

4. **시험이 시작되면** 문제를 주의 깊게 읽고, 문항의 취지에 가장 적합한 하나의 정답만을 고르며, 문제내용에 관한 질문은 받지 않습니다.

【 소방관계법규 】

풀이시간: ____:____ ~ ____: ____ 제한시간: 16분

1초 합격예측! 모바일 성적분석표

QR 코드로 접속하여 문제풀이 시간을 측정하고, 〈1초 합격예측! 모바일 성적분석표〉 서비스를 통해 지금 바로! 실력을 점검해 보세요.
http://eduwill.kr/dKaV

1. 소방관계법규에서 사용하는 용어의 정의로 옳지 않은 것은?

① 관계지역이란 소방대상물이 있는 장소 및 그 이웃지역으로서 화재의 예방·경계·진압, 구조·구급 등의 활동이 필요한 지역을 말한다.
② 소방대장이란 소방본부장 또는 소방서장 등 화재, 재난·재해 그 밖의 위급한 상황이 발생한 현장에서 소방대를 지휘하는 사람을 말한다.
③ 소방대란 화재를 진압하고 화재, 재난·재해, 구조·구급활동 등을 하기 위해 구성된 조직체, 즉 소방공무원, 의무소방원, 의용소방대원을 말한다.
④ 소방서장이란 시·도에서 화재의 예방·경계·진압·조사·구조·구급 등의 업무를 담당하는 부서의 장을 말한다.

2. 소방공무원 중 체험실별 체험교육을 총괄하는 교수요원으로 적합하지 않은 사람은?

① 소방 관련학과의 석사학위 이상을 취득한 사람
② 간호사 또는 응급구조사 자격을 취득한 사람
③ 중앙소방학교장이 실시하는 인명구조사시험 또는 화재대응능력시험에 합격한 사람
④ 5년 이상 근무한 소방공무원 중 시·도지사가 체험실의 교수요원으로 적합하다고 인정하는 사람

3. 소방장비 등에 대한 국고보조대상사업의 범위(소방활동장비와 설비)에 해당하지 않는 것은?

① 소방행정차
② 소방헬리콥터 및 소방정
③ 소방전용 통신설비 및 전산설비
④ 방화복 등 소방활동에 필요한 소방장비

4. 소방청장, 소방본부장, 소방서장이 공공의 안녕질서 유지를 위하여 필요한 경우 하게 할 수 있는 소방지원활동에 해당되지 않는 것은?

① 산불에 대한 예방·진압 등 지원활동
② 자연재해에 따른 급수·배수 및 제설 등 지원활동
③ 집회·공연 등 각종 행사 시 사고에 대비한 근접대기 등 지원활동
④ 화재, 재난·재해로 인한 화재진압 지원활동

5. 소방안전교육사 시험의 응시자격으로 옳지 않은 것은?

① 소방공무원으로 3년 이상 근무한 경력이 있는 사람
② 「영유아보육법」에 따라 보육교사 자격을 취득한 후 3년 이상의 보육업무 경력이 있는 사람
③ 안전관리 분야의 기사 자격을 취득한 후 안전관리 분야에 3년 이상 종사한 사람
④ 안전관리 분야의 산업기사 자격을 취득한 후 안전관리 분야에 3년 이상 종사한 사람

6. 「화재예방, 소방시설 설치·유지 및 안전관리에 관한 법률 시행령」상 개구부의 조건에 대한 설명으로 옳지 않은 것은?

① 창 출입구 등 지름 50cm 이상의 원이 내접할 수 있는 크기일 것
② 해당 층의 바닥으로부터 개구부 밑부분까지의 높이가 1.2m 이내일 것
③ 도로 또는 차량이 진입할 수 있는 빈터를 향할 것
④ 화재 시 건물로부터 피난에 용이하도록 쉽게 부서지는 창살이나 장애물을 설치할 것

7. 소방시설의 종류(피난·구조설비) 중 인명구조기구가 아닌 것은?

① 방화복
② 완강기
③ 공기호흡기
④ 인공소생기

8. 건축허가 등의 동의요구는 누구에게 하여야 하는가?

① 소방본부장·소방서장
② 소방대장
③ 시장·군수·구청장
④ 담당과장

9. 통로유도등이나 비상조명등의 점검 장비로서 옳은 것은?

① 검량계
② 조도계
③ 차압계
④ 음량계

10. 「화재예방, 소방시설 설치·유지 및 안전관리에 관한 법률」상 시·도지사는 영업정지를 명하는 경우 그 영업정지가 국민에게 심한 불편을 줄 수 있는 경우 영업정지처분을 갈음하여 과징금을 부과할 수 있는데, 그 과징금은 얼마인가?

① 1천만 원 이하
② 2천만 원 이하
③ 3천만 원 이하
④ 5천만 원 이하

11. 소방시설업 등록증 발급대장에 그 사실을 일련번호순으로 작성하고 관리하여야 하는 사항에 해당되지 않는 것은?

① 등록업종 및 등록번호
② 등록자 성별·나이
③ 상호(명칭) 및 성명
④ 영업소 소재지

12. 소방시설공사업자가 소방시설공사를 할 때 소방서장에게 신고하여야 하는 착공신고에 해당하는 기준은?

① 대통령령
② 총리령
③ 행정안전부령
④ 소방청훈령

13. 소방공사 감리업자가 소방공사의 감리를 마쳤을 때에는 공사가 완료된 날로부터 며칠 이내에 소방서장에게 보고하여야 하는가?

① 3일
② 5일
③ 7일
④ 14일

14. 소방기술자 실무교육에 필요한 기술인력 중 강사의 자격요건으로 옳지 않은 것은?

① 소방 관련학의 박사학위를 취득한 사람
② 전문대학 이상의 교육기관에서 소방안전 관련학과 부교수 이상으로 재직한 사람
③ 소방설비기사 및 위험물산업기사 자격을 소지한 자로서 소방관련기관에서 2년 이상 강의 경력이 있는 사람
④ 대학 또는 이와 동등 이상의 교육기관에서 소방안전 관련학과를 졸업하고 소방 관련 기관에서 5년 이상 강의 경력이 있는 사람

15. 소방시설 공사업자가 소속 감리원을 공사현장에 배치하지 아니하거나 거짓으로 한 경우의 처벌 규정은?

① 등록취소나 3개월 이내의 영업정지
② 등록취소나 6개월 이내의 영업정지
③ 등록취소나 9개월 이내의 영업정지
④ 등록취소나 1년 이내의 영업정지

16. 위험물의 성질 중 모두 산화성인 것은?

① 제1류와 제2류
② 제1류와 제3류
③ 제1류와 제5류
④ 제1류와 제6류

17. 위험물을 취급하는 건축물의 채광·조명 및 환기설비의 기준으로 옳지 않은 것은?

① 점멸스위치는 출입구 안쪽 부분에 설치할 것
② 가연성가스 등이 체류할 우려가 있는 장소의 조명등은 방폭등으로 할 것
③ 채광설비는 불연재료로 하고 연소의 우려가 없는 장소에 설치하되 채광면적을 최소로 할 것
④ 환기설비는 자연배기방식으로 할 것

18. 옥외탱크저장소의 보유공지에 대한 설명으로 옳지 않은 것은?

① 지정수량의 500배 이하는 3m 이상 너비의 공지를 보유하여야 한다.
② 지정수량의 500배 초과 1,000배 이하는 6m 이상 너비의 공지를 보유하여야 한다.
③ 1,000배 초과 2,000배 이하는 9m 이상 너비의 공지를 보유하여야 한다.
④ 2,000배 초과 3,000배 이하는 12m 이상 너비의 공지를 보유하여야 한다.

19. 이동탱크저장소의 구조에 대한 설명으로 옳지 않은 것은?

① 탱크의 두께는 3.2㎜ 이상의 강철판으로 위험물이 새지 않게 제작하여야 한다.
② 이동저장탱크는 그 내부에 4,000ℓ 이하마다 두께 3.2㎜ 이상의 강철판으로 칸막이를 설치하여야 한다.
③ 칸막이로 구획된 부분의 용량이 2,000ℓ 미만인 부분에는 방파판을 설치하지 아니할 수 있다.
④ 방파판은 두께 3.2㎜ 이상의 강철판 또는 이와 동등 이상의 강도·내열성 및 내식성이 있는 금속성의 것으로 하여야 한다.

20. 이송취급소의 위치·구조·설비의 기준 중 옳지 않은 것은?

① 소화설비 및 경보설비에는 사용전원이 고장인 경우에 자동적으로 작동할 수 있는 비상전원을 설치하여야 한다.
② 배관계는 안전상 필요에 따라 지지물 그 밖의 구조물로부터 절연하여야 한다.
③ 이송취급소에는 피뢰설비를 설치하지 않아도 된다.
④ 이송취급소에는 "위험물이송취급소"라는 표시를 한 표지와 방화에 관하여 필요한 사항을 게시한 게시판을 설치하여야 한다.

해설편 ▸ p.54

2022년 ____월 ____일 시행

제4회 소방공무원 공개경쟁 채용시험

응시번호	
성명	

회차
4회

응시자 준수사항

☞ 시험지를 받으면 “시험 감독관”의 지시에 따라 다음 사항을 반드시 지켜 주십시오.

1. **시험지 표지의** “문제 책형”을 확인하고, “응시번호 및 성명”을 기재하여 주십시오.

2. **답안지의 책형란에** “문제 책형”을 표기하여 주십시오.

3. **시험이 시작되면** 시험지의 “편철순서”, “페이지 수량”을 반드시 확인한 후에 문제를 푸십시오. **※ 본 시험지는 총 4페이지입니다.**

4. **시험이 시작되면** 문제를 주의 깊게 읽고, 문항의 취지에 가장 적합한 하나의 정답만을 고르며, 문제내용에 관한 질문은 받지 않습니다.

【 소방관계법규 】

풀이시간: ___:___ ~ ___:___ 제한시간: 18분

1초 합격예측! 모바일 성적분석표

QR 코드로 접속하여 문제풀이 시간을 측정하고, 〈1초 합격예측! 모바일 성적분석표〉 서비스를 통해 지금 바로! 실력을 점검해 보세요.
http://eduwill.kr/KKVF

1. 정당한 사유 없이 처분(명령)에 따르지 아니하거나 이를 방해하였을 경우 가장 많은 벌금이 부과될 수 있는 위법행위에 해당하는 것은?

① 타고 남은 불 또는 화기가 있을 우려가 있는 재의 처리 명령을 따르지 아니하거나 방해한 자
② 함부로 버려두거나 그냥 둔 위험물, 그 밖에 불에 탈 수 있는 물건을 옮기거나 치우게 하는 등의 조치 명령을 따르지 아니하거나 방해한 자
③ 소방본부장, 소방서장 또는 소방대장은 소방활동을 위하여 긴급하게 출동할 때에는 소방자동차의 통행과 소방활동에 방해가 되는 주차 또는 정차된 차량 및 물건 등을 이동시킬 수 있는데 정당한 사유 없이 그 처분에 따르지 아니한 자
④ 불장난, 모닥불, 흡연, 화기 취급, 풍등 등 소형 열기구 날리기, 그 밖에 화재예방상 위험하다고 인정되는 행위의 금지 또는 제한명령에 따르지 아니하거나 이를 방해한 자

2. 소방안전교육사 제1차 시험과목인 소방학개론의 출제범위에 해당하지 <u>않는</u> 것은?

① 소방조직
② 연소이론
③ 재난관리론
④ 소화이론

3. 다음 중 소방업무에 관한 종합계획에 포함되어야 하는 사항이 <u>아닌</u> 것은?

① 소방업무에 필요한 기반 조성
② 소방업무의 교육 및 홍보
③ 소방전문인력 양성
④ 소방업무에 필요한 예산의 확보

4. 다음 중 시·도지사가 화재경계지구 관리대장에 작성하고 관리하여야 하는 사항이 <u>아닌</u> 것은?

① 소방교육의 실시 현황
② 소방설비의 설치 명령 현황
③ 소방검사 및 순찰 현황
④ 소방훈련의 실시 현황

5. 소방용수시설, 소화기구 및 설비 등의 설치 명령을 위반한 자에 대한 과태료 부과기준으로 옳은 것은?

① 50만 원 이하
② 100만 원 이하
③ 150만 원 이하
④ 200만 원 이하

6. 소방대상물의 소방특별조사 결과에 따른 조치명령에 관한 설명으로 옳지 않은 것은?

① 소방본부장은 개수명령으로 인하여 입은 손실을 보상하는 경우에는 시가로 보상하여야 한다.
② 개수명령은 화재예방 및 화재 발생 시 인명 또는 재산 피해가 클 것으로 예상되는 경우에 한한다.
③ 소방서장은 소방대상물에 대한 화재예방을 위하여 소방대상물의 개수 등 필요한 조치를 명령할 수 있다.
④ 소방대상물의 관계인에게 개수·이전·제거 등을 명하거나 관계 행정기관의 장에게 필요한 조치를 하여 줄 것을 요청할 수 있다.

7. 다음 중 소방시설업자가 보관하여야 하는 관계 서류에 해당하지 않는 것은?

① 소방시설 설계기록부
② 소방공사 감리기록부
③ 소방시설공사 기록부
④ 소방시설의 착공 당시 설계도서

8. 공동소방안전관리를 해야 하는 특정소방대상물로서 「화재예방, 소방시설 설치·유지 및 안전관리에 관한 법률」상 고층 건축물의 범주에 해당되는 것은?

① 지하층을 제외한 층수가 7층 이상인 건축물
② 지하층을 제외한 층수가 11층 이상인 건축물
③ 건축물의 높이가 25m 이상인 건축물
④ 건축물의 높이가 30m 이상인 건축물

9. 소방시설관리업자의 지위를 승계한 자는 누구에게 신고해야 하는가?

① 시·도지사
② 시장·군수
③ 소방본부장
④ 관할소방서장

10. 화재 등 재난 발생 시 사회·경제적으로 피해가 큰 소방안전특별관리시설물에 해당되지 않는 것은?

① 항만시설
② 공업단지
③ 수용인원 1,000명 이상인 영화상영관
④ 대통령령으로 정하는 전통시장

11. 소방시설 등의 자체점검 중 작동기능점검 시 점검횟수로 옳은 것은?

① 1년에 1회 이상
② 1년에 2회 이상
③ 2년에 1회 이상
④ 3년에 1회 이상

12. 소방시설업자가 소방시설공사 등을 맡긴 특정소방대상물의 관계인에게 지체 없이 알려야 하는 사항으로 옳지 않은 것은?

① 휴업하거나 폐업한 경우
② 소방시설업의 등록취소처분을 받은 경우
③ 소방시설업자의 지위를 양도한 경우
④ 소방시설업의 영업정지처분을 받은 경우

13. 성능위주설계에서 특정소방대상물에 대해 고려해야 하는 사항으로 옳지 않은 것은?

① 가연물의 품질
② 수용 인원
③ 특정소방대상물의 구조
④ 가연물의 종류

14. 일반 소방공사감리업이 설계할 수 있는 영업범위(기계분야)의 대상물로 옳지 않은 것은?

① 연면적 1만제곱미터 이상의 공장에 설치되는 기계분야 소방시설의 감리
② 연면적 3만제곱미터 미만의 특정소방대상물에 설치되는 기계분야 소방시설의 감리
③ 아파트에 설치되는 기계분야 소방시설의 감리
④ 위험물제조소 등에 설치되는 기계분야 소방시설의 감리

15. 완공검사를 위한 현장확인 대상 특정소방대상물의 범위로 옳지 않은 것은?

① 지하상가 및 다중이용업소
② 호스릴 방식의 물분무등소화설비가 설치되는 특정소방대상물
③ 아파트를 제외한 11층 이상인 특정소방대상물
④ 스프링클러설비 등이 설치되는 특정소방대상물

16. 위험물을 취급함에 있어 위반 시 가장 많은 벌금이 부과될 수 있는 벌칙 조항은?

① 위험물의 저장 또는 취급에 관한 중요기준에 따르지 아니한 자
② 위험물의 취급에 관한 안전관리와 감독을 하지 아니한 자
③ 안전관리자 또는 그 대리자가 참여하지 아니한 상태에서 위험물을 취급한 자
④ 관계인의 정당한 업무를 방해하거나 출입·검사 등을 수행하면서 알게 된 비밀을 누설한 자

17. 다수의 제조소 등을 설치한 자가 1인의 안전관리자를 중복하여 선임할 수 있는 경우로 옳지 않은 것은?

① 보일러·버너 또는 이와 비슷한 것으로서 위험물을 소비하는 장치로 이루어진 7개 이하의 일반취급소와 그 일반취급소에 공급하기 위한 위험물을 저장하는 저장소를 동일인이 설치한 경우
② 위험물을 차량에 고정된 탱크 또는 운반용기에 옮겨 담기 위한 5개 이하의 일반취급소가 500미터 이내인 경우에 한해 그 일반취급소에 공급하기 위한 위험물을 저장하는 저장소를 동일인이 설치한 경우
③ 동일구내에 있거나 상호 100미터 이내의 거리에 있는 저장소로서 저장소의 규모, 저장하는 위험물의 종류 등을 고려하여 행정안전부령이 정하는 저장소를 동일인이 설치한 경우
④ 기준에 적합한 5개 이하의 제조소 등을 동일인이 설치한 경우 제조소 등이 동일구내에 위치하거나 상호 100미터 이내의 거리에 있는 경우

18. 제조소 등에서 위험물을 유출·방출 또는 확산시켜 사람을 상해(傷害)에 이르게 한 자에 대한 벌칙규정으로 옳은 것은?

① 3년 이상 5년 이하의 징역
② 무기 또는 3년 이상의 징역
③ 5년 이상 15년 이하의 징역
④ 무기 또는 5년 이상의 징역

19. 위험물시설의 설치 및 변경 등에 관한 사항으로 옳지 않은 것은?

① 제조소 등에서 위험물의 지정수량의 배수 등을 변경하고자 하는 자는 변경하고자 하는 날의 3일 전까지 시·도지사에게 신고하여야 한다.
② 탱크안전성능검사의 내용은 대통령령으로 정한다.
③ 제조소 등의 설치허가를 마쳤을 때에는 시·도지사의 완공검사를 받아야 한다.
④ 제조소 등의 용도폐지 신고기간은 14일 이내이다.

20. 간이저장탱크의 설치에 대한 설명으로 옳지 않은 것은?

① 옥외에 설치 시 탱크의 주위에 너비 1m 이상의 공간을 확보한다.
② 옥외에 설치 시 전용실 안에 설치하는 경우에는 탱크와 전용실의 벽과의 사이에 0.5m 이상의 간격을 유지하여야 한다.
③ 간이저장탱크의 용량은 500ℓ 이하이어야 한다.
④ 간이저장탱크의 밸브 없는 통기관의 지름은 25mm 이상으로 하여야 한다.

해설편 ▸ p.58

2022년 ____월 ____일 시행

제5회 소방공무원 공개경쟁 채용시험

응시번호	
성명	

회차
5회

응시자 준수사항

☞ 시험지를 받으면 "시험 감독관"의 지시에 따라 다음 사항을 반드시 지켜 주십시오.

1. **시험지 표지의** "문제 책형"을 확인하고, "응시번호 및 성명"을 기재하여 주십시오.

2. **답안지의 책형란에** "문제 책형"을 표기하여 주십시오.

3. **시험이 시작되면** 시험지의 "편철순서", "페이지 수량"을 반드시 확인한 후에 문제를 푸십시오. **※ 본 시험지는 총 4페이지입니다.**

4. **시험이 시작되면** 문제를 주의 깊게 읽고, 문항의 취지에 가장 적합한 하나의 정답만을 고르며, 문제내용에 관한 질문은 받지 않습니다.

【 소방관계법규 】

풀이시간: ___:___ ~ ___:___ 제한시간: 14분

1초 합격예측! 모바일 성적분석표

QR 코드로 접속하여 문제풀이 시간을 측정하고, 〈1초 합격예측! 모바일 성적분석표〉 서비스를 통해 지금 바로! 실력을 점검해 보세요.
http://eduwill.kr/IKVF

1. 소방시설공사업의 업종별 등록기준 및 영업범위에 대한 설명으로 옳지 않은 것은?

① 일반 소방시설공사업 전기분야 법인의 자본금은 1억 원 이상이어야 한다.
② 일반 소방시설공사업 기계분야의 주된 기술인력은 소방기술사 또는 기계분야 소방설비기사 1명 이상이어야 한다.
③ 전문 소방시설공사업의 보조기술인력은 1명 이상이어야 한다.
④ 전문 소방시설공사업의 영업범위는 기계 및 전기분야 소방시설의 공사·개설·이전 및 정비이다.

2. 1년 이하의 징역 또는 1천만 원 이하의 벌금에 처하는 위법행위에 해당하는 것은?

① 자격수첩 또는 경력수첩을 빌려 준 사람
② 동시에 둘 이상의 업체에 취업한 사람
③ 관계인의 정당한 업무를 방해하거나 업무상 알게 된 비밀을 누설한 사람
④ 감리업자의 업무를 위반하여 감리를 하거나 거짓으로 감리한 자

3. 소방시설업의 등록 결격사유에 해당하지 않는 사람은?

① 피성년후견인
② 소방 관련 법규에 따른 금고 이상의 실형을 선고받고 그 집행이 끝나거나 면제된 날부터 2년이 지나지 아니한 사람
③ 등록하려는 소방시설업 등록이 취소된 날부터 3년이 지나지 아니한 자
④ 소방 관련 법규에 따른 금고 이상의 형의 집행유예를 선고받고 그 유예기간 중에 있는 사람

4. 소방시설공사의 착공신고에 대한 설명으로 옳지 않은 것은?

① 소방본부장 또는 소방서장은 착공신고를 받은 날부터 2일 이내에 신고수리 여부를 신고인에게 통지하여야 한다.
② 공사업자가 소방시설공사를 하려면 소방청장이 정하는 바에 따른다.
③ 공사업자는 소방시설공사를 하려면 공사의 내용, 시공 장소, 그 밖에 필요한 사항을 소방본부장이나 소방서장에게 신고하여야 한다.
④ 공사업자가 신고한 사항 가운데 행정안전부령으로 정하는 중요한 사항을 변경하였을 때에는 행정안전부령으로 정하는 바에 따라 변경신고를 하여야 한다.

5. 소방기술자의 자격의 정지 및 취소에 관한 행정처분기준 중 2차에 자격취소되는 위반사항은?

① 거짓이나 그 밖의 부정한 방법으로 자격수첩 또는 경력수첩을 발급받은 경우
② 자격수첩 또는 경력수첩을 다른 자에게 빌려 준 경우
③ 동시에 둘 이상의 업체에 취업한 경우
④ 업무수행 중 해당 자격과 관련하여 고의 또는 중대한 과실로 다른 자에게 손해를 입히고 형의 선고를 받은 경우

6. 무창층(無窓層)의 개구부의 요건으로 옳지 않은 것은?

① 지름 60cm 이상의 원이 내접(內接)할 수 있는 크기일 것
② 해당 층의 바닥면으로부터 개구부 밑부분까지의 높이가 1.2m 이내일 것
③ 도로 또는 차량이 진입할 수 있는 빈터를 향할 것
④ 화재 시 건축물로부터 쉽게 피난할 수 있도록 창살이나 그 밖의 장애물이 설치되지 아니할 것

7. 소방용품이란 소방시설 등을 구성하거나 소방용으로 사용되는 제품 또는 기기를 말하는데, 소방용품에 대한 설명으로 옳지 않은 것은?

① 소화설비를 구성하는 제품 또는 기기로서 소화약제 외의 것을 이용한 간이소화용구는 해당된다.
② 경보설비를 구성하는 제품 또는 기기로서 발신기, 수신기, 중계기, 감지기 및 음향장치(경종만 해당)는 해당된다.
③ 피난구조설비를 구성하는 제품 또는 기기로서 충전기를 포함한 공기호흡기는 해당된다.
④ 소화용으로 사용하는 제품 또는 기기로서 방염제(방염액·방염도료 및 방염성 물질)는 해당된다.

8. 소방대상물의 개수(改修)·이전·제거, 사용의 금지 또는 제한, 사용폐쇄, 공사의 정지 또는 중지 등 필요한 조치를 명할 수 있는 사람은?

① 소방청장, 소방본부장 또는 서장
② 시장·군수
③ 시·도지사
④ 소방대장

9. 모든 층에 스프링클러설비를 설치하여야 하는 특정소방대상물로 옳지 않은 것은? (단, 바닥면적의 합계가 $600m^2$ 이상이다)

① 의료시설 중 정신의료기관
② 의료시설 중 정신병원
③ 노유자시설
④ 숙박이 가능한 수련시설

10. 옥외소화전을 설치하는 경우의 연소 우려가 있는 구조의 기준에 해당하지 않는 것은?

① 각각의 건축물이 다른 건축물의 외벽으로부터 수평거리가 1층의 경우에는 5m 이하인 경우
② 각각의 건축물이 다른 건축물의 외벽으로부터 수평거리가 2층 이상의 층의 경우에는 10m 이하인 경우
③ 개구부가 다른 건축물을 향하여 설치되어 있는 경우
④ 건축물대장의 건축물 현황도에 표시된 대지경계선 안에 둘 이상의 건축물이 있는 경우

11. 「소방기본법」에서 화재를 진압하고 화재, 재난·재해, 그 밖의 위급한 상황에서 구조·구급 활동 등을 하는 소방대의 범주에 해당하지 않는 것은?

① 소방공무원
② 청원소방원
③ 의무소방원
④ 의용소방대원

12. 시·도지사는 화재가 발생할 우려가 높거나 화재가 발생하면 피해가 클 것으로 예상되는 지역을 화재경계지구로 지정할 수 있는데, 화재경계지구의 대상지역이 아닌 곳은?

① 시장지역
② 공장·창고가 있는 지역
③ 목조건물이 밀집한 지역
④ 소방시설·소방용수시설이나 소방출동로가 없는 지역

13. 소방본부의 종합상황실의 실장이 소방청의 종합상황실에 보고하여야 하는 상황으로 옳지 않은 것은?

① 다중이용업소의 화재 발생
② 가스 및 화약류의 폭발에 의한 화재 발생
③ 사망자가 5인 이상 발생하거나 사상자가 10인 이상 발생한 화재
④ 철도차량, 항구에 매어 둔 톤수가 500톤 이상인 선박, 항공기, 발전소 또는 변전소에서 발생한 화재

14. 「소방기본법」에서 사용하는 용어의 정의로 옳지 않은 것은?

① '소방대상물'이란 건축물, 차량, 항공기, 선박(「선박법」 제1조의2 제1항에 따른 선박으로서 항구에 매어 둔 선박만 해당한다), 선박 건조 구조물, 산림, 그 밖의 인공 구조물 또는 물건을 말한다.
② '소방본부장'이란 특별시·광역시·특별자치시·도 또는 특별자치도에서 화재의 예방·경계·진압·조사 및 구조·구급 등의 업무를 담당하는 부서의 장을 말한다.
③ '소방대(消防隊)'란 화재를 진압하고 화재, 재난·재해, 그 밖의 위급한 상황에서 구조·구급 활동 등을 하기 위하여 구성된 조직체를 말한다.
④ '소방대장(消防隊長)'이란 소방본부장 또는 소방서장 등 화재, 재난·재해, 그 밖의 위급한 상황이 발생한 현장에서 소방대를 지휘하는 사람을 말한다.

15. 소방기관이 소방업무를 수행하는 데 필요한 인력과 장비 등 소방력에 관한 기준은 무엇으로 정하는가?

① 대통령령
② 총리령
③ 행정안전부령
④ 시·도지사

16. 제6류 위험물의 일반적인 성질이 아닌 것은?

① 물질의 분해에 의해서 산소를 발생하는 산화성 액체이며 불연성 물질이다.
② 과산화수소를 제외하고는 모두 강산성의 액체로 모두 산소를 함유하고 있으며 물보다 가볍다.
③ 과산화수소는 알코올, 에테르에 녹으나 벤젠, 석유에는 녹지 않는다.
④ 증기는 유독하며 피부와 접촉하면 점막을 부식시킨다.

17. 제조소 등에 대한 행정처분기준에서 1차에 사용정지 30일에 해당되는 위반사항으로 옳은 것은?

① 변경허가를 받지 아니하고 제조소 등의 위치·구조 또는 설비를 변경한 때
② 완공검사를 받지 아니하고 제조소 등을 사용한 때
③ 위험물안전관리자를 선임하지 아니한 때
④ 수리·개조 또는 이전의 명령에 위반한 때

18. 옥내저장소에 화재 발생 시 소화가 곤란한 정도에 따라 그 소화에 적응성이 있는 소화설비를 설치하여야 하는데, 소화난이도등급 I 의 소화설비 설치기준으로 옳지 않은 것은?

① 지정수량의 150배 이상인 것
② 연면적 150m^2를 초과하는 것
③ 처마높이가 5m 이상인 단층건물의 것
④ 옥내저장소로 사용되는 부분 외의 부분이 있는 건축물에 설치된 것

19. 주유취급소에 설치할 수 있는 탱크의 설치로 옳지 않은 것은?

① 고정주유설비 또는 고정급유설비에 직접 접속하는 간이탱크 – 3기 이하
② 자동차 등을 점검·정비하는 작업장 등에서 사용하는 폐유·윤활유 등의 위험물을 저장하는 탱크 – 2,000리터 이하
③ 자동차 등에 주유하기 위한 고정주유설비에 직접 접속하는 전용탱크, 고정급유설비에 직접 접속하는 전용탱크 – 50,000리터 이하
④ 보일러 등에 직접 접속하는 전용탱크 – 20,000리터 이하

20. 안전관리자·탱크시험자·위험물운송자 등이 받아야 하는 안전교육에 관한 설명으로 옳지 않은 것은?

① 안전관리교육대상자는 위험물의 안전관리와 관련된 업무를 수행하는 자로서 소방청장이 실시하는 교육을 받아야 한다.
② 제조소 등의 관계인은 교육대상자에 대하여 필요한 안전교육을 받게 하여야 한다.
③ 시·도지사, 소방본부장 또는 소방서장은 교육대상자가 교육을 받지 아니한 때에는 그 교육대상자가 교육을 받을 때까지 그 자격으로 행하는 행위를 제한할 수 있다.
④ 교육의 과정 및 기간과 그 밖에 교육의 실시에 관하여 필요한 사항은 소방본부장 또는 소방서장이 정한다.

해설편 ▸ p.64

2022년 ____월 ____일 시행

제6회 소방공무원 공개경쟁 채용시험

응시번호	
성명	

회차
6회

응시자 준수사항

☞ 시험지를 받으면 "시험 감독관"의 지시에 따라 다음 사항을 반드시 지켜 주십시오.

1. **시험지 표지의** "문제 책형"을 확인하고, "응시번호 및 성명"을 기재하여 주십시오.

2. **답안지의 책형란에** "문제 책형"을 표기하여 주십시오.

3. **시험이 시작되면** 시험지의 "편철순서", "페이지 수량"을 반드시 확인한 후에 문제를 풀십시오. ※ **본 시험지는 총 4페이지입니다.**

4. **시험이 시작되면** 문제를 주의 깊게 읽고, 문항의 취지에 가장 적합한 하나의 정답만을 고르며, 문제내용에 관한 질문은 받지 않습니다.

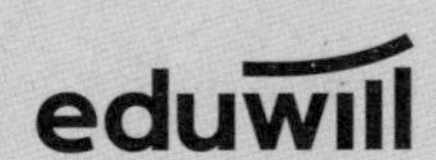

【 소방관계법규 】

풀이시간: ___:___ ~ ___: ___ 제한시간: 16분

1초 합격예측! 모바일 성적분석표

QR 코드로 접속하여 문제풀이 시간을 측정하고, 〈1초 합격예측! 모바일 성적분석표〉 서비스를 통해 지금 바로! 실력을 점검해 보세요.
http://eduwill.kr/gKVF

1. 소방시설업자가 하자보수 보증기간 동안 보관하여야 할 관계 서류에 해당하지 않는 것은?

① 소방공사 감리기록부
② 소방공사 감리일지
③ 소방공사현장 방문일지
④ 소방시설의 완공 당시 설계도서

2. 성능위주설계를 할 수 있는 자의 자격, 기술인력 및 자격에 따른 설계의 범위와 그 밖에 필요한 사항을 정하는 기준은?

① 법률
② 대통령령
③ 행정자치부령
④ 시·도지사

3. 국가, 지방자치단체 또는 공공기관이 발주하는 소방시설공사 등을 하도급한 경우 해당 발주자가 누구나 볼 수 있는 방법으로 공개하여야 하는 항목으로 옳지 않은 것은?

① 공사명
② 예정가격 및 수급인의 도급금액 및 낙찰률
③ 수급인(상호 및 대표자, 업종 및 등록번호, 영업소 소재지)
④ 하수급인(상호 및 대표자, 업종 및 등록번호, 영업소 소재지)

4. 방염처리능력의 평가 및 공시사항으로 옳지 않은 것은?

① 협회는 제출된 서류가 거짓으로 확인된 경우에는 확인된 날부터 10일 이내에 해당 방염처리업자의 방염처리능력을 새로 평가하고 해당 방염처리업자의 등록수첩에 그 사실을 기재하여 발급해야 한다.
② 협회는 방염처리능력을 평가한 경우에는 매년 7월 31일까지 협회의 인터넷 홈페이지에 공시해야 한다. 다만, 제19조의2 제3항 또는 제3항에 따라 방염처리능력을 평가한 경우에는 평가완료일부터 10일 이내에 공시해야 한다.
③ 방염처리능력 평가의 유효기간은 공시일부터 1년간으로 한다.
④ 방염처리능력 평가 및 공시에 필요한 세부규정은 협회가 정하되, 행정안전부장관의 승인을 받아야 한다.

5. 소방시설관리업의 기술 인력, 장비 등 관리업에 관하여 필요한 사항은 무엇으로 정하는가?

① 대통령령
② 행정안전부령
③ 소방청장
④ 시·도지사

6. 소방안전관리대상물의 관계인이 소방안전관리자를 선임한 경우 소방안전관리자의 성명과 행정안전부령으로 정하는 사항을 게시하여야 하는데, 행정안전부령으로 정하는 사항이 아닌 것은?

① 소방안전관리자의 연락처
② 소방안전관리자의 선임일자
③ 소방안전관리자의 성별
④ 소방안전관리대상물의 명칭

7. 다음 중 2급 소방안전관리대상물의 소방안전관리에 관한 시험에 응시할 수 없는 사람은 누구인가?

① 대학에서 소방안전관리학과를 전공하고 졸업한 사람
② 의용소방대원으로 3년 이상 근무한 경력이 있는 사람
③ 군부대(주한 외국군부대를 포함한다) 및 의무소방대의 소방대원으로 1년 이상 근무한 경력이 있는 사람
④ 「위험물안전관리법」 제19조에 따른 자체소방대의 소방대원으로 2년 이상 근무한 경력이 있는 사람

8. 근무자 및 거주자에게 소방훈련이나 교육을 실시하여야 하는 특정소방대상물 중 상시근무하거나 거주하는 인원이 몇 명인 경우에 그 특정소방대상물의 대상에서 제외되는가?

① 5명 이하
② 7명 이하
③ 10명 이하
④ 15명 이하

9. 특정소방대상물 중 공동 소방안전관리자를 선임하여야 하는 곳으로 옳지 않은 것은?

① 지하층을 포함한 층수가 11층 이상인 건축물
② 지하의 인공구조물 안에 설치된 상점 및 사무실
③ 복합건축물로서 연면적이 5,000m^2 이상인 것
④ 판매시설 중 도매시장 및 소매시장

10. 소방청장이 실시하는 특급 소방안전관리자 시험을 보지 않고 특급 소방안전관리대상물의 소방안전관리자가 될 수 있는 사람으로 옳지 않은 것은?

① 소방기술사 또는 소방시설관리사의 자격이 있는 사람
② 소방설비기사의 자격을 취득한 후 5년 이상 1급 소방안전관리대상물의 소방안전관리자로 근무한 실무경력이 있는 사람
③ 소방설비산업기사의 자격을 취득한 후 7년 이상 1급 소방안전관리대상물의 소방안전관리자로 근무한 실무경력이 있는 사람
④ 소방공무원으로 15년 이상 근무한 경력이 있는 사람

11. 위험물안전관리자에 대한 설명으로 옳지 않은 것은?

① 안전관리자를 선임한 제조소 등의 관계인은 그 안전관리자를 해임하거나 안전관리자가 퇴직한 때에는 해임하거나 퇴직한 날부터 20일 이내에 다시 안전관리자를 선임하여야 한다.
② 제조소 등의 관계인은 안전관리자를 선임한 경우에는 선임한 날부터 14일 이내에 행정안전부령으로 정하는 바에 따라 소방본부장 또는 소방서장에게 신고하여야 한다.
③ 안전관리자를 선임한 제조소 등의 관계인은 안전관리자가 여행·질병 그 밖의 사유로 인하여 일시적으로 직무를 수행할 수 없거나 안전관리자의 해임 또는 퇴직과 동시에 다른 안전관리자를 선임하지 못하는 경우 위험물안전에 관한 기본지식과 경험이 있는 자로서 행정안전부령이 정하는 자를 대리자(代理者)로 지정하여 그 직무를 대행하게 하여야 한다.
④ 다수의 제조소 등을 동일인이 설치한 경우에는 관계인은 1인의 안전관리자를 중복하여 선임할 수 있다.

12. 위험물산업기사, 안전관리자교육이수자 또는 소방공무원경력자 등 안전관리자를 선임하여야 하는 저장소의 기준으로 옳지 않은 것은?

① 제4류 위험물만을 저장하는 것으로서 지정수량 40배 이하의 옥내저장소
② 제4류 위험물 중 제2석유류, 제3석유류, 제4석유류, 동식물유류만을 저장하는 것으로서 지정수량 40배 이하의 옥외탱크저장소
③ 제4류 위험물만을 저장하는 것으로서 지정수량 40배 이하의 지하탱크저장소
④ 제4류 위험물만을 저장하는 것으로서 지정수량의 40배 이하의 옥외저장소

13. 지정수량의 50배 이하인 소규모 옥내저장소의 특례기준에 대한 설명으로 옳지 않은 것은?

① 하나의 저장창고 바닥면적은 $150m^2$ 이하로 할 것
② 저장창고는 벽·기둥·바닥·보 및 지붕을 내화구조로 할 것
③ 저장창고의 출입구에는 수시로 개방할 수 있는 자동폐쇄방식의 갑종방화문을 설치할 것
④ 저장창고에는 창을 가능한 한 작게 설치할 것

14. 주유취급소에 설치하는 탱크의 기준으로 옳지 않은 것은?

① 자동차 등을 점검·정비하는 작업장 등에서 사용하는 폐유·윤활유 등의 위험물을 저장하는 탱크로서 용량이 5,000리터 이하의 것
② 보일러 등에 직접 접속하는 전용탱크로서 10,000리터 이하의 것
③ 고정급유설비에 직접 접속하는 전용탱크로서 50,000리터 이하의 것
④ 자동차 등에 주유하기 위한 고정주유설비에 직접 접속하는 전용탱크로서 50,000리터 이하의 것

15. 주유취급소 주유원 간이대기실의 기준으로 옳지 않은 것은?

① 내화구조로 할 것
② 바퀴가 부착되지 아니한 고정식일 것
③ 차량의 출입 및 주유작업에 장애를 주지 아니하는 위치에 설치할 것
④ 바닥면적이 $2.5m^2$ 이하일 것

16. 소방본부장 및 소방서장의 권한으로 옳은 것은?

① 소방박물관 등의 설립운영
② 소방용수시설 설치 및 관리
③ 화재경계지구 안의 관계인에 대하여 소방에 필요한 훈련 및 교육
④ 소방응원협약 및 화재경계지구 지정

17. 다음 중 「소방기본법」 위반으로 가장 많은 벌금이 부과될 수 있는 것은?

① 정당한 사유 없이 타고 남은 불 또는 화기가 있을 우려가 있는 재의 처리 명령에 따르지 아니하거나 이를 방해한 사람
② 화재조사 시 정당한 사유 없이 관계 공무원의 출입 또는 조사를 거부·방해 또는 기피한 사람
③ 관계인의 정당한 업무를 방해하거나 화재조사를 수행하면서 알게 된 비밀을 다른 사람에게 누설한 사람
④ 정당한 사유 없이 소방대가 현장에 도착할 때까지 사람을 구출하는 조치 또는 불을 끄거나 불이 번지지 아니하도록 하는 조치를 하지 아니한 사람

18. 소방용수시설의 설치기준상 소방용 호스와 연결하는 소화전 연결금속구의 구경으로 옳은 것은?

① 40mm
② 55mm
③ 60mm
④ 65mm

19. 소방용수시설 중 저수조의 설치기준으로 옳지 않은 것은?

① 지면으로부터의 낙차가 4.5m 이하일 것
② 흡수 부분의 수심이 0.5m 이하일 것
③ 저수조에 물을 공급하는 방법은 상수도에 연결하여 자동으로 급수되는 구조일 것
④ 흡수관의 투입구가 사각형의 경우에는 한 변의 길이가 60cm 이상, 원형의 경우에는 지름이 60cm 이상일 것

20. 소방서 화재조사전담부서에 갖추어야 할 안전장비가 아닌 것은?

① 안전화
② 안전모
③ 안전고리
④ 안전작업복

해설편 ▸ p.70

ENERGY

끝이 좋아야 시작이 빛난다.

– 마리아노 리베라(Mariano Rivera)

여러분의 작은 소리
에듀윌은 크게 듣겠습니다.

본 교재에 대한 여러분의 목소리를 들려주세요.
공부하시면서 어려웠던 점, 궁금한 점,
칭찬하고 싶은 점, 개선할 점, 어떤 것이라도 좋습니다.

에듀윌은 여러분께서 나누어 주신 의견을
통해 끊임없이 발전하고 있습니다.

에듀윌 도서몰 book.eduwill.net
- 부가학습자료 및 정오표: 에듀윌 도서몰 → 도서자료실
- 교재 문의: 에듀윌 도서몰 → 문의하기 → 교재(내용, 출간) / 주문 및 배송

2022 에듀윌 소방공무원 실전동형 모의고사 소방학개론+소방관계법규

발 행 일	2022년 1월 13일 초판
편 저 자	우성천
펴 낸 이	이중현
펴 낸 곳	(주)에듀윌
등록번호	제25100-2002-000052호
주 소	08378 서울특별시 구로구 디지털로34길 55 코오롱싸이언스밸리 2차 3층

ISBN 979-11-360-1459-7 13350

www.eduwill.net
대표전화 1600-6700

✂ 자르는 선

소방공무원 신규채용(공개경쟁)

응시분야	
성 명	본인 성명 기재
[필적 감정용 기재란] (예시) 서울소방 안전 대한민국	

책 형
Ⓐ Ⓑ

※시험감독관 기재 – 확인란	
책형	

1회		2회		3회		4회		5회	
1	① ② ③ ④	1	① ② ③ ④	1	① ② ③ ④	1	① ② ③ ④	1	① ② ③ ④
2	① ② ③ ④	2	① ② ③ ④	2	① ② ③ ④	2	① ② ③ ④	2	① ② ③ ④
3	① ② ③ ④	3	① ② ③ ④	3	① ② ③ ④	3	① ② ③ ④	3	① ② ③ ④
4	① ② ③ ④	4	① ② ③ ④	4	① ② ③ ④	4	① ② ③ ④	4	① ② ③ ④
5	① ② ③ ④	5	① ② ③ ④	5	① ② ③ ④	5	① ② ③ ④	5	① ② ③ ④
6	① ② ③ ④	6	① ② ③ ④	6	① ② ③ ④	6	① ② ③ ④	6	① ② ③ ④
7	① ② ③ ④	7	① ② ③ ④	7	① ② ③ ④	7	① ② ③ ④	7	① ② ③ ④
8	① ② ③ ④	8	① ② ③ ④	8	① ② ③ ④	8	① ② ③ ④	8	① ② ③ ④
9	① ② ③ ④	9	① ② ③ ④	9	① ② ③ ④	9	① ② ③ ④	9	① ② ③ ④
10	① ② ③ ④	10	① ② ③ ④	10	① ② ③ ④	10	① ② ③ ④	10	① ② ③ ④
11	① ② ③ ④	11	① ② ③ ④	11	① ② ③ ④	11	① ② ③ ④	11	① ② ③ ④
12	① ② ③ ④	12	① ② ③ ④	12	① ② ③ ④	12	① ② ③ ④	12	① ② ③ ④
13	① ② ③ ④	13	① ② ③ ④	13	① ② ③ ④	13	① ② ③ ④	13	① ② ③ ④
14	① ② ③ ④	14	① ② ③ ④	14	① ② ③ ④	14	① ② ③ ④	14	① ② ③ ④
15	① ② ③ ④	15	① ② ③ ④	15	① ② ③ ④	15	① ② ③ ④	15	① ② ③ ④
16	① ② ③ ④	16	① ② ③ ④	16	① ② ③ ④	16	① ② ③ ④	16	① ② ③ ④
17	① ② ③ ④	17	① ② ③ ④	17	① ② ③ ④	17	① ② ③ ④	17	① ② ③ ④
18	① ② ③ ④	18	① ② ③ ④	18	① ② ③ ④	18	① ② ③ ④	18	① ② ③ ④
19	① ② ③ ④	19	① ② ③ ④	19	① ② ③ ④	19	① ② ③ ④	19	① ② ③ ④
20	① ② ③ ④	20	① ② ③ ④	20	① ② ③ ④	20	① ② ③ ④	20	① ② ③ ④

응 시 번 호						
(1)						
(2)	⓪	⓪	⓪	⓪	⓪	⓪
	①	①	①	①	①	①
	②	②	②	②	②	②
	③	③	③	③	③	③
	④	④	④	④	④	④
	⑤	⑤	⑤	⑤	⑤	⑤
	⑥	⑥	⑥	⑥	⑥	⑥
	⑦	⑦	⑦	⑦	⑦	⑦
	⑧	⑧	⑧	⑧	⑧	⑧
	⑨	⑨	⑨	⑨	⑨	⑨

소방공무원 신규채용(공개경쟁)

응시분야	
성 명	본인 성명 기재
[필적 감정용 기재란] (예시) 서울소방 안전 대한민국	

책 형
Ⓐ Ⓑ

※시험감독관 기재 – 확인란	
책형	

6회		연습용		연습용		연습용		연습용	
1	① ② ③ ④	1	① ② ③ ④	1	① ② ③ ④	1	① ② ③ ④	1	① ② ③ ④
2	① ② ③ ④	2	① ② ③ ④	2	① ② ③ ④	2	① ② ③ ④	2	① ② ③ ④
3	① ② ③ ④	3	① ② ③ ④	3	① ② ③ ④	3	① ② ③ ④	3	① ② ③ ④
4	① ② ③ ④	4	① ② ③ ④	4	① ② ③ ④	4	① ② ③ ④	4	① ② ③ ④
5	① ② ③ ④	5	① ② ③ ④	5	① ② ③ ④	5	① ② ③ ④	5	① ② ③ ④
6	① ② ③ ④	6	① ② ③ ④	6	① ② ③ ④	6	① ② ③ ④	6	① ② ③ ④
7	① ② ③ ④	7	① ② ③ ④	7	① ② ③ ④	7	① ② ③ ④	7	① ② ③ ④
8	① ② ③ ④	8	① ② ③ ④	8	① ② ③ ④	8	① ② ③ ④	8	① ② ③ ④
9	① ② ③ ④	9	① ② ③ ④	9	① ② ③ ④	9	① ② ③ ④	9	① ② ③ ④
10	① ② ③ ④	10	① ② ③ ④	10	① ② ③ ④	10	① ② ③ ④	10	① ② ③ ④
11	① ② ③ ④	11	① ② ③ ④	11	① ② ③ ④	11	① ② ③ ④	11	① ② ③ ④
12	① ② ③ ④	12	① ② ③ ④	12	① ② ③ ④	12	① ② ③ ④	12	① ② ③ ④
13	① ② ③ ④	13	① ② ③ ④	13	① ② ③ ④	13	① ② ③ ④	13	① ② ③ ④
14	① ② ③ ④	14	① ② ③ ④	14	① ② ③ ④	14	① ② ③ ④	14	① ② ③ ④
15	① ② ③ ④	15	① ② ③ ④	15	① ② ③ ④	15	① ② ③ ④	15	① ② ③ ④
16	① ② ③ ④	16	① ② ③ ④	16	① ② ③ ④	16	① ② ③ ④	16	① ② ③ ④
17	① ② ③ ④	17	① ② ③ ④	17	① ② ③ ④	17	① ② ③ ④	17	① ② ③ ④
18	① ② ③ ④	18	① ② ③ ④	18	① ② ③ ④	18	① ② ③ ④	18	① ② ③ ④
19	① ② ③ ④	19	① ② ③ ④	19	① ② ③ ④	19	① ② ③ ④	19	① ② ③ ④
20	① ② ③ ④	20	① ② ③ ④	20	① ② ③ ④	20	① ② ③ ④	20	① ② ③ ④

응 시 번 호						
(1)						
(2)	⓪	⓪	⓪	⓪	⓪	⓪
	①	①	①	①	①	①
	②	②	②	②	②	②
	③	③	③	③	③	③
	④	④	④	④	④	④
	⑤	⑤	⑤	⑤	⑤	⑤
	⑥	⑥	⑥	⑥	⑥	⑥
	⑦	⑦	⑦	⑦	⑦	⑦
	⑧	⑧	⑧	⑧	⑧	⑧
	⑨	⑨	⑨	⑨	⑨	⑨

소방공무원 신규채용(공개경쟁)

응시분야	
성 명	본인 성명 기재
[필적 감정용 기재란] (예시) 서울소방 안전 대한민국	

책 형
Ⓐ Ⓑ

※시험감독관 기재 – 확인란	
책형	

응 시 번 호						
(1)						
(2)	⓪ ① ② ③ ④ ⑤ ⑥ ⑦ ⑧ ⑨	⓪ ① ② ③ ④ ⑤ ⑥ ⑦ ⑧ ⑨	⓪ ① ② ③ ④ ⑤ ⑥ ⑦ ⑧ ⑨	⓪ ① ② ③ ④ ⑤ ⑥ ⑦ ⑧ ⑨	⓪ ① ② ③ ④ ⑤ ⑥ ⑦ ⑧ ⑨	⓪ ① ② ③ ④ ⑤ ⑥ ⑦ ⑧ ⑨

1회		2회		3회		4회		5회	
1	① ② ③ ④	1	① ② ③ ④	1	① ② ③ ④	1	① ② ③ ④	1	① ② ③ ④
2	① ② ③ ④	2	① ② ③ ④	2	① ② ③ ④	2	① ② ③ ④	2	① ② ③ ④
3	① ② ③ ④	3	① ② ③ ④	3	① ② ③ ④	3	① ② ③ ④	3	① ② ③ ④
4	① ② ③ ④	4	① ② ③ ④	4	① ② ③ ④	4	① ② ③ ④	4	① ② ③ ④
5	① ② ③ ④	5	① ② ③ ④	5	① ② ③ ④	5	① ② ③ ④	5	① ② ③ ④
6	① ② ③ ④	6	① ② ③ ④	6	① ② ③ ④	6	① ② ③ ④	6	① ② ③ ④
7	① ② ③ ④	7	① ② ③ ④	7	① ② ③ ④	7	① ② ③ ④	7	① ② ③ ④
8	① ② ③ ④	8	① ② ③ ④	8	① ② ③ ④	8	① ② ③ ④	8	① ② ③ ④
9	① ② ③ ④	9	① ② ③ ④	9	① ② ③ ④	9	① ② ③ ④	9	① ② ③ ④
10	① ② ③ ④	10	① ② ③ ④	10	① ② ③ ④	10	① ② ③ ④	10	① ② ③ ④
11	① ② ③ ④	11	① ② ③ ④	11	① ② ③ ④	11	① ② ③ ④	11	① ② ③ ④
12	① ② ③ ④	12	① ② ③ ④	12	① ② ③ ④	12	① ② ③ ④	12	① ② ③ ④
13	① ② ③ ④	13	① ② ③ ④	13	① ② ③ ④	13	① ② ③ ④	13	① ② ③ ④
14	① ② ③ ④	14	① ② ③ ④	14	① ② ③ ④	14	① ② ③ ④	14	① ② ③ ④
15	① ② ③ ④	15	① ② ③ ④	15	① ② ③ ④	15	① ② ③ ④	15	① ② ③ ④
16	① ② ③ ④	16	① ② ③ ④	16	① ② ③ ④	16	① ② ③ ④	16	① ② ③ ④
17	① ② ③ ④	17	① ② ③ ④	17	① ② ③ ④	17	① ② ③ ④	17	① ② ③ ④
18	① ② ③ ④	18	① ② ③ ④	18	① ② ③ ④	18	① ② ③ ④	18	① ② ③ ④
19	① ② ③ ④	19	① ② ③ ④	19	① ② ③ ④	19	① ② ③ ④	19	① ② ③ ④
20	① ② ③ ④	20	① ② ③ ④	20	① ② ③ ④	20	① ② ③ ④	20	① ② ③ ④

소방공무원 신규채용(공개경쟁)

응시분야	
성 명	본인 성명 기재
[필적 감정용 기재란] (예시) 서울소방 안전 대한민국	

책 형
Ⓐ Ⓑ

※시험감독관 기재 – 확인란	
책형	

응 시 번 호						
(1)						
(2)	⓪ ① ② ③ ④ ⑤ ⑥ ⑦ ⑧ ⑨	⓪ ① ② ③ ④ ⑤ ⑥ ⑦ ⑧ ⑨	⓪ ① ② ③ ④ ⑤ ⑥ ⑦ ⑧ ⑨	⓪ ① ② ③ ④ ⑤ ⑥ ⑦ ⑧ ⑨	⓪ ① ② ③ ④ ⑤ ⑥ ⑦ ⑧ ⑨	⓪ ① ② ③ ④ ⑤ ⑥ ⑦ ⑧ ⑨

6회		연습용		연습용		연습용		연습용	
1	① ② ③ ④	1	① ② ③ ④	1	① ② ③ ④	1	① ② ③ ④	1	① ② ③ ④
2	① ② ③ ④	2	① ② ③ ④	2	① ② ③ ④	2	① ② ③ ④	2	① ② ③ ④
3	① ② ③ ④	3	① ② ③ ④	3	① ② ③ ④	3	① ② ③ ④	3	① ② ③ ④
4	① ② ③ ④	4	① ② ③ ④	4	① ② ③ ④	4	① ② ③ ④	4	① ② ③ ④
5	① ② ③ ④	5	① ② ③ ④	5	① ② ③ ④	5	① ② ③ ④	5	① ② ③ ④
6	① ② ③ ④	6	① ② ③ ④	6	① ② ③ ④	6	① ② ③ ④	6	① ② ③ ④
7	① ② ③ ④	7	① ② ③ ④	7	① ② ③ ④	7	① ② ③ ④	7	① ② ③ ④
8	① ② ③ ④	8	① ② ③ ④	8	① ② ③ ④	8	① ② ③ ④	8	① ② ③ ④
9	① ② ③ ④	9	① ② ③ ④	9	① ② ③ ④	9	① ② ③ ④	9	① ② ③ ④
10	① ② ③ ④	10	① ② ③ ④	10	① ② ③ ④	10	① ② ③ ④	10	① ② ③ ④
11	① ② ③ ④	11	① ② ③ ④	11	① ② ③ ④	11	① ② ③ ④	11	① ② ③ ④
12	① ② ③ ④	12	① ② ③ ④	12	① ② ③ ④	12	① ② ③ ④	12	① ② ③ ④
13	① ② ③ ④	13	① ② ③ ④	13	① ② ③ ④	13	① ② ③ ④	13	① ② ③ ④
14	① ② ③ ④	14	① ② ③ ④	14	① ② ③ ④	14	① ② ③ ④	14	① ② ③ ④
15	① ② ③ ④	15	① ② ③ ④	15	① ② ③ ④	15	① ② ③ ④	15	① ② ③ ④
16	① ② ③ ④	16	① ② ③ ④	16	① ② ③ ④	16	① ② ③ ④	16	① ② ③ ④
17	① ② ③ ④	17	① ② ③ ④	17	① ② ③ ④	17	① ② ③ ④	17	① ② ③ ④
18	① ② ③ ④	18	① ② ③ ④	18	① ② ③ ④	18	① ② ③ ④	18	① ② ③ ④
19	① ② ③ ④	19	① ② ③ ④	19	① ② ③ ④	19	① ② ③ ④	19	① ② ③ ④
20	① ② ③ ④	20	① ② ③ ④	20	① ② ③ ④	20	① ② ③ ④	20	① ② ③ ④

소방공무원 교재

기출문제집
(한국사/영어/행정법총론
/소방학+관계법규)

실전동형 모의고사
(한국사/영어/행정법총론/
소방학+관계법규)

봉투모의고사
(국어+한국사+영어)/(소방학+관계법규)

군무원 교재

※ 기출문제집은 국어/행정법/행정학으로 구성되어 있음.

기출문제집(국어)

기출문제집(행정학)

봉투모의고사
(국어+행정법+행정학)

계리직공무원 교재

※ 단원별 문제집은 한국사/우편상식/금융상식/컴퓨터일반으로 구성되어 있음.

기본서(한국사)

기본서(우편상식)

기본서(금융상식)

기본서(컴퓨터일반)

단원별 문제집(한국사)

기출문제집
(한국사+우편·금융상식+컴퓨터일반)

영어 집중 교재

기출 영단어(빈출순)

매일 3문 독해
(기본완성/실력완성)

빈출 문법(4주 완성)

단기 공략(핵심 요약집)

한국사 집중 교재

흐름노트

행정학 집중 교재

단권화 요약노트

국어 집중 교재

매일 기출한자(빈출순)

문법 단권화 요약노트

비문학 데일리 독해

기출판례집(빈출순) 교재

행정법

헌법

형사법

* YES24 수험서 자격증 공무원 베스트셀러 1위 (2017년 3월, 2018년 4월~6월, 8월, 2019년 4월, 6월~12월, 2020년 1월~12월, 2021년 1월~12월, 2022년 1월 월별 베스트, 매월 1위 교재는 다름)
* YES24 국내도서 해당분야 월별, 주별 베스트 기준 (좌측 상단부터 순서대로 2021년 6월 4주, 2020년 7월 2주, 2020년 4월, 2021년 5월, 2022년 1월, 2022년 1월, 2021년 8월 2주, 2021년 8월 2주, 2021년 10월 4주, 2022년 1월, 2022년 1월, 2021년 7월, 2020년 6월 1주, 2022년 1월, 2021년 10월, 2021년 12월 3주, 2020년 10월 2주, 2021년 6월, 2022년 1월 1주, 2021년 11월 5주, 2022년 1월, 2021년 12월, 2022년 1월, 2022년 1월, 2021년 6월 4주, 2022년 1월, 2021년 9월, 2021년 9월, 2021년 12월 1주)

더 많은
공무원 교재

2022

에듀윌 소방공무원

4년 연속 소방공무원 1위

합격자 수 1,495% 수직 상승

산출근거 후면표기

해설편

소방학개론+소방관계법규

우성천 편저

eduwill

해설편

소방학개론+소방관계법규

소방공무원 교육 **1위**

전문 교수진 해설강의 **ALL 무료**

2022

에듀윌 소방공무원

실전동형 모의고사 12회
해설편

소방학개론+소방관계법규

FIRE
FIGHTER

소방학개론

제1회 실전동형 모의고사

소방학개론

문제편 p.14

01	①	02	④	03	③	04	③	05	②
06	④	07	②	08	③	09	④	10	②
11	④	12	④	13	③	14	②	15	①
16	④	17	④	18	②	19	②	20	①

▶풀이시간: /15분 나의 점수: /100점

※ 해당 회차의 2번 문항은 1초 합격예측 서비스의 데이터 누적 기간이 충분하지 않아 [오답률] 기재를 생략하고 [난이도]로 표기하였습니다.

01 소화이론 〉 소화약제 〉 포 소화약제 오답률 10.1% | 답 ①

다음 설명에 해당하는 포 소화약제 혼합방식은 무엇인가?

> 펌프와 발포기의 중간에 설치된 벤투리관의 벤투리작용에 의하여 포 소화약제를 흡입·혼합하는 방식으로, 소형이며 경제적이다.

① 라인 프로포셔너 방식
② 펌프 프로포셔너 방식
③ 프레져 프로포셔너 방식
④ 프레져사이드 프로포셔너 방식

| 선지별 선택률 |

①	②	③	④
89.9%	1.4%	7.3%	1.4%

| 정답해설 |

① 관로혼합장치인 라인 프로포셔너 방식에 대한 설명이다.

| 오답해설 |

② 펌프 프로포셔너 방식이란, 펌프의 토출관과 흡입관 사이의 배관 도중에 설치한 흡입기로 펌프에서 토출된 물의 일부를 보내고, 농도조절밸브에서 조정된 포 소화약제의 필요량을 포 소화약제 탱크에서 펌프흡입 측으로 보내어 혼합하는 방식을 말한다.
③ 프레져 프로포셔너 방식이란, 펌프와 발포기의 중간에 설치된 벤투리관의 벤투리작용과 펌프가압수의 소화약제 저장탱크의 압력에 의해서 포 소화약제를 흡입·혼합하는 방식을 말한다. 이에는 압입식과 압송식이 있다.
④ 프레져사이드 프로포셔너 방식이란, 펌프의 토출관에 압입기를 설치하여 포 소화약제 압입용 펌프와 소화약제를 압입시켜 혼합하는 방식을 말한다.

02 소화이론 〉 소방시설 〉 분말 소화약제 난이도 중 | 답 ④

소화약제 1kg당 저장 용기의 내용적이 가장 큰 것은?

① 탄산수소나트륨을 주성분으로 한 제1종 분말 소화약제
② 탄산수소칼륨을 주성분으로 한 제2종 분말 소화약제
③ 인산염을 주성분으로 한 제3종 분말 소화약제
④ 탄산수소칼륨과 요소가 화합된 제4종 분말 소화약제

| 정답해설 |

④ 소화약제 1kg당 저장 용기의 내용적이 가장 큰 것은 탄산수소칼륨과 요소가 화합된 제4중 분말 소화약제이다.

| 더 알아보기 | 소화약제의 저장 용기 내용적

종별	소화약제	소화약제 1kg당 저장 용기의 내용적
제1종 분말	탄산수소나트륨을 주성분으로 한 분말	0.8ℓ
제2종 분말	탄산수소칼륨을 주성분으로 한 분말	1ℓ
제3종 분말	인산염을 주성분으로 한 분말	1ℓ
제4종 분말	탄산수소칼륨과 요소가 화합된 분말	1.25ℓ

03 연소이론 〉 연기 및 화염 〉 연기의 특징 오답률 14.7% | 답 ③

화재발생 시 생성되는 연기에 대한 설명으로 옳지 않은 것은?

① 연기는 가연물질의 연소에 의하여 생성된 가스와 입자가 공기와 일체가 되어 하나의 혼합기체가 된 것으로, 그 입자의 크기는 0.1~10㎛이다.
② 연기는 녹황색의 황화수소가스, 백색의 수증기 등과 같이 눈으로 볼 수 있는 성분도 있고, 일산화탄소, 사염화탄소와 같이 무색투명해서 눈으로 볼 수 없는 성분도 있다.
③ 저층건물에서는 굴뚝효과에 의하여 연기가 상승하고, 고층건물에서는 열, 대류이동, 화재압력 및 바람의 영향으로 통로 등을 따라 연기가 이동한다.
④ 연기로 인한 시각적인 장애로는 주로 연기 속의 주성분인 탄소입자로 인하여 광선이 차단되어 피난유도 표지나 출입구를 찾기 어렵게 되는 경우가 있다. 또한 연기로 인하여 눈의 기능장애도 일으키게 된다.

| 선지별 선택률 |

①	②	③	④
1.5%	8.8%	85.3%	4.4%

| 정답해설 |

③ 저층건물과 고층건물의 설명이 바뀌었다. '고층건물'에서는 굴뚝효과에 의하여 연기가 상승하고, '저층건물'에서는 열, 대류이동, 화재압력 및 바람의 영향으로 통로 등을 따라 연기가 이동한다.

| 더 알아보기 | 연기의 정의 및 유동속도

1. 연기의 정의
 - 기체 가운데 완전연소되지 않는 가연물이 고체미립자가 되어 떠돌아다니는 상태를 말한다.
 - 눈에 보이는 연소생성물로서 고체입자(탄소·타르입자)와 농축습기로 구성되어 있다.
 - 탄소함유량이 많은 가연물이 연소할 경우 산소가 부족하여 많은 탄소입자가 생성된다.
2. 연기의 유동속도
 - 수평 방향: 0.5~1m/sec
 - 수직 방향: 2~3m/sec
 - 계단실 내: 3~5m/sec

 ※ 계단은 문이 있고 공기의 흐름이 많기 때문에 유동속도가 빠르다.

04 소방조직 〉 서론 〉 소방의 역사

오답률 11.6% | 답 ③

1426년(세종 8년) 한성부 내에서 두 번의 대형화재가 발생한 것을 계기로 우리나라에 최초로 설치된 소방조직은 무엇인가?

① 금화조
② 멸화조
③ 금화도감
④ 수성금화도감

| 선지별 선택률 |

①	②	③	④
2.9%	0%	**88.4%**	8.7%

| 정답해설 |

③ 금화도감은 1426년(세종 8년) 한성부 내에서 두 번의 대형화재가 발생하여 많은 가옥, 재산 및 백성의 생명을 잃은 것을 계기로 설치되었다. 오늘날의 상비소방 제도의 기능을 갖춘 금화도감을 병조에 설치하였다.

| 더 알아보기 | 금화도감

금화도감은 세종 8년(1426년)에 방화업무를 관장하기 위하여 설치되었으나, 이후에 화재가 발생하지 않았다. 4개월 후에 금화도감과 성문도감이 병합되어 수성금화도감이 되었다.

05 소화이론 〉 소방시설 〉 소화활동설비

오답률 4.4% | 답 ②

다음 중 소화활동설비의 종류가 아닌 것은?

① 제연설비
② 상수도소화용수설비
③ 비상콘센트설비
④ 연소방지설비

| 선지별 선택률 |

①	②	③	④
1.5%	**95.6%**	0%	2.9%

| 정답해설 |

② 상수도소화용수설비는 소화활동설비가 아니라, 소화용수설비에 해당한다.

| 오답해설 |

①, ③, ④ 소화활동설비에 해당한다.

| 더 알아보기 | 소화용수설비 및 소화활동설비

1. 소화용수설비
   ① 의의: 화재를 진압하는 데 필요한 물을 공급하거나 저장하는 설비를 말한다.
   ② 종류
   - 상수도소화용수설비
   - 소화수조·저수조 그 밖의 소화용수설비
2. 소화활동설비
   ① 의의: 화재를 진압하거나 인명구조 활동을 위하여 사용하는 설비를 말한다.
   ② 종류
   - 무선통신보조설비
   - 제연설비
   - 비상콘센트설비
   - 연결살수설비
   - 연소방지설비
   - 연결송수관설비

06 소화이론 〉 소화원리 〉 소화의 방법

오답률 35.8% | 답 ④

소화기의 온도적응성에 대한 설명으로 옳지 않은 것은?

① 분말소화기는 −20℃ 이상 40℃ 이하에서 사용한다.
② CO_2·할론소화기는 0℃ 이상 40℃에서 사용한다.
③ 할로겐화합물 및 불활성기체소화기는 55℃ 이하에서 사용할 수 있다.
④ 포소화기는 −20℃ 이상 30℃ 이하에서 사용한다.

| 선지별 선택률 |

①	②	③	④
10.5%	13.4%	11.9%	**64.2%**

| 정답해설 |

④ 포소화기는 5℃ 이상 30℃ 이하에서 사용한다. −20℃ 이상 30℃ 이하에서 사용하는 것은 수성막포소화기이다.

| 더 알아보기 | 소화기의 온도적응성

구분	내용
강화액소화기	−20℃ 이상 40℃ 이하에서 사용함
분말소화기	−20℃ 이상 40℃ 이하에서 사용함
기타소화기	0℃ 이상 40℃ 이하에서 사용함(CO_2·할론 소화기)
할로겐화합물 및 불활성기체소화기	55℃ 이하에서 사용함
포소화기	5℃ 이상 30℃ 이하에서 사용함
수성막포소화기	−20℃ 이상 30℃ 이하에서 사용함

| 더 알아보기 | 수성막포소화약제

- 불소계 계면활성제를 주성분으로 하며, 라이트 워터(Light Water)라고도 한다. 원액의 색깔은 흑갈색이다.
- 표면하 주입방식을 사용하며 유류탱크, 비행기격납고, 주차장 등에 사용된다.
- 소화효과가 가장 우수하며 드라이케미컬과 함께 사용할 때 성능이 향상된다. 1,000℃ 이상 적열된 유류탱크의 벽과 부식에 약하고, 가격이 비싸다는 단점이 있다.
- −20℃ 이상 30℃ 이하에서 사용이 가능하다.

07 화재이론 〉 위험물화재의 성상 〉 제6류 위험물

오답률 44.8% | 답 ②

제6류 위험물의 안전관리와 소화방법으로 옳지 않은 것은?

① 불연성이지만 연소를 돕는 물질이므로 화재가 발생한 경우에는 가연물과 격리하여야 한다.
② 원칙적으로 질식소화보다 물로 소화하는 것이 좋다.
③ 용기를 밀전하고 파손방지, 전도방지, 변형방지에 주의한다.
④ 화기엄금과 직사광선을 차단하고 강환원제, 유기물질, 가연성 위험물과의 접촉을 피한다.

| 선지별 선택률 |

①	②	③	④
3%	**55.2%**	19.4%	22.4%

| 정답해설 |

② 원칙적으로 주수는 금지되지만, 초기화재 시의 상황에 따라 다량의 물로 희석하여 소화한다.

| 더 알아보기 | 제6류 위험물

구분	내용
종류	과염소산, 과산화수소(농도 36w% 이상), 질산(비중 1.49 이상)
일반적 성질	• 무기화합물이며 물보다 무겁다. • 불연성 물질이며 다른 물질을 산화시킨다. • 유독성 가스를 발생시키며, 피부에 증기가 접촉될 경우 점막을 부식시킨다.
취급방법	• 직사광선을 차단한다. • 강환원제·유기물질·가연성 위험물과 접촉을 피한다. • 염기, 물 또는 제1류 위험물과 접촉을 피한다.
소화대책	• 화재가 발생한 경우에는 가연물과 격리하여야 하며, 유출사고가 발생한 경우에는 마른 모래 및 중화제를 사용한다. • 원칙적으로 주수는 금지되며, 초기화재 시의 상황에 따라 다량의 물로 희석하여 소화한다.

오답률 TOP 3

08 소방조직 > 구조 및 구급 > 응급구조사

오답률 53.7% | 답 ③

1급 응급구조사만 할 수 있는 업무범위에 해당하는 것은?

① 외부 출혈의 지혈 및 창상의 응급처치
② 쇼크방지용 하의 등을 이용한 혈압의 유지
③ 심폐소생술의 시행을 위한 기도 유지
④ 자동심장충격기를 이용한 규칙적 심박동의 유도

| 선지별 선택률 |

①	②	③	④
9%	13.4%	46.3%	31.3%

| 정답해설 |

③ 심폐소생술의 시행을 위한 기도 유지(기도기의 삽입, 기도삽관, 후드마스크 삽관 포함)는 1급 응급구조사의 업무범위에 해당한다.

| 오답해설 |

①, ②, ④ 2급 응급구조사의 업무범위에 해당한다.

| 더 알아보기 | 응급구조사의 업무범위(「응급의료에 관한 법률 시행규칙」 별표 14)

1. 1급 응급구조사의 업무범위
 • 심폐소생술의 시행을 위한 기도 유지(기도기, 기도삽관, 후드마스크 삽관 등을 포함)
 • 정맥로의 확보
 • 인공호흡기를 이용한 호흡의 유지
 • 약물투여: 저혈당성 혼수 시 포도당의 주입, 흉통 시 니트로글리셀린의 혀 아래(설하) 투여, 쇼크 시 일정량의 수액 투여, 천식발작 시 기관지확장제 흡입
 • 2급 응급구조사의 업무
2. 2급 응급구조사의 업무범위
 • 구강 내 이물질의 제거
 • 기도기를 이용한 기도 유지
 • 기본 심폐소생술
 • 산소 투여
 • 부목·척추고정기·공기 등을 이용한 사지 및 척추 등의 고정
 • 외부 출혈의 지혈 및 창상의 응급처치
 • 심박·체온 및 혈압 등의 측정
 • 쇼크방지용 하의 등을 이용한 혈압의 유지
 • 자동심장충격기를 이용한 규칙적 심박동의 유도
 • 흉통 시 니트로글리셀린의 혀 아래(설하) 투여 및 천식발작 시 기관지확장제 흡입(단, 환자가 해당 약물을 휴대하고 있는 경우에 한함)
3. 업무의 제한: 응급구조사는 의사로부터 구체적인 지시를 받지 아니하고는 규정에 의한 응급처치를 행하여서는 아니 된다. 다만, 보건복지부령이 정하는 응급처치를 하는 경우와 급박한 상황에서 통신의 불능 등으로 의사의 지시를 받을 수 없는 경우에는 그러하지 아니하다.

09 화재이론 〉 위험물화재의 성상 〉 위험물의 종류

오답률 23.9% | 답 ④

위험물의 위험도에 대한 일반적 성질로 옳지 않은 것은?

① 제1류 위험물은 불연성 물질이지만, 다른 가연물의 연소를 돕는 조연성(지연성) 물질이다.
② 제2류 위험물의 금속분은 물이나 산과 접촉하면 발열하게 된다.
③ 제3류 위험물 모두(황린 제외) 물에 대한 위험반응을 초래하는 고체 및 액체물질이다.
④ 제4류 위험물은 산소의 공급 없이 가열·충격으로 연소·폭발이 가능하다.

| 선지별 선택률 |

①	②	③	④
1.5%	7.5%	14.9%	76.1%

| 정답해설 |

④ 제4류 위험물이 아니라, 제5류 위험물의 일반적인 성질에 대한 설명이다.

| 더 알아보기 | 제4류 및 제5류 위험물의 일반적인 성질

구분	일반적인 성질
제4류 위험물	• 인화되기 쉬우며, (자연)발화점이 낮다(위험물게시판: 화기엄금). • 연소 시 증기비중이 공기보다 무겁다(시안화수소 제외). • 주로 비수용성이며, 전기 부도체이다(즉, 유류는 전기가 통하지 않는다). • 물보다 더 가벼운 유류가 더 많다(예 특수인화물, 알코올류, 1·2석유류). • 인화성은 가연성보다 불이 빨리 붙는 물질이므로, 대부분 가연성보다 더 위험할 수 있다.
제5류 위험물	• 산소의 공급 없이 가열·충격으로 연소·폭발이 가능하다. • 모두 가연성 고체 또는 액체물질이고, 연소 시 다량의 가스가 발생한다.

10 화재이론 〉 위험물화재의 성상 〉 유류저장탱크의 화재

오답률 16.4% | 답 ②

다음 설명에 해당하는 것은 무엇인가?

> 유류표면에 불이 붙었을 때 포를 방사하면 물과 기름이 섞이지 않은 상태에서 끓는 기름온도에 의하여 물이 표면에서 튀면서 수증기화되어 유류가 탱크 외부로 비산·분출하는 현상

① 보일오버 현상
② 슬롭오버 현상
③ 플래시오버 현상
④ 오일오버 현상

| 선지별 선택률 |

①	②	③	④
9%	83.6%	4.4%	3%

| 정답해설 |

② 중유와 같은 중질유탱크에서 화재가 발생한 경우, 물 또는 포 소화약제를 방사했을 때 증발된 수증기와 함께 연소하는 유류가 급격한 부피팽창으로 기름의 탱크 외부로 분출하는 현상을 슬롭오버 현상이라고 한다.

11 연소이론 〉 폭발 〉 기상폭발과 응상폭발 오답률 7.5% | 답 ④

위험물저장탱크에서 유출된 가스가 구름을 형성하며 떠다니다가 점화원과 접촉하는 동시에 폭발이 일어나는 기상폭발을 무엇이라고 하는가?

① 가스폭발
② 분진폭발
③ 분무폭발
④ 증기운폭발

| 선지별 선택률 |

①	②	③	④
4.5%	1.5%	1.5%	92.5%

| 정답해설 |

④ 증기운폭발이란 위험물저장탱크에서 유출된 가스가 구름을 형성하며 떠다니다가 점화원과 접촉하는 동시에 폭발이 일어나는 기상폭발이다.

| 오답해설 |

① 가스폭발은 가연성 기체와 공기의 혼합에 의한 폭발을 말한다.
② 분진폭발은 가연성 고체 미분의 폭발을 말한다.
③ 분무폭발은 분해연소성 기체의 폭발을 말한다.

오답률 TOP 1

12 재난관리 〉 재난 및 안전관리 기본법 〉 중앙재난안전대책본부 등 오답률 70.1% | 답 ④

재난현장 통합자원봉사지원단의 지역대책본부장은 재난의 효율적 수습을 위하여 지역대책본부에 통합자원봉사지원단을 설치·운영할 수 있는데, 다음 중 지원단의 업무로 옳지 않은 것은?

① 자원봉사자의 모집·등록
② 자원봉사자의 배치·운영
③ 자원봉사자에 대한 교육·훈련
④ 자원봉사자에 대한 비상연락망 구축

| 선지별 선택률 |

①	②	③	④
10.4%	25.4%	34.3%	29.9%

| 정답해설 |

④ 자원봉사자에 대한 비상연락망 구축은 지원단의 업무가 아니다. ①, ②, ③ 외에 지원단의 업무로는 자원봉사자에 대한 안전조치, 자원봉사 관련 정보의 수집 및 제공, 그 밖에 자원봉사활동의 지원에 관한 사항이 있다(「재난 및 안전관리 기본법」 제17조의2 제2항).

13 재난관리 〉 재난 및 안전관리 기본법 〉 보칙 오답률 29.9% | 답 ③

재난관리기금의 적립 및 운용에 관한 설명 중 옳지 않은 것은?

① 지방자치단체는 재난관리에 드는 비용에 충당하기 위하여 매년 재난관리기금을 적립하여야 한다.
② 재난관리기금의 매년도 최저적립액은 최근 3년 동안의 「지방세법」에 의한 보통세 수입결산액의 평균연액의 100분의 1에 해당하는 금액으로 한다.
③ 재난관리기금에서 생기는 수입의 70%는 재난관리기금에 편입하여야 한다.
④ 매년도 최저적립액 중 일정비율 이상은 응급복구 또는 긴급한 조치에 우선적으로 사용하여야 한다.

| 선지별 선택률 |

①	②	③	④
6%	16.4%	70.1%	7.5%

| 정답해설 |

③ 재난관리기금에서 생기는 수입의 70%가 아니라, 전액을 재난관리기금에 편입하여야 한다(「재난 및 안전관리 기본법」 제68조 제1항).

14 재난관리 〉 재난 및 안전관리 기본법 〉 국민안전의 날 오답률 16.4% | 답 ②

국가는 국민의 안전의식 수준을 높이기 위하여 국민안전의 날을 정해 필요한 행사 등을 하고 있는데, 국민안전의 날은 매년 언제인가?

① 4월 15일
② 4월 16일
③ 5월 15일
④ 5월 16일

| 선지별 선택률 |

①	②	③	④
13.4%	83.6%	1.5%	1.5%

| 정답해설 |

② 국민안전의 날은 매년 4월 16일이다(「재난 및 안전관리 기본법」 제66조의7).

「재난 및 안전관리 기본법」 제66조의7 **【국민안전의 날 등】** ① 국가는 국민의 안전의식 수준을 높이기 위하여 매년 4월 16일을 국민안전의 날로 정하여 필요한 행사 등을 한다.

오답률 TOP 2

15 소화이론 〉 소방시설 〉 경보설비 오답률 56.7% | 답 ①

연기감지기(광전식)에 해당되지 않는 것은?

① 감지선형 감지기
② 광전식 분리형 감지기
③ 광전식 스포트형 감지기
④ 공기흡입형 감지기

| 선지별 선택률 |

①	②	③	④
43.3%	1.5%	3%	52.2%

| 정답해설 |

① 감지선형 감지기는 열감지기(정온식)에 해당되는 감지기이다.

| 더 알아보기 | 연기감지기의 의의·종류 및 설치장소

1. 연기감지기의 의의 및 종류
   ① 의의
   - 연기감지기는 20m 미만의 계단, 복도, 방송국 등 높은 천장에 설치한다.
   - 이온화식(스포트형)과 광전식(스포트형·분리형·공기흡입형)이 있다.

   ② 광전식 감지기의 종류
   - 광전식 스포트형: 주위의 공기가 일정 농도의 연기를 포함하게 되는 경우에 작동한다. 이 감지기는 일국소의 연기에 의하여 광전소자에 접하는 광량의 변화로 작동한다.
   - 광전식 분리형: 발광부와 수광부로 구성된 구조로, 발광부와 수광부 사이의 공간에 일정 농도의 연기를 포함하게 되는 경우에 작동한다.
   - 공기흡입형: 감지기 내부에 장착된 공기흡입장치이다. 감지하고자 하는 위치의 공기를 흡입하고 흡입된 공기에 일정 농도의 연기가 포함된 경우에 작동한다.

2. 연기감지기의 설치장소
- 복도(30cm 미만의 것을 제외함)
- 계단 및 경사로, 에스컬레이터 경사로(15m 미만의 것을 제외함)
- 천장 또는 반자의 높이가 15m 이상 20m 미만의 장소(20m 이상은 특수감지기)
- 엘리베이터 권상기실, 린넨슈트, 파이프피트 및 덕트, 기타 유사한 장소

16 화재이론 〉 화재조사 〉 화재의 피해 오답률 38.8% | 답 ④

화재로 인한 피해 중 간접적 피해에 해당하는 것은?

① 연기로 인한 식료품 등의 피해
② 유독가스로 인한 인명의 피해
③ 소화용수로 인한 수손피해
④ 화재복구에 수반되는 피해

| 선지별 선택률 |

①	②	③	④
13.4%	3%	22.4%	**61.2%**

| 정답해설 |

④ 화재복구에 수반되는 피해는 간접적 피해에 해당한다.

| 더 알아보기 | 화재의 직접적·간접적 피해

1. 직접적 피해
- 소손피해: 연소나 열로 인한 피해(예 그을음에 의한 내장재의 피해)
- 소화피해: 수손·오손 피해(예 소화용수로 인한 수손피해)
- 인적피해: 부상자나 사망자의 발생(예 유독가스 등으로 인한 인명피해)
- 기타피해: 연기, 연기로 인한 식료품 피해, 피난 또는 물품반출에 수반한 피해, 폭발 등 재산상의 피해

2. 간접적 피해
- 정리비
- 휴업으로 인한 피해
- 화재복구에 수반하는 피해
- 그 밖의 화재로 인한 업무의 중단, 업무의 중단에 의한 신용의 상실, 화재로 인한 정신적 충격

17 화재이론 〉 위험물화재의 성상 〉 제4류 위험물 오답률 16.4% | 답 ④

제4류 위험물의 위험성이라고 볼 수 없는 것은?

① 화재 시 발생된 증기는 가연성이며, 공기보다 무거우므로 체류하기 쉽다.
② 일반적으로 물보다 가볍고 물에 잘 녹지 않는다. 따라서 석유류 화재 중 물을 방수하면 오히려 화재면적을 확대하는 결과를 가져온다.
③ 대량으로 연소하고 있을 때에는 다량의 복사열, 대류열로 인하여 화재가 확대된다. 또한 흑색연기가 많이 발생하며 화재진압이 매우 곤란하다.
④ 발생증기는 공기와 혼합하여 연소범위를 형성한다. 연소범위가 넓을수록, 연소범위의 하한이 높을수록 위험성이 높다.

| 선지별 선택률 |

①	②	③	④
9%	4.4%	3%	**83.6%**

| 정답해설 |

④ 연소범위의 하한이 낮을수록 위험성이 높다.

| 더 알아보기 | 제4류 위험물의 위험성

- 화재 시 발생된 증기는 가연성이며, 공기보다 무거우므로 체류하기 쉽다.
- 발생증기는 공기와 혼합하여 연소범위를 형성한다. 연소범위가 넓을수록 위험성이 높고, 연소범위의 하한이 낮을수록 위험성이 높다.
- 자연발화점이 낮은 것은 우리의 일상생활이 위험하다는 것을 의미한다. 발화점은 인화점과 비례하지 않는다(예 이황화탄소: 100℃, 등유·경유: 약 250℃, 휘발유: 약 300℃). 즉, 고온체와 접촉·가열되면 비교적 낮은 온도에서 발화한다.
- 일반적으로 물보다 가볍고 물에 잘 녹지 않는다. 따라서 석유류 화재에서 물을 방수하면 화재면적을 확대하는 결과를 가져온다.
- 전기가 통하지 않는 불량도체(부도체)로서 공유결합을 하지만, 정전기의 축적이 용이하고 이것이 점화원이 되는 경우가 많다.
- 대량으로 연소하고 있을 때에는 다량의 복사열, 대류열로 인하여 화재가 확대된다. 또한 흑색연기가 많이 발생하며 화재진압이 매우 곤란하다.

18 연소이론 〉 폭발 〉 폭발의 분류 오답률 26.9% | 답 ②

다음 중 물리적 폭발에 해당되는 것은 무엇인가?

① 분해폭발
② 증기폭발
③ 산화폭발
④ 중합폭발

| 선지별 선택률 |

①	②	③	④
13.4%	**73.1%**	4.5%	9%

| 정답해설 |

② 증기폭발은 물리적 폭발에 해당한다.

| 오답해설 |

①, ③, ④ 화학적 폭발에 해당한다.

19 연소이론 〉 연소 〉 공기 중 가연성 가스의 연소범위 오답률 16.4% | 답 ②

연소이론에 대한 설명으로 옳지 않은 것은?

① 목탄, 활성탄은 흡착열에 의하여 자연발화가 가능하다.
② 공기 중에 있는 가연성 가스 중 수소의 연소범위가 가장 넓다.
③ 증발연소하는 고체가연물질 중에는 파라핀, 왁스, 장뇌 등이 있다.
④ 물질이 공기 중에서 산소를 공급받아 산화를 일으키는 현상, 즉 외부의 점화원 접촉이 연소를 시작할 수 있는 최저온도를 인화점이라 한다.

| 선지별 선택률 |

①	②	③	④
6%	**83.6%**	4.4%	6%

| 정답해설 |

② 공기 중에 있는 가연성 가스 중 연소의 범위가 가장 넓은 것은 아세틸렌(2.5~81)이다.

20 화재이론 〉 건축물화재의 성상 〉 화재의 특수현상 오답률 25.4% | 답 ①

건물의 외부에서 관찰할 수 있는 백드래프트 현상의 징후가 아닌 것은?

① 화염이 보이고 창문이나 문이 뜨거운 경우
② 창문을 통해 보았을 때 건물 내에서 연기가 소용돌이치고 있는 경우
③ 유리창의 안쪽으로 타르와 유사한 기름성분의 물질이 흘러내리는 경우
④ 연기가 균열된 틈이나 작은 구멍을 통하여 빠져나오고, 건물 안으로 연기가 빨려 들어가는 경우

| 선지별 선택률 |

①	②	③	④
74.6%	11.9%	4.5%	9%

| 정답해설 |

① 백드래프트 현상의 징후는 화염이 보이지 않는 것이다.

| 더 알아보기 | 건물 내부에서 관찰할 수 있는 역화의 징후

- 압력 차이로 인해 공기가 내부로 빨려 들어가는 듯한 호각 같은 소리가 들리는 경우
- 연기가 건물 내로 되돌아가거나 맴도는 경우
- 연기가 아주 빠르게 소용돌이치고 있는 경우
- 훈소상태에 있는 아주 뜨거운 화재인 경우
- 산소공급의 감소로 약화된 불꽃이 관찰되는 경우

| 더 알아보기 | 백드래프트 현상

백드래프트 현상은 화재로 인하여 실내의 상부 쪽으로 고온기체가 축적되고, 온도가 상승하여 기체가 팽창하며 연소에 필요한 산소가 부족하여 훈소상태에 있는 실내에 산소가 갑자기 다량 공급될 때 고열가스의 폭발 또는 급속한 연소가 발생하는 경우를 말한다.

제2회 실전동형 모의고사

소방학개론

문제편 p.20

01	③	02	③	03	②	04	③	05	②
06	②	07	①	08	②	09	①	10	②
11	③	12	②	13	①	14	④	15	②
16	②	17	③	18	④	19	②	20	②

▶풀이시간: /18분 나의 점수: /100점

※ 해당 회차의 16, 17번 문항은 1초 합격예측 서비스의 데이터 누적 기간이 충분하지 않아 [오답률] 기재를 생략하고 [난이도]로 표기하였습니다.

01 소화이론 〉 소방시설 〉 소화설비 　오답률 56.4% | 답 ③

할론·이산화탄소 소화설비 등의 설치장소에 관한 기준으로 옳지 않은 것은?

① 방호구역 외의 장소에 설치할 것
② 갑종·을종 방화문으로 구획된 실에 설치할 것
③ 용기 간의 간격은 점검에 지장이 없도록 10cm 이상 유지할 것
④ 저장용기와 집합관을 연결하는 배관에는 체크밸브를 설치할 것

| 선지별 선택률 |

①	②	③	④
28.2%	28.2%	43.6%	0%

| 정답해설 |

③ 용기 간의 간격은 점검에 지장이 없도록 '3cm' 이상 유지하여야 한다.

| 더 알아보기 | **할론·이산화탄소 소화설비 등의 설치장소 기준**

- 방호구역 외의 장소에 설치할 것(다만, 방호구역 내에 설치할 경우에는 피난 및 조작이 용이하도록 피난구 부근에 설치하여야 한다)
- 온도가 40℃ 이하이고 온도변화가 적은 곳에 설치할 것
- 갑종·을종 방화문으로 구획된 실에 설치할 것
- 직사광선 및 빗물의 침투 우려가 없는 곳에 설치할 것
- 해당 용기가 설치된 곳임을 표시하는 표지를 설치할 것
- 용기 간의 간격은 점검에 지장이 없도록 3cm 이상 유지할 것
- 저장용기와 집합관을 연결하는 배관에는 체크밸브를 설치할 것

오답률 TOP 2

02 소화이론 〉 소방시설 〉 경보설비 　오답률 64.1% | 답 ③

감지기 형식의 구분에 관한 설명으로 옳지 않은 것은?

① 방수 유무에 따라 방수형과 비방수형으로 구분한다.
② 내식성 유무에 따라 내산형, 내알칼리형, 보통형으로 구분한다.
③ 화재신호의 발신방법에 따라 무선식과 유선식으로 구분한다.
④ 불꽃감지기는 설치장소에 따라 옥내형, 옥외형, 도로형으로 구분한다.

| 선지별 선택률 |

①	②	③	④
10.3%	12.8%	35.9%	41%

| 정답해설 |

③ 화재신호의 발신방법에 따라 단신호식, 다신호식 또는 아날로그식으로 구분한다.

| 더 알아보기 | **감지기 형식의 구분**

- 방수 유무에 따른 구분: 방수형, 비방수형
- 방폭구조 여부에 따른 구분: 방폭형, 비방폭형
- 재용성 유무에 따른 구분: 재용형, 비재용형
- 연기의 축적에 따른 구분: 축적형, 비축적형
- 내식성 유무에 따른 구분: 내산형, 내알칼리형, 보통형
- 화재신호의 전달방법에 따른 구분: 무선식, 유선식
- 화재신호의 발신방법에 따른 구분: 단신호식, 다신호식 또는 아날로그식
- 불꽃감지기 설치장소에 따른 구분: 옥내형, 옥외형, 도로형

03 화재이론 〉 화재의 정의 및 분류 〉 화재의 의의 　오답률 12.8% | 답 ②

화재가 진행되기 위해서는 연소가 시작될 수 있도록 충분한 증기(산소)가 있어야 하는데, 다음 중 화재진행에 영향을 미치는 요인이라고 보기 어려운 것은?

① 구획실의 천장높이
② 구획실의 위치
③ 구획실을 둘러싸고 있는 물질들의 열 특성
④ 배연구(환기구)의 크기, 수, 위치

| 선지별 선택률 |

①	②	③	④
7.7%	87.2%	5.1%	0%

| 정답해설 |

② 구획실의 위치가 아니라, 구획실의 크기가 화재진행에 영향을 미친다.

| 더 알아보기 | **화재진행에 영향을 미치는 요인**

- 배연구(환기구)의 크기, 수, 위치
- 구획실의 크기
- 구획실을 둘러싸고 있는 물질들의 열 특성
- 구획실의 천장높이
- 최초 발화되는 가연물의 크기, 합성물 및 위치
- 추가적 가연물의 이용가능성 및 위치

※ 구획실의 크기, 형태, 천장높이는 많은 양의 뜨거운 가스층 형성 여부를 결정한다.

04 소화이론 〉 소방시설 〉 소방시설의 분류 　오답률 5.1% | 답 ③

다음 중 화재를 진압하거나 인명구조활동을 위하여 사용하는 소화활동설비에 해당하지 않는 것은?

① 비상콘센트설비
② 무선통신보조설비
③ 소화수조·저수조설비
④ 제연설비

| 선지별 선택률 |

①	②	③	④
0%	2.6%	94.9%	2.5%

| 정답해설 |

③ 소화수조·저수조설비는 소화활동설비가 아니라, 소화용수설비에 해당한다.

| 더 알아보기 | **소화활동설비**

- 무선통신보조설비
- 제연설비
- 비상콘센트설비
- 연결살수설비
- 연소방지설비
- 연결송수관설비

05 재난관리 > 구조 및 구급 > 구조대원 오답률 10.3% | 답 ②

다음 중 구조대원이 구조요청을 거절할 수 없는 경우는?

① 단순 아파트 현관문의 개방
② 말벌집의 제거
③ 시설물에 대한 단순 안전조치 및 장애물의 단순 제거
④ 동물의 단순 처리·포획 및 구조

| 선지별 선택률 |

①	②	③	④
5.1%	89.7%	5.2%	0%

| 정답해설 |

② 말벌집의 제거를 제외한 ①, ③, ④는 단순사항이므로 구조대원이 구조요청을 거절할 수 있다.

| 더 알아보기 | **구조·구급요청의 거절**

1. 구조요청의 거절: 구조대원은 다음의 어느 하나에 해당하는 경우에는 구조출동요청을 거절할 수 있다(다만, 다른 수단으로 조치하는 것이 불가능한 경우에는 그러하지 아니하다).
   - 단순 문 개방의 요청을 받은 경우
   - 시설물에 대한 단순 안전조치 및 장애물 단순 제거의 요청을 받은 경우
   - 동물의 단순 처리·포획·구조요청을 받은 경우
   - 그 밖에 주민생활 불편해소 차원의 단순 민원 등 구조활동의 필요성이 없다고 인정되는 경우
2. 구급요청의 거절: 구급대원은 구급대상자가 다음의 어느 하나에 해당하는 비응급환자인 경우에는 구급출동요청을 거절할 수 있다. 이 경우 구급대원은 구급대상자의 병력·증상 및 주변 상황을 종합적으로 평가하여 구급대상자의 응급 여부를 판단하여야 한다.
   - 단순 치통환자
   - 단순 감기환자(다만, 섭씨 38도 이상의 고열 또는 호흡곤란이 있는 경우는 제외한다)
   - 혈압 등 생체징후가 안정된 타박상 환자
   - 술에 취한 사람(다만, 강한 자극에도 의식이 회복되지 아니하거나 외상이 있는 경우는 제외한다)
   - 만성질환자로서 검진 또는 입원 목적의 이송 요청자
   - 단순 열상(裂傷) 또는 찰과상(擦過傷)으로 지속적인 출혈이 없는 외상환자
   - 병원 간 이송 또는 자택으로의 이송 요청자(다만, 의사가 동승한 응급환자의 병원 간 이송은 제외한다)
3. 구조·구급대원은 요구조자 또는 응급환자가 구조·구급대원에게 폭력을 행사하는 등 구조·구급활동을 방해하는 경우에는 구조·구급활동을 거절할 수 있다.

※ 구급요청을 거절한 구급대원은 구급 거절·거부 확인서를 작성하여 소속 소방관서장에게 보고하고, 소속 소방관서에 3년간 보관하여야 한다.

06 화재이론 > 인간의 피난습성 > 피난이론 오답률 5.1% | 답 ②

화재발생 시 인간의 기본적 피난심리에 대한 설명으로 옳지 않은 것은?

① 지광본능이란 어두운 곳에서 밝은 불빛을 따라 행동하는 습성이다.
② 우회본능이란 오른손잡이는 오른발을 축으로 시계 반대방향으로 행동하는 습성이다.
③ 추종본능이란 혼란 시 판단력이 저하되어 최초로 달리는 앞사람을 따르는 습성이다.
④ 퇴피본능은 반사적으로 화염연기 등으로부터 멀리하려는 본능이다.

| 선지별 선택률 |

①	②	③	④
0%	94.9%	2.6%	2.5%

| 정답해설 |

② 우회본능이 아니라 좌회본능에 대한 설명이다.

| 더 알아보기 | **인간의 기본적 피난심리(피난특성)**

구분	내용
귀소본능	평상시 다니던 길, 원래 온 길을 무의식중에 가려고 하는 본능
퇴피본능	반사적으로 화염연기 등으로부터 멀리하려는 본능
지광본능	어두운 곳에서 밝은 불빛을 따라 행동하는 습성
좌회본능	오른손잡이는 오른발을 축으로, 좌측(시계 반대방향)으로 행동하는 습성
추종본능	혼란 시 판단력이 저하되어 최초로 달리는 앞사람을 따르는 습성

07 화재이론 > 위험물화재의 성상 > 가스화재의 성상 오답률 41% | 답 ①

액화석유가스(LPG)의 일반적 성질에 관한 설명으로 옳지 않은 것은?

① 기화 시에는 공기보다 1.5~2배 가볍다.
② 주성분은 프로판, 부탄이다.
③ 무색·무취·무미·무독성의 성질을 가지고 있다.
④ 휘발유 등 유기용매에 잘 용해된다.

| 선지별 선택률 |

①	②	③	④
59%	2.5%	30.8%	7.7%

| 정답해설 |

① 기화 시에는 공기보다 1.5~2배 무겁다.

| 더 알아보기 | **액화석유가스(LPG)의 일반적 성질**

- 주성분은 프로판(C_3H_8), 부탄(C_4H_{10})이다.
- 무색·무취·무미·무독성의 성질을 가지고 있다.
- 기화 시에는 공기보다 1.5~2배 무겁다.
- 액화 시에는 250배로 축소되며, 물보다 2배 가볍다.
- 쉽게 연소·폭발할 수 있다.
- 휘발유 등 유기용매에 잘 용해된다.

08 화재이론 〉 위험물화재의 성상 〉 제4류 위험물 오답률 48.7% | 답 ②

제4류 위험물의 일반적 성질이 아닌 것은?

① 대표적 성질은 인화성 액체이며 유기화합물이라는 점이다.
② 대부분 물에 잘 녹지 않으며, 모두 물과 반응하지 않는다.
③ 시안화수소를 제외한 대부분 증기비중은 공기보다 무겁다.
④ 대부분 물보다 가볍고 물에 녹지 않는 것(비수용성)이 많다.

| 선지별 선택률 |

①	②	③	④
20.5%	**51.3%**	17.9%	10.3%

| 정답해설 |

② 제5류 위험물의 일반적 성질에 대한 설명이다.

| 오답해설 |

①, ③, ④ 제4류 위험물의 일반적 성질이다.

| 더 알아보기 | **제4류·제5류 위험물의 일반적 성질**

1. 제4류 위험물의 일반적 성질
   - 대표적 성질은 인화성 액체이며 유기화합물이라는 점이다.
   - 대부분 물보다 가볍고 물에 녹지 않는 것(비수용성)이 많다.
   - 시안화수소를 제외한 대부분 증기비중은 공기보다 무겁다.
2. 제5류 위험물의 일반적 성질
   - 대표적 성질은 자기반응성(자기연소성)이라는 점이다. 즉, 외부로부터 산소의 공급 없이 연소폭발을 일으킬 수 있는 폭발성물질이다.
   - 모두 가연성 액체 또는 고체물질이고, 연소할 때에는 다량의 가스가 발생한다.
   - 대부분 물에 잘 녹지 않으며, 모두 물과 반응하지 않는다.

09 소방조직 〉 서론 〉 소방의 역사 오답률 12.8% | 답 ①

우리나라 소방조직에 관한 설명으로 옳지 않은 것은?

① 우리나라 최초의 소방조직은 수성금화도감이다.
② 우리나라에 최초로 설립된 소방서는 경성소방서이다.
③ 우리나라 최초의 소방청은 미군정시대에 설치되었다.
④ 우리나라의 「소방법」은 1958년에 제정되었다.

| 선지별 선택률 |

①	②	③	④
87.2%	0%	10.3%	2.5%

| 정답해설 |

① 우리나라 최초의 소방조직은 수성금화도감이 아니라 금화도감이다.

10 화재이론 〉 화재의 정의 및 분류 〉 화재의 분류 오답률 53.8% | 답 ②

가정이나 음식점 등에서 많이 사용하는 식용유의 화재에 관한 설명으로 옳지 않은 것은?

① 발화점이 비점 이하이다.
② 발화점과 인화점의 차이가 크다.
③ 국제표준화기구(ISO)는 F급 화재로 분류하고 있다.
④ 화염을 제거해도 식용유의 온도가 발화점 이하로 내려가지 않으면 즉시 재발화할 수 있다.

| 선지별 선택률 |

①	②	③	④
15.4%	**46.2%**	38.4%	0%

| 정답해설 |

② 발화점과 인화점의 차이는 작다.

| 더 알아보기 | **식용유 화재**

- 일반적으로는 B급으로 분류하지만 별도로 식용유 화재로 분류하기도 한다.
- 발화점(288~385℃)이 비점 이하이므로 화재가 발생한 후 소화하여도 재발화하는 특수한 화재형태이다.
- 발화점과 인화점의 차이가 작다.
- 국제표준화기구(ISO)는 F급 화재로 분류하고 있고, 미국연방방화협회(NFPA)는 K급 화재로 분류하고 있다.
- 화염을 제거해도 식용유의 온도가 발화점 이하로 내려가지 않으면 즉시 재발화할 수 있다.

11 재난관리 〉 구조 및 구급 〉 구조대원 오답률 17.9% | 답 ③

구조대원이 환자를 대할 때의 효과적인 의사전달이 아닌 것은?

① 환자운반 시 특정 신체 부분을 무리하여 만지거나 단독행동을 하여서는 안 된다.
② 중요한 이야기를 할 때에는 반드시 요구조자의 눈을 맞춰야 한다.
③ 대화 시 전문용어를 사용하되 구조대원 개인의 의학적 예단은 절대 금지한다.
④ 환자의 이름을 부르도록 하며 진실을 말하는 것이 원칙이지만, 환자에게 충격을 줄 수 있는 말은 피한다.

| 선지별 선택률 |

①	②	③	④
0%	10.2%	**82.1%**	7.7%

| 정답해설 |

③ 대화 시에는 가능한 한 전문용어를 사용하지 않아야 한다. 전문용어는 일상용어가 아니므로 다소 거리감이 느껴질 수 있다.

12 소화이론 〉 소화약제〉 분말 소화약제 오답률 41% | 답 ②

분말 소화약제의 특징과 거리가 먼 것은?

① 분말은 방사 후 흡습하여 약알칼리와 약산성을 나타내기 때문에 금속을 부식시킬 수 있다.
② 분말가루의 입자가 너무 크면 소화효과가 떨어지기 때문에 입자가 미세할수록 소화효과가 좋다.
③ 분말을 수면에 고르게 살포한 경우, 1시간 이내에 침강하지 않아야 한다.
④ 분말은 털어지기 때문에 오염은 적지만, 정밀기기류나 통신기기류에는 적합하지 않다.

| 선지별 선택률 |

①	②	③	④
12.8%	**59%**	7.7%	20.5%

| 정답해설 |

② 분말가루의 입자가 너무 크거나, 너무 미세해도 소화효과가 떨어진다. 적당한 소화입도는 20~25micron이다.

| 더 알아보기 | **분말 소화약제의 특징**

- 분말가루는 입자가 너무 크거나 미세하면 소화효과가 떨어진다. 적당한 소화 입도는 20~25micron이다.
- 분말은 털어지기 때문에 오염은 적지만, 정밀기기류나 통신기기류에는 적합하지 않다.
- 분말을 수면에 고르게 살포한 경우에 1시간 이내에 침강하지 않아야 한다.
- 칼륨의 중탄산염이 주성분인 소화약제는 담회색으로, 인산염 등이 주성분인 소화약제는 담홍색(또는 황색)으로 각각 착색하여야 하며 이를 혼합하지 아니하여야 한다.
- 인산은 물과의 결합 정도에 따라 메타인산, 피로인산, 오르토인산의 3가지로 나누며 오르토인산(H_3PO_4)은 상온에서, 메타인산(HPO_3)은 고온에서 안정된 물질이다. 또한 세 개의 수소원자와 결합하는 암모니아의 수에 따라 제1·2·3 인산암모늄이 생성된다.
- 비중은 1종(2.18), 2종(2.14), 3종·4종(1.82)으로 주로 가벼울수록 효과가 좋다.
- 분말은 방사 후 흡습하여 약알칼리와 약산성을 나타내기 때문에 금속을 부식시킬 수 있다.
- 방습제는 실리콘 오일, 스테아린산 아연, 스테아린산 마그네슘 등이 있다.
- 제3종의 소화효과는 A·B·C급 화재이고 제2종의 소화효과는 B·C급 화재로서 같은 조건에서 비교할 수 없고, 별도로 비교 평가된다. E급 화재에서도 사용은 가능하다. 소화약제 방사를 개시한 후 10~20초 이내에 녹다운 효과가 있어야 한다.

오답률 TOP 1

13 재난관리 〉 구조 및 구급 〉 구급차

오답률 64.7% | 답 ①

구급차의 표시로 적당하지 않은 것은?

① 일반구급차는 적색 또는 녹색으로 '환자이송', '환자후송' 또는 '응급출동'이라는 표시를 할 수 있다.
② 구급차의 전·후·좌·우면 중 1면 이상에 구급차를 운영하는 기관의 명칭·전화번호를 표시한다.
③ 구급차는 바탕색이 백색이어야 하며, 전·후·좌·우면 중 2면 이상에 녹십자 표시를 한다.
④ 구급차는 전·후·좌·우면의 중앙 부위에는 너비 5cm 내지 10cm의 띠를 가로로 표시해야 한다.

| 선지별 선택률 |

①	②	③	④
35.3%	15.4%	23.1%	26.2%

| 정답해설 |
① '환자이송', '환자후송'은 가능하나 '응급출동'이라는 표시를 하여서는 아니 된다.

| 더 알아보기 | **구급차의 표시**

- 일반구급차는 적색 또는 녹색으로 '환자이송' 또는 '환자후송'이라는 표시를 할 수 있으며, '응급출동'이라는 표시를 하여서는 아니 된다.
- 구급차의 전·후·좌·우면 중 1면 이상에 구급차를 운영하는 기관의 명칭·전화번호를 표시한다.
- 구급차는 바탕색이 백색이어야 하며, 전·후·좌·우면 중 2면 이상에 녹십자 표시를 한다.
- 구급차는 전·후·좌·우면의 중앙 부위에는 너비 5cm 내지 10cm의 띠를 가로로 표시해야 한다. 띠의 색깔은 특수구급차는 적색으로, 일반구급차는 녹색으로 한다.
- 특수구급차는 전·후·좌·우면 중 2면 이상에 적색으로 '응급출동'이라는 표시를 한다.

14 연소이론 〉 연소 〉 연소의 특징

오답률 10.3% | 답 ④

점화원(착화원) 없이 불이 붙는 최저 온도를 발화점이라고 하는데, 이 발화점이 낮아지는 조건에 해당하지 않는 것은?

① 열전도율이 낮을 것
② 발열량(반응열)이 클 것
③ 분자구조가 복잡할 것
④ 산소의 농도와 친화력이 적을 것

| 선지별 선택률 |

①	②	③	④
2.6%	2.6%	5.1%	**89.7%**

| 정답해설 |
④ 발화점이 낮아지는 조건에 해당하지 않는다.

| 더 알아보기 | **발화점이 낮아지는 조건**

1. 의의: 발화점이 낮아지는 조건이란 인화물질 등이 없어도 빨리 발화될 수 있는 조건을 의미한다. 이는 불이 붙는 온도가 낮아진다는 의미이다.
2. 발화점이 낮아지는 조건
   - 직쇄탄산수소 계열의 분자량이 늘어날 때 또는 탄소쇄의 길이가 늘어날 때
   - 분자구조가 복잡할수록
   - 증기(가스)압, 활성화에너지·열전도율이 적을 때
   - 압력, 화학적 활성도가 클수록(산소의 농도와 친화력이 클수록)
   - 금속의 열전도율이 낮을수록
   - 발열량이 클수록

15 연소이론 〉 연소 〉 기체의 법칙

오답률 46.2% | 답 ②

각 기체의 법칙에 대한 설명으로 옳지 않은 것은?

① 보일의 법칙: 일정한 온도에서 기체의 부피는 압력에 반비례한다.
② 샤를의 법칙: 일정한 압력에서 기체의 부피는 절대온도에 반비례한다.
③ 보일·샤를의 법칙: 일정량의 기체의 부피는 압력에 반비례하고, 절대온도에 비례한다.
④ 이상기체 상태방정식: 이상유체란 실제 유체를 비압축성이며 점성이 없다고 가정한다.

| 선지별 선택률 |

①	②	③	④
10.3%	**53.8%**	15.4%	20.5%

| 정답해설 |
② 샤를의 법칙이란, 일정한 압력에서 기체의 부피는 절대온도에 '비례'함을 의미한다.

| 더 알아보기 | **기체의 법칙**

- 보일의 법칙: 온도가 일정할 때 기체의 부피는 압력에 반비례한다.
  $P1\ V1 = P2\ V2$ (P: 압력, V: 부피)
- 샤를의 법칙: 압력이 일정할 때 기체의 부피는 절대온도에 비례한다.
  $V1 / T1 = V2 / T2$ (T: 절대온도)
- 보일·샤를의 법칙: 기체의 부피는 절대온도에 비례하고 압력에 반비례한다.
  $P1\ V1 / T1 = P2\ V2 / T2$
- 이상기체 상태방정식: 이상유체란 실제 유체를 비압축성이며 점성이 없는 유체로 가정하여 다음과 같이 표시한다.

$PV = \frac{W}{M}RT \Rightarrow PVM = WRT$
※ W: 기체의 양(g)
M: 기체분자량
T: 절대온도(273+℃)°K
R: 기체상수(0.082)
P: 대기압(1atm)
V: 부피(ℓ)

16 소화이론 〉 소방시설 〉 소화기

난이도 중 | 답 ②

소화기는 물이나 기타 소화약제를 압력에 의해서 방사하여 소화를 행하는 기구로 사람이 조작하는 것을 말하는데, 소화기의 본체용기에 표시하는 사항으로 옳지 않은 것은?

① 사용 온도 범위 및 용기시험의 압력치
② A·B·C급 화재에 대한 능력단위의 수치
③ 형식승인 번호와 방사거리 및 방사시간
④ 제조번호·제조연월·제조업체명 또는 상호

| 정답해설 |
② A급 화재 및 B급 화재에 대한 능력단위의 수치를 표시한다. C급은 능력단위의 수치가 없다. C급 적용이다.

17 소화이론 〉 소화원리 〉 현열·잠열

난이도 중 | 답 ③

4℃의 물 1ℓ를 100℃의 수증기로 만드는 데 필요한 열량은 얼마인가?

① 176kcal
② 180kcal
③ 635kcal
④ 638kcal

| 정답해설 |
③ 열은 크게 현열과 잠열로 구분할 수 있다. 현열은 물질의 상태변화 없이 온도를 변화시키는 열, 잠열은 물질의 온도변화 없이 상태변화를 발생시키는 열(고체→액체, 액체→기체, 기체→액체, 액체→고체)을 말한다.

Q(현열량, kcal) = m·c·Δt = 질량(kg)·비열(kcal/kg·℃)·온도변화(℃)
Q(잠열량, kcal) = m·γ = 질량(kg)·잠열(kcal/kg)
물의 기화(액화)잠열 = 539kcal/kg
물의 융해(응고)잠열 = 80kcal/kg

위를 고려할 때, 4℃의 물 1ℓ가 100℃의 수증기로 바뀌기 위해서는 4℃의 물을 100℃로 만드는 데 필요한 열(현열)과 100℃ 물이 수증기로 상태변화하기 위한 열(잠열)이 필요하며, 물의 밀도(kg/ℓ)로부터 1ℓ 물의 질량을 계산할 수 있다.
질량 = 부피 × 밀도 = 1ℓ × 1kg/ℓ = 1kg
Q = 현열 + 잠열 = m·c·Δt + m·γ
= 1kg × 1kcal/kg·℃ × (100℃−4℃) + 1kg × 539kcal/kg
= 96kcal + 539kcal = 635kcal

오답률 TOP 3

18 연소이론 〉 연기 및 화염 〉 건물 내의 연기유동

오답률 63.5% | 답 ④

고층건물에 화재가 발생한 경우에 연기를 이동시키는 요인이라고 볼 수 없는 것은?

① 피스톤 효과
② 강제적인 냉난방 공기조화설비
③ 바람의 영향(외부 풍력차)
④ 열, 대류, 화재압력

| 선지별 선택률 |

①	②	③	④
43%	5.1%	15.4%	36.5%

| 정답해설 |
④ 열, 대류, 화재압력은 고층건물에 화재가 발생한 경우 연기를 이동시키는 요인이 아니라, 저층건물에 화재가 발생한 경우에 연기를 이동시키는 요인이다.

| 더 알아보기 | 연기를 이동시키는 요인(저층·고층건물)

- 저층건물의 화재: 열, 대류, 화재압력이다.
- 고층건물의 화재: 온도상승에 의한 가스팽창, 부력, 굴뚝, 강제적인 냉난방 공기조화설비, 바람의 영향(외부 풍력차), 피스톤 효과 등이다.
  ※ 피스톤 효과: 승강기의 수직이동에 의한 공기유동(엘리베이터 뒤쪽의 피스톤운동으로 진공의 부압이 생김)

19 화재이론 〉 위험물화재의 성상 〉 유류저장탱크의 화재

오답률 38.5% | 답 ②

비점이 불균일한 중질류 등의 탱크 바닥에 찌꺼기와 함께 있는 물이 끓어, 수분의 급격한 부피 팽창에 의하여 기름이 탱크 외부로 넘치게 하는 현상을 무엇이라고 하는가?

① 슬롭오버 현상
② 보일오버 현상
③ 오일오버 현상
④ 프로스오버 현상

| 선지별 선택률 |

①	②	③	④
5.1%	61.5%	5.1%	28.3%

| 정답해설 |
② 보일오버 현상은 물이 끓어(Boil), 넘치게(over) 하는 현상이다.

| 더 알아보기 | 화재의 이상현상

1. 슬롭오버(Slop over) 현상: 유류액 표면에 불이 붙었거나 100℃ 이상인 경우, 물이 주체로 된 물분무나 포(거품)를 방사하면 물과 기름이 섞이지 않는 에멀션 상태에서 끓는 기름온도에 의하여 물이 표면에서 튀게 된다(Slop). 이때 물이 수증기화되면서 갑작스러운 부피 팽창에 의해 유류가 탱크 외부로 비산·분출(over)되는 현상을 슬롭오버 현상이라고 한다.
2. 보일오버(Boil over) 현상
   - 비점이 불균일한 중질류 등의 탱크 바닥에 찌꺼기와 함께 있는 물이 끓어(Boil) 수분의 급격한 부피 팽창에 의하여 기름이 탱크 외부로 넘치게(over) 하는 현상을 말한다.
   - 보일오버의 조건: 뚜껑이 없을 것, 바닥에 물이 있을 것, 비점이 불균일한 유류일 것
3. 오일오버(Oil over) 현상: 탱크 내의 유류가 50% 미만(혹은 이하) 저장된 경우 화재로 인한 내부 압력 상승으로 인한 탱크 폭발 현상으로, 가장 격렬하다.
4. 프로스오버(Froth over) 현상: 끓는 물에 아스팔트 등을 녹이려고 넣은 경우, 아스팔트가 무거워 물 아래 쪽으로 내려가다가 끓는 물과 혼합된 거품(Froth)이 생성·팽창되어 분출(over)되는 현상이다.

20 연소이론 〉 연소 〉 연소의 형태

오답률 17.9% | 답 ②

상온에서 고체상태로 존재하는 고체의 연소는 분해·표면·증발·자기연소 등으로 나눌 수 있는데, 각 연소에 대한 설명으로 옳지 않은 것은?

① 증발연소란 파라핀, 나프탈렌 등 가연성 고체가 열에 녹아 액체가 되어 가연성 증기와 공기의 혼합상태에서 연소하는 현상이다.
② 자기연소란 분자 내 산소를 갖고 있지 않아 외부로부터 산소 공급이 이루어져 자기 내부의 연소형태를 갖는 현상이다.
③ 표면연소란 휘발성이 없는 고체 가연물이 고온 시 표면에서 공기와 접촉해 그 자체가 불꽃 없이 연소하는 현상이다.
④ 분해연소는 불꽃연소의 한 형태로 가연성 고체가 뜨거운 열을 만나 으스러지면서 분해생성물이 공기와 혼합기체를 만들어 연소하는 현상이다.

| 선지별 선택률 |

①	②	③	④
0%	82.1%	7.7%	10.2%

| 정답해설 |

② 자기연소란 분자 내 산소를 갖고 있어 외부로부터 산소 공급 없이 자기 내부의 연소형태를 갖는 현상이다.

| 더 알아보기 | 연소

- 증발연소: 파라핀(양초 원료), 나프탈렌 등 가연성 고체가 열에 녹아 액체가 되어 가연성 증기와 공기의 혼합상태에서 연소하는 현상
- 분해연소: 불꽃연소의 한 형태로 가연성 고체가 뜨거운 열을 만나 으스러지면서 분해생성물이 공기와 혼합기체를 만들어 연소하는 현상
- 표면연소: 휘발성이 없는 고체 가연물이 고온 시 표면에서 공기와 접촉해 그 자체가 불꽃 없이 연소하는 현상
- 자기연소: 분자 내 산소를 갖고 있어 외부로부터 산소 공급 없이 자기 내부의 연소형태를 갖는 현상

제3회 실전동형 모의고사

소방학개론

문제편 p.26

01	③	02	④	03	③	04	②	05	③
06	④	07	②	08	④	09	①	10	①
11	④	12	③	13	②	14	③	15	①
16	②	17	①	18	②	19	④	20	①

▶풀이시간: /17분 나의 점수: /100점

※ 해당 회차는 1초 합격예측 서비스의 데이터 누적 기간이 충분하지 않아 [오답률] 기재를 생략하고 [난이도]로 표기하였습니다.

01 재난관리 〉 재난 및 안전관리 기본법 〉 자연재난 난이도 하 | 답 ③

「재난 및 안전관리 기본법」상 재난이란 국민의 생명·신체·재산과 국가에 피해를 주거나 줄 수 있는 것인데, 다음 중 사회재난에 속하지 않는 것은?

① 화재
② 붕괴
③ 황사
④ 화생방사고

| 정답해설 |

③ 재난은 자연재난과 사회재난으로 구분되며, 황사는 자연재난에 해당한다.

| 오답해설 |

①, ②, ④ 모두 사회재난이다.

| 더 알아보기 | 재난

1. 자연재난
   태풍, 홍수, 호우, 강풍, 풍랑, 해일, 대설, 한파, 가뭄, 지진, 황사 등
2. 사회재난
   화재, 붕괴, 폭발, 교통사고, 화생방사고, 환경오염사고 등

02 연소이론 〉 연소 〉 작열연소 난이도 상 | 답 ④

불씨는 있지만 불꽃이 없는 것을 작열연소라 하는데, 다음 중 작열연소에 해당하지 않는 것은?

① 표면연소
② 응축연소
③ 무염연소
④ 발염연소

| 정답해설 |

④ 연소에는 불꽃연소와 작열연소가 있는데, 발염연소는 가연물이 탈 때 움직이는 불의 모습을 갖는 불꽃연소에 해당한다.

| 오답해설 |

①, ②, ③ 모두 작열연소에 해당한다.

| 더 알아보기 | 불꽃연소와 작열연소의 비교

구분	불꽃연소	작열연소(= 표면연소)
화재구분	표면에 불꽃이 있는 표면화재	표면에 불꽃이 없는 심부화재
방출열량	속도가 빠르고 시간당 방출열량이 많다.	속도가 느리고 시간당 방출열량이 적다.
연쇄반응	순조로운 연쇄반응이 일어난다.	순조로운 연쇄반응이 일어나지 않는다.
비교	표면화재는 표면에 불꽃이 있으며, 표면연소는 표면에 불꽃이 없는 불씨 연소이다.	

03 소화이론 〉 소화원리 〉 소화의 방법 난이도 중 | 답 ③

가스화재 시 밸브를 차단하여 가스의 공급을 중단시키거나 산림화재 시 나무를 미리 절단하여 방화선을 구축하는 방법 등의 소화방법은?

① 질식소화
② 희석소화
③ 제거소화
④ 부촉매소화

| 정답해설 |

③ 제거소화는 연소의 3요소 중 하나인 가연물을 제거, 파괴, 이동하여 연소를 저지시키는 소화방법이다. 가스화재 시 밸브를 차단하거나 산림화재 시 나무를 미리 절단하여 연소방지를 중단시키는 것은 모두 제거소화이다.

| 오답해설 |

① 질식소화는 공기 중의 산소농도를 15% 이하로 하는 것이다.
② 희석소화는 기체, 액체, 고체에서 나오는 분해가스의 농도를 넓게 하여 연소를 중지시키는 것이다.
④ 부촉매소화는 연소의 4요소 중 연쇄반응의 속도를 빠르게 하는 정촉매를 억제하는 것으로, 화학적 소화방법이다.

04 소방조직 〉 서론 〉 소방의 역사 난이도 하 | 답 ②

소방이라는 용어를 역사상 최초로 사용한 시기는 언제인가?

① 고려시대
② 조선시대
③ 미군정시대
④ 일제시대

| 정답해설 |

② 역사적으로 소방이라는 용어가 탄생되기까지 멸화, 금화, 수성금화 등 많은 용어가 있었으나 소방이라는 용어는 조선시대(갑오경장)에 처음 사용되었다. 1895년 관제를 개혁하면서 경무청 처무세칙에서 "수화소방은 난파선 및 출화, 홍수 등에 계하는 구호에 관한 사항"이라고 정했는데, 이때 소방이라는 용어가 최초로 사용되었다.

05 연소이론 〉 폭발 〉 블레비 현상 난이도 중 | 답 ③

블레비(BLEVE) 현상에 영향을 주는 인자가 아닌 것은?

① 저장용기의 재질
② 저장물질의 물질적 역학 상태
③ 저장물질의 발화성 등의 여부
④ 저장된 물질의 종류와 형태

| 정답해설 |
③ 블레비(BLEVE) 현상에 영향을 주는 인자는 저장물질의 발화성이 아닌 인화성 등의 여부이다.

| 오답해설 |
①, ②, ④ 블레비(BLEVE) 현상에 영향을 주는 인자는 저장용기의 재질과 저장물질의 물질적 역학 상태, 저장된 물질의 종류와 형태 외에 저장물질의 인화성과 주위의 온도와 압력상태가 있다.

06 화재이론 〉 화재의 정의 및 분류 〉 유류 저장탱크 화재 난이도 중 | 답 ④

유류 저장탱크 화재에 대한 설명으로 옳지 않은 것은?

① 오일오버(Oil over) 현상은 탱크 내의 유류가 50% 이하로 저장된 경우 화재로 인한 내부압력 상승으로 인한 탱크파열현상이다.
② 보일오버(Boil over) 현상은 비점이 불균일한 중질유 등의 탱크바닥에 찌꺼기와 함께 있는 물이 끓어 수분의 급격한 부피팽창에 의하여 기름을 탱크 외부로 넘치게 하는 현상이다.
③ 슬롭오버(Slop over) 현상이란 끓는 기름 온도에 의하여 물이 유류표면에서 튀면서 수증기화되어 갑작스러운 부피팽창으로 유류가 탱크 밖으로 비산·분출하는 현상이다.
④ 프로스오버(Froth over) 현상이란 탱크 내에서 물과 기름이 함께 있을 때 뜨거운 열에 의해 넘치는 현상으로 탱크 안은 화재를 수반하는 탱크 내부의 화재현상이다.

| 정답해설 |
④ 프로스오버(Froth over) 현상은 화재를 수반하지 않고 기름이 넘쳐흐르는(Over flow) 단순한 물리적 작용으로, 대부분 뜨겁고 점성이 큰 아스팔트를 물이 들어있는 탱크에 넣을 때 발생한다. 즉 프로스오버 현상은 화재를 동반(수반)하지 않으며 탱크 내부의 화재현상이 아니다.

07 화재이론 〉 화재의 정의 및 분류 〉 목조건축물 난이도 하 | 답 ②

목재의 형태에 따른 연소상태의 설명으로 옳지 않은 것은?

① 목재의 크기는 작고 얇은 것이 두껍고 큰 것보다 연소가 빠르다.
② 목재의 모양은 둥근 것이 각이 있는 것보다 연소가 빠르다.
③ 목재의 표면은 거친 것이 매끄러운 것보다 연소가 빠르다.
④ 목재의 색상은 백색보다 흑색(흑색의 나무)이 연소가 빠르다.

| 정답해설 |
② 목재의 연소 속도는 둥근 것보다 각이 있는 것이 빠르다.

| 더 알아보기 | 목재 형태에 따른 연소 상태

구분	빠르다	느리다
크기	작고 얇은 것	두껍고 큰 것
모양	각이 있는 것	둥근 것
표면	거친 것	매끄러운 것
색상	흑색(본디 흑색의 나무)	백색

08 재난관리 〉 재난 및 안전관리 기본법 〉 응급조치 난이도 상 | 답 ④

재난발생 시 수방·진화·구조 및 구난 그 밖의 재난발생을 예방하거나 피해를 줄이기 위하여 필요한 응급조치를 하여야 하는 지역통제단장의 응급조치사항이라고 보기 어려운 것은?

① 현장지휘통신체계의 확보에 관한 응급조치
② 긴급수송 및 구조수단의 확보에 관한 응급조치
③ 진화에 관한 응급조치
④ 피해시설의 응급복구 및 방역과 방범에 관한 응급조치

| 정답해설 |
④ 피해시설의 응급복구 및 방역과 방범에 관한 응급조치는 지역통제단장의 응급조치사항이 아니라 시장·군수·구청장의 응급조치사항이다.

| 오답해설 |
①, ②, ③ 모두 지역통제단장의 응급조치사항이다.

| 더 알아보기 | 「재난 및 안전관리 기본법」 제37조(응급조치) 제1항

① 제50조제2항에 따른 시·도긴급구조통제단 및 시·군·구긴급구조통제단의 단장(이하 "지역통제단장"이라 한다)과 시장·군수·구청장은 재난이 발생할 우려가 있거나 재난이 발생하였을 때에는 즉시 관계 법령이나 재난대응활동계획 및 위기관리 매뉴얼에서 정하는 바에 따라 수방(水防)·진화·구조 및 구난(救難), 그 밖에 재난 발생을 예방하거나 피해를 줄이기 위하여 필요한 다음 각 호의 응급조치를 하여야 한다. 다만, 지역통제단장의 경우에는 제2호 중 진화에 관한 응급조치와 제4호 및 제6호의 응급조치만 하여야 한다.
1. 경보의 발령 또는 전달이나 피난의 권고 또는 지시
1의2. 제31조에 따른 안전조치
2. 진화·수방·지진방재, 그 밖의 응급조치와 구호
3. 피해시설의 응급복구 및 방역과 방범, 그 밖의 질서유지
4. 긴급수송 및 구조수단의 확보
5. 급수 수단의 확보, 긴급 피난처 및 구호품의 확보
6. 현장지휘통신체계의 확보
7. 그 밖에 재난발생을 예방하거나 줄이기 위하여 필요한 사항으로서 대통령령으로 정하는 사항

09 소방조직 〉 소방조직 및 인사 〉 승진요건 난이도 중 | 답 ①

소방사(신규임용)에서 소방정(소방서장급)까지 승진하려면 승진소요 최저근무연수는 몇 년인가?

① 12년
② 14년
③ 16년
④ 18년

| 정답해설 |
① 소방공무원은 승진하려면 해당계급에서 승진소요 최저근무연수를 재직하여야 하며, 소방사(9급)에서 소방정(4급)까지 승진하려면 12년 이상 재직하여야 한다.

| 더 알아보기 | 「소방공무원 승진임용 규정」 제5조

승진소요 최저근무연수
소방령·소방경 = 각 3년
소방위·소방장 = 각 2년
소방교·소방사 = 각 1년
그러므로 소방령 + 소방경 = 6년
소방위 + 소방장 = 4년
소방교 + 소방사 = 2년 이상 근무해야 한다.
결론적으로 6년 + 4년 + 2년 = 12년(최저근무연수) 이상 재직해야 한다.

10 연소이론 〉 연소 〉 제연방식 난이도 상 | 답 ①

제연이란 화재발생 시 연기를 제어하는 설비인데, 제연방식에 대한 설명으로 옳지 않은 것은?

① 기계제연방식은 계단실 등 피난경로가 되는 부분을 기계로 급기, 가압하여 연기유입을 방지하는 방식이다.
② 스모그타워제연방식은 굴뚝, 환기통 및 루프모니터의 흡입력을 이용하여 연기를 배출하는 방식이다.
③ 자연제연방식은 건물에 설치된 창문이나 전용의 배연구를 통하여 옥외로 연기를 배출하는 방식이다.
④ 밀폐제연방식이란 공간을 밀폐시켜서 일시적으로 연기의 유출 및 공기 등의 유입을 차단시켜 제연하는 방식이다.

| 정답해설 |

① 기계제연방식은 각 제연구역까지 풍도를 설치해야 하며 송풍기, 배연기 등을 이용한다. 피난경로가 되는 부분을 기계로 급기, 가압하여 연기유입을 방지하는 방식은 가압제연방식의 설명이다.

| 더 알아보기 | 제연방식

제연방식	설명
자연제연방식	건물에 설치된 창문이나 전용의 배연구를 통하여 옥외로 연기를 배출하는 방식
밀폐제연방식	화재가 발생하였을 때 밀폐가 잘 되는 문 등으로 공간을 밀폐시켜서 일시적으로 연기의 유출 및 공기 등의 유입을 차단시켜 제연하는 방식
가압제연방식	계단실 등 피난경로가 되는 부분을 기계로 급기, 가압하여 연기유입을 방지하는 방식
스모그타워제연방식	굴뚝 또는 환기통을 설치하여 화재 시 온도상승으로 공기가 부력이 생긴 경우 지붕 위에 설치된 루프모니터 등이 외부 바람에 의해 작동하면서 생긴 흡입력을 이용하여 제연하는 방식. 즉, 굴뚝 환기통 및 루프모니터의 흡입력을 이용하여 연기를 배출하는 방법으로 고층빌딩, 특별피난계단실에 적합하다.
기계(강제)제연방식	제1종·2종·3종 기계제연방식이 있다. 기계제연은 각 제연구역까지 풍도를 설치해야 하며 송풍기, 배연기 등을 이용하지만 필요에 따라서 옥내의 특정 부분을 가압·감압하는 방법 등이 있다.

※ 참고: 아파트 옥상은 송풍할 수 있는 기계설비를 갖추고 있지만 배연하는 방법은 자연제연방식을 택하고 있다.

11 소화이론 〉 소화약제 〉 분말 소화약제 저장 난이도 상 | 답 ④

분말 소화약제의 저장용기 설치장소 기준 및 저장방법에 대한 설명으로 옳지 않은 것은?

① 저장실의 온도가 40℃ 이하이고 온도의 변화가 적은 곳에 설치하여야 한다.
② 직사광선 및 빗물의 침투 우려가 없는 곳에 설치하여야 한다.
③ 방화문으로 구획된 실에 설치해야 하며 용기의 설치장소에는 당해 용기가 설치된 곳임을 표시하는 표지를 설치하여야 한다.
④ 분말 소화약제 저장용기는 방호구역 내의 장소에 설치하여야 한다.

| 정답해설 |

④ 분말 소화약제의 저장용기는 방호구역 외의 장소에 설치해야 한다.

| 더 알아보기 | 분말 소화약제의 저장용기 설치장소 기준

- 방호구역 외의 장소에 설치할 것. 다만, 방호구역 내에 설치할 경우에는 피난 및 조작이 용이하도록 피난구 부근에 설치하여야 한다.
- 온도가 40℃ 이하이고 온도 변화가 적은 곳에 설치할 것
- 직사광선 및 빗물이 침투할 우려가 없는 곳에 설치할 것
- 방화문으로 구획된 실에 설치할 것
- 용기의 저장장소에는 당해 용기가 설치된 곳임을 표시하는 표지를 할 것
- 용기 간의 간격은 점검에 지장이 없도록 3cm 이상의 간격을 유지할 것
- 저장용기와 집합관을 연결하는 연결배관에는 체크밸브를 설치할 것. 다만, 저장용기가 하나의 방호구역만을 담당하는 경우에는 그러하지 아니하다.

12 재난관리 〉 재난 및 안전관리 기본법 〉 중앙대책본부 난이도 중 | 답 ③

대규모 재난의 수습 등 필요한 조치를 하기 위하여 중앙대책본부를 두는데, 중앙대책본부장은 누구인가?

① 대통령
② 국무총리
③ 행정안전부장관
④ 소방청장

| 정답해설 |

③ 대규모 재난의 수습 등에 관한 사항의 필요한 조치를 하기 위하여 행정안전부에 중앙대책본부를 두고 중앙대책본부장은 행정안전부장관이 맡는다(「재난 및 안전관리 기본법」 제14조).

13 연소이론 〉 연소 〉 연소의 특성 난이도 상 | 답 ②

연소는 가연물질의 산화발열반응을 말한다. 연소속도와 연소과정 중 반응속도에 영향을 주는 인자에 대한 설명으로 옳지 않은 것은?

① 반응하는 물질의 종류가 많으면 충돌할 가능성이 적어 반응속도가 느리다.
② 정촉매는 활성화 에너지를 높여 반응속도를 빠르게 한다.
③ 기체일 경우 압력을 증가시키면 단위부피 중의 입자수가 증가하므로 기체의 농도가 증가하여 반응속도가 상승한다.
④ 온도가 높아질수록 발열반응에 관계없이 반응속도가 상승한다.

| 정답해설 |

② 반응속도에 영향을 주는 인자 중 정촉매는 활성화 에너지를 낮추어 반응속도를 빠르게 하고, 부촉매는 활성화 에너지를 높여 반응속도를 느리게 한다.

14 연소이론 〉 연소 〉 목재의 연소과정 난이도 중 | 답 ③

목재의 연소과정에 대한 설명으로 옳지 않은 것은?

① 100~160℃에서 목재 가열이 시작되어 목재는 갈색으로 변한다.
② 220~260℃에서 수분 증발, 갈색에서 흑갈색으로 변화한다.
③ 360~420℃에서 목재가 급격히 분해하여 수소, 일산화탄소 및 탄화수소 등이 생성된다.
④ 420~470℃에서 탄화 종료 및 발화가 시작된다.

| 정답해설 |

③ 목재의 연소는 '목재 가열 → 수분 증발 → 목재 분해 → 탄화 종료 → 발화' 순으로 진행된다. 이때 목재가 급격히 분해하여 수소, 일산화탄소 및 탄화수소 등이 생성될 때는 360~420℃가 아니라 300~350℃이다.

| 더 알아보기 | **목재의 연소과정**

순	연소과정	온도(℃)	연소내용
1	목재 가열	100~160	목재 가열 시작, 갈색으로 변화
2	수분 증발	220~260	수분 증발, 갈색에서 흑갈색으로 변화
3	목재 분해	300~350	목재가 급격히 분해, 수소, 일산화탄소, 탄화수소 등 생성
4	탄화 종료 및 발화	420~470	탄화 종료 및 발화 시작

15 연소이론 〉 연소 〉 가연물의 구비조건

난이도 하 | 답 ①

가연물의 구비조건에 대한 설명으로 옳지 않은 것은?

① 열의 전도도 값이 커야 열의 축적이 용이하다.
② 산소와 접촉할 수 있는 비표면적이 큰 물질이어야 한다.
③ 연소반응을 일으키는 점화원의 활성화 에너지값이 작아야 한다.
④ 일반적으로 산화되기 쉬운 물질로서 산소와 결합할 때 발열량이 커야 한다.

| 정답해설 |
① 열의 전도도 값이 작아야 열의 축적이 용이하다. (예 나무나 종이, 섬유 등은 열의 전도도가 작다.)

16 연소이론 〉 연소 〉 물질의 위험성

난이도 중 | 답 ②

물질의 위험성을 나타내는 성질로 옳지 않은 것은?

① 연소범위가 넓을수록 위험하다.
② 증발열, 비열, 표면장력이 클수록 위험하다.
③ 연소속도, 증기압, 연소열이 클수록 위험하다.
④ 비중은 작을수록, 온도는 높을수록 위험하다.

| 정답해설 |
② 증발열, 비열, 표면장력이 작을수록 위험하다.

| 더 알아보기 | **물질의 위험성을 나타내는 성질**

- 온도가 높을수록 위험하다.
- 압력이 클수록 위험하다.
- 인화점, 착화점(발화점), 융점이 낮을수록 위험하다.
- 연소범위가 넓을수록 위험하다.
- 연소속도, 증기압, 연소열이 클수록 위험하다.
- 증발열, 비열, 표면장력이 작을수록 위험하다.
- 비중이 작을수록 위험하다.

17 소화이론 〉 소화약제 〉 물 소화약제의 소화작용

난이도 중 | 답 ①

물 소화약제의 소화작용으로 옳지 않은 것은?

① 피복소화
② 질식소화
③ 냉각소화
④ 희석소화

| 정답해설 |
① 피복소화는 이산화탄소 소화약제의 소화원리에 해당한다.

| 오답해설 |
②, ③, ④ 모두 물 소화약제의 소화작용이다. 물 소화약제의 소화작용으로는 이 밖에도 유화소화 및 타격(파괴)에 의한 소화가 있다.

18 소화이론 〉 소화약제 〉 포 소화약제

난이도 상 | 답 ②

소화약제의 특성 중 사용 후의 오염이 매우 크고 대응하는 화재규모는 중형에서 대형이며 적응화재가 A·B급인 소화약제에 해당하는 것은?

① 물 소화약제
② 포 소화약제
③ 이산화탄소 소화약제
④ 할로겐화합물 소화약제

| 정답해설 |
② 적응화재가 A·B급인 소화약제는 포 소화약제이다. 포 소화약제는 사용 후의 오염이 매우 크고 대응하는 화재규모가 중·대형이다.

| 오답해설 |
① A급 소화약제에 해당한다.
③, ④ 이산화탄소 소화약제와 할로겐화합물 소화약제의 적응화재는 B·C급이다.

| 더 알아보기 | **소화약제의 특성 비교**

특성 \ 종류	수계 소화약제		가스계 소화약제		
	물	포	이산화탄소	할로겐화합물	분말
주된 소화효과	냉각·질식	질식·냉각	질식·냉각	부촉매·질식	질식·부촉매
소화속도	느리다	느리다	빠르다	빠르다	빠르다
냉각효과	크다	크다	크다	작다	극히 작다
재발화 위험성	적다	적다	있다	있다	있다
대응하는 화재규모	중형~대형	중형~대형	소형~중형	소형~중형	소형~중형
사용 후의 오염	많다	매우 많다	전혀 없다	극히 적다	적다
적응화재	A급	A·B급	B·C급	B·C급	A·B·C급

19 소화이론 〉 피난 및 건축물 〉 피난구유도등

난이도 중 | 답 ④

피난구유도등의 설치장소로서 옳지 않은 곳은?

① 직통계단, 직통계단의 계단실 및 그 부속실의 출입구에 설치한다.
② 옥내로부터 직접 지상으로 통하는 출입구 및 그 부속실의 출입구에 설치한다.
③ 피난구의 바닥으로부터 높이 1.5m 이상으로서 출입구에 인접하도록 설치한다.
④ 안전구획된 비상구로 통하는 출입구에 설치한다.

| 정답해설 |
④ 피난구유도등이란 피난구 또는 피난경로로 사용되는 출입구를 표시하여 피난을 유도하는 등을 말하며, 피난구유도등은 안전구획된 비상구로 통하는 출입구가 아니라 거실로 통하는 출입구에 설치하여야 한다.

20 연소이론 〉 연기 및 화염 〉 불완전연소

난이도 하 | 답 ①

연기에 대한 설명으로 옳지 않은 것은?

① 완전연소하면 탄소입자가 방출되어 연기는 농도가 짙으며 검게 보인다.
② 출화점에서 발생한 화재실의 연기는 부력을 얻어 천장면에 이르게 된다.
③ 연기는 온도가 낮은 곳이나 공기가 희박한 곳에서 연소할 경우 많은 입자가 생성되어 농도가 짙게 된다.
④ 연기란 가연물질의 연소에 의하여 생성된 가스와 입자가 공기와 일체가 되어 하나의 혼합기체가 된 것이다.

| 정답해설 |

① 불완전연소일 때 연기가 검게 보인다.

제4회 실전동형 모의고사

소방학개론

문제편 p.32

01	①	02	①	03	①	04	③	05	②
06	②	07	①	08	④	09	②	10	②
11	④	12	③	13	④	14	②	15	④
16	③	17	③	18	③	19	①	20	③

▶풀이시간: /16분 나의 점수: /100점

※ 해당 회차의 1, 17번 문항은 1초 합격예측 서비스의 데이터 누적 기간이 충분하지 않아 [오답률] 기재를 생략하고 [난이도]로 표기하였습니다.

01 소화이론 〉 소방시설 〉 소화기구 　난이도 하 | 답 ①

소화약제의 용어에 대한 설명 중 옳지 않은 것은?

① 간이소화용구란 소화기 및 자동소화장치를 제외한 소화능력단위 1단위 이하의 소화용구로서 에어로졸식소화용구, 투척용소화용구 및 소화약제를 이용한 소화용구를 말한다.
② 소형소화기란 능력단위가 1단위 이상이고 대형수동식소화기의 능력단위 미만인 수동식소화기를 말한다.
③ 대형소화기란 화재 시 사람이 운반할 수 있도록 운반대와 바퀴가 설치되어 있고 능력단위가 A급 10단위 이상, B급 20단위 이상인 수동식소화기를 말한다.
④ 주방용자동소화장치란 가연성가스 등의 노출을 자동으로 차단하며 소화약제를 방사하여 소화하는 소화장치를 말한다.

| 정답해설 |

① 간이소화용구란 에어로졸식소화용구, 투척용소화용구 및 소화약제 외의 것을 이용한 소화용구를 말한다. 즉, 소화약제가 아닌 소화약제 외의 것을 이용한 소화용구이다.

오답률 TOP 3

02 소화이론 〉 소방약제 〉 청정 소화약제 　오답률 66.7% | 답 ①

할로겐화합물 및 불활성기체 소화약제 소화설비의 저장용기 설치장소에 대한 설명으로 옳지 않은 것은?

① 방호구역 내에 설치하며, 온도가 55℃ 이하이고 온도변화가 적은 곳에 설치할 것
② 저장용기를 방호구역 외에 설치한 경우에는 방화문으로 구획된 곳에 설치할 것
③ 용기의 간격은 점검하기 쉽도록 3cm 이상 간격을 띄울 것
④ 저장용기의 약제량 손실이 5%를 초과하거나 압력손실이 10%를 초과할 경우에는 재충전하거나 저장용기를 교체할 것

| 선지별 선택률 |

①	②	③	④
33.3%	22.2%	22.2%	22.3%

| 정답해설 |

① 방호구역 내에 설치하는 것이 아니라, 방호구역 외에 설치하여야 한다.

| 더 알아보기 | 할로겐화합물 및 불활성기체 소화약제

- 의의: 할론 1301, 2402, 1211을 제외한 할로겐화합물 및 불활성기체로서 비전도성의 성질을 가진다. 휘발성이 있어 증발 후 잔여물을 남기지 않고, 할론 1301 등 오존층을 파괴하는 약제의 대체품이라고 볼 수 있다. 친환경적 소화약제로서 소화효과는 할로겐 소화약제만큼 크지 않다.
- 저장용기 표시사항: 저장용기에는 약제명, 저장용기의 자체 중량과 총중량, 충전일시, 충전압력 및 약제의 체적을 표시하여야 한다.

03 연소이론 〉 연소 〉 연소의 특징 　오답률 11.1% | 답 ①

공기 중 가연성 가스의 위험도가 높은 순서대로 나열한 것은?

① 아세틸렌 > 수소 > 휘발유 > 프로판
② 프로판 > 수소 > 아세틸렌 > 휘발유
③ 수소 > 아세틸렌 > 휘발유 > 프로판
④ 휘발유 > 프로판 > 수소 > 아세틸렌

| 선지별 선택률 |

①	②	③	④
88.9%	3.7%	7.4%	0%

| 정답해설 |

① 아세틸렌(31.4) > 수소(17.6) > 휘발유(4.4) > 프로판(3.5)의 순서로 위험도가 높다.

| 더 알아보기 | 가연성 가스

가스화재는 에너지의 원천이 되는 연료용 가스(휴대용 가스버너)에 의해서 대체로 발생한다. 가연성 가스는 수소(H_2), 아세틸렌(C_2H_2), 일산화탄소(CO), 암모니아(NH_3), 시안화수소, 메탄, 에탄, 부탄, 프로필렌, 부타디엔, 에틸렌 등 폭발한계값이 큰 것을 말한다. 즉, 일반적으로 연소하한값이 10% 이하 또는 연소상한값과 하한값의 차이가 20% 이상인 것을 말한다.

04 소방조직 〉 서론 〉 소방의 역사 　오답률 63% | 답 ③

우리나라 소방업무의 변천내용에 관한 설명으로 옳지 않은 것은?

① 1958년 「소방법」 제정 시에는 화재의 예방, 경계, 진압업무 외에 풍수해·설해도 소방업무에 포함되었다.
② 1967년 「소방법」 개정 시 소방업무는 화재의 예방, 경계, 진압업무였다.
③ 1983년 「소방법」 개정 시에는 구급대의 운영규정과 구조업무에 관한 규정이 신설되었다.
④ 1999년 「소방법」 개정 시 재난·재해, 그 밖의 위급한 상황관리업무가 추가되었다.

| 선지별 선택률 |

①	②	③	④
11.2%	18.5%	37%	33.3%

| 정답해설 |

③ 구조업무에 관한 규정이 신설된 것은 1983년이 아니라, 1989년 「소방법」 개정 시였다. 88서울올림픽 개최를 계기로 테러방지를 위한 구조대가 창설되었다.

| 더 알아보기 | 「소방법」 제정 이후의 소방 활동영역(소방업무의 변천과정)

관련 법률 제·개정	소방업무의 변천	법조문
1958년 「소방법」 제정 (법률 제485호)	화재, 풍수해·설해의 예방·경계·진압	「소방법」 제1조
	⇩	
1967년 「소방법」 개정 (법률 제1955호)	화재의 예방·경계·진압	「소방법」 제1조
	⇩	
1983년 「소방법」 개정 (법률 제3675호)	구급대의 운영규정 신설	「소방법」 제93조
1989년 「소방법」 개정 (법률 제4155호)	88서울올림픽 테러방지를 위한 구조대 창설 (구조업무 시작)	「소방법」 제94조
	⇩	
1995년 「재난관리법」 제정 (법률 제4950호)	소방관서장에게 재난현장의 통제관 임무 부여	「재난관리법」 제24조, 제25조

05 소화이론 〉 유체이론 〉 배관의 마찰손실

오답률 11.1% | 답 ②

배관의 마찰손실은 주 손실과 부차적 손실로 구분하는데, 다음 중 주 손실에 해당하는 것은?

① 관 부속품에 의한 손실
② 관로에 의한 마찰손실
③ 관의 급격한 확대에 의한 손실
④ 관의 급격한 축소에 의한 손실

| 선지별 선택률 |

①	②	③	④
3.7%	88.9%	0%	7.4%

| 정답해설 |
② 배관의 마찰손실 중 주 손실은 관로에 의한 마찰손실이다.

| 오답해설 |
①, ③, ④ 배관의 부차적 손실이다.

06 소화이론 〉 소화원리 〉 소화의 방법

오답률 0% | 답 ②

소화에 대한 용어설명으로 옳지 않은 것은?

① 질식소화는 소화에 필요한 산소를 차단하거나 그 농도를 낮추어 소화하는 방법으로서, 일반적으로 공기 중의 산소농도를 15% 이하로 낮추어 소화하는 방법이다.
② 부촉매소화는 연소의 4요소 중 가연물의 연속적인 연쇄반응을 차단·억제하여 소화하는 방법으로, 물리적 소화방법에 해당된다.
③ 냉각소화는 연소의 4연소 중 발화원(열)을 발화점 이하로 냉각시켜 소화하는 방법으로서, 다량의 물 등을 이용하여 열을 흡수해 점화에너지를 차단하는 방법이다.
④ 제거소화는 연소물이나 화원을 제거·차단 또는 감량·파괴하여 소화하는 방법으로서, 가연물을 격리시켜 소화하는 방법을 말한다.

| 선지별 선택률 |

①	②	③	④
0%	100%	0%	0%

| 정답해설 |
② 부촉매소화(억제소화)는 '화학적' 소화방법에 해당된다.

| 더 알아보기 | 소화의 방법

- 부촉매소화: 연소의 4요소 중 연소반응의 속도를 빠르게 하는 정촉매를 억제하는 화학적 소화방법이다. 연쇄반응(수소기와 수산기의 발생)에서 핵심적인 역할을 하는 라디칼(Radical, 유리기)을 흡수하여 더 이상의 라디칼을 만들지 못하도록 한다. 부촉매소화에는 대표적으로 할론소화제 또는 분말소화약제 및 무상의 강화액소화제가 있다.
- 유화소화: 유류화재 시 유류탱크 표면에 물을 안개처럼 무상으로 방사하여 유화층의 막[유탁액(乳濁液)]을 형성시켜 에멀션효과로 공기의 접촉을 막는 방법이다.
- 희석소화: 가연물에서 나오는 분해가스 등의 농도를 희석하여 소화하는 방법이다.
- 피복소화: 이산화탄소 등과 같이 공기보다 비중이 1.5배 정도 무거운 소화약제를 방사하여 가연물의 구석까지 침투시켜 소화하는 방법이다.

07 화재이론 〉 화재의 정의 및 분류 〉 정전기 방지

오답률 63% | 답 ①

정전기 발생을 억제하기 위한 방법에 대한 설명으로 옳은 것은?

① 유속을 제한하고, 이물질을 제거하며 유체의 분출을 방지한다.
② 공기를 이온화한다.
③ 접지시설(도체를 사용)을 한다.
④ 상대습도를 70% 이상 높인다.

| 선지별 선택률 |

①	②	③	④
37%	29.6%	18.6%	14.8%

| 오답해설 |
②, ③, ④ 정전기 발생을 '방지'하기 위한 방법에 해당한다.

| 더 알아보기 | 정전기 현상

이동하지 않고 정지된 상태를 나타낸 전하를 정전기 현상이라고 한다. 정전기는 평소 움직이지 않는 조용한 전기로서 양전하(+), 음전하(−)의 전기를 띠고 있다. 그러나 부도체 마찰 등으로 축적된 정전기가 일시에 방전될 경우, 주위의 고체는 발화하기 어렵지만 가연성 기체 또는 가연성 분진이 있을 경우에는 발화될 수 있다.
전기량을 $Q = CV(V = Q/C)$라 할 때 정전기 축적에너지(W)는 다음과 같다.

1. 정전기에너지: $W = \frac{1}{2}CV^2 = \frac{1}{2}QV = \frac{Q^2}{2C}$
   [W: 정전기에너지, C: 정전(전기) 용량, V: 방전전압, Q: 전기량]
2. 정전기 발생의 예
   - 전기부도체인 위험물, 섬유류, PVC 필름 등을 취급할 때 마찰로 발생한다.
   - 자동차의 장기간 주행 시 와류가 형성되어 비전도성 유체마찰이 클 때 발생한다.
   - 옥외탱크에 석유류를 주입할 때 또는 유류 등 비전도성 유체의 유속이 클 때 발생한다.

08 소방조직 〉 소방조직 및 인사 〉 소방공무원의 징계 오답률 11.1% | 답 ④

다음 중 소방공무원의 징계에 대한 설명으로 옳지 않은 것은?

① 직무상 의무에 의해 위반하거나 직무를 태만히 한 때 징계처분을 한다.
② 「소방공무원법」 및 「국가공무원법」, 「지방공무원법」에 의한 명령에 위반한 때 징계처분을 한다.
③ 직무 내·외를 불문하고, 그 체면 또는 위신을 손상하는 행위를 한 때 징계처분을 한다.
④ 징계는 경징계와 중징계로 나뉘며, 경징계에는 정직·감봉·견책이 있고, 중징계에는 파면·해임이 있다.

| 선지별 선택률 |

①	②	③	④
0%	7.4%	3.7%	**88.9%**

| 정답해설 |

④ 정직은 중징계에 해당한다. 경징계에는 감봉·견책이 있고, 중징계에는 파면·해임·강등·정직이 있다.

| 더 알아보기 | 징계의 종류

구분	내용
경징계	견책, 감봉
중징계	정직, 강등, 해임, 파면

09 화재이론 〉 위험물화재의 성상 〉 제4류 위험물 오답률 25.9% | 답 ②

제4류 위험물 중 등유·경유의 인화점으로 옳은 것은?

① 21℃ 미만
② 21℃ 이상 70℃ 미만
③ 70℃ 이상 200℃ 미만
④ 200℃ 이상 250℃ 미만

| 선지별 선택률 |

①	②	③	④
3.7%	**74.1%**	14.8%	7.4%

| 정답해설 |

② 등유·경유의 인화점은 21℃ 이상 70℃ 미만이다.

| 더 알아보기 | 제4류 위험물 중 석유류의 분류

구분	인화점	지정항목
제1석유류	21℃ 미만	아세톤, 휘발유
제2석유류	21℃ 이상 70℃ 미만	등유, 경유
제3석유류	70℃ 이상 200℃ 미만	중유, 클레오소트
제4석유류	200℃ 이상 250℃ 미만	기어유, 실린더유

오답률 TOP 2

10 화재이론 〉 화재의 정의 및 분류 〉 화재하중, 화재가혹도

오답률 70.4% | 답 ②

화재의 제반사항에 대한 설명으로 옳지 않은 것은?

① 화재하중이란 건물화재 시 단위면적당 등가가연물량의 가열온도(발열량) 및 화재의 위험성과 화재구획의 내표면적에 대한 실내장식물의 화재위험도를 말한다.
② 화재강도란 화재심도라고도 하며 단위시간당 축적되는 열의 값을 말한다.
③ 화재가혹도란 화재의 발생으로 건물 내 수용재산 및 건물 자체에 손상을 입히는 정도를 말하며 화재가혹도에 영향을 주는 요인으로는 화재하중 등이 있다.
④ 훈소화재는 거의 밀폐된 구조로 실내화재에서 많이 발생하는데, 가연물이 열로 인해 응축의 액체미립자인 분해생성물만 발생시키는 것을 말한다.

| 선지별 선택률 |

①	②	③	④
22.2%	**29.6%**	22.2%	26%

| 정답해설 |

② 화재심도는 화재강도가 아니고, 화재가혹도를 화재심도라고도 한다.

| 더 알아보기 | 화재하중

1. 의의: 일반 건축물에서 가연성 건축구조재와 수용물의 양으로서 화재 시 예상되는 최대 가연물질의 양을 뜻하며, 건물화재가 발생한 경우 단위면적당 등가가연물량의 가열온도(발열량) 및 화재의 위험성을 나타내는 것이다. 즉, 화재하중은 화재구획의 내표면적에 대한 실내장식물의 화재위험도를 나타내는 것이다. 내장재의 발열량이 클수록 화재하중이 크며, 내장재의 불연화가 화재하중을 감소시킨다.
2. 화재하중의 활용범위
   - 건물의 내화설계 시 고려해야 할 사항 및 가열온도의 정도를 나타내는 척도로 활용
   - 화재 시 발열량 및 위험의 정도를 추정할 수 있는 자료로 활용
   - 가연물 등의 연소 시 건축물의 붕괴 등을 고려하여 설계
3. 화재하중이 큰 순서: 창고 > 도서관·도서실 > 호텔 > 공동주택 > 사무실

※ 각 화재 현상의 개념
- 화재강도: 열의 값 / 단위시간(화재가 얼마나 강한가, 표면적, 발열량 등의 개념)
- 화재가혹도: 연소시간 × 연소(최고)온도(화재가 얼마나 가혹한가 등 최성기의 개념)
- 화재하중: 내장재의 발열량(kg) / 목재면적에 대한 단위발열량(m^2)

11 연소이론 〉 폭발 〉 폭연과 폭굉 오답률 25.9% | 답 ④

디토네이션(폭효)이라고도 불리는 폭굉은 반응의 전파속도가 초음속인데, 폭굉의 설명으로 옳지 않은 것은?

① 온도의 상승은 충격파의 압력에 기인한다.
② 에너지방출 속도가 물질전달 속도에 기인하지 않고 아주 짧다.
③ 파면(화염면)에 온도, 압력, 밀도가 불연속적으로 나타난다.
④ 반응이나 화염면의 전파가 분자량이나 공기 등 난류확산에 영향을 받는다.

| 선지별 선택률 |

①	②	③	④
3.7%	14.8%	7.4%	**74.1%**

| 정답해설 |
④ 폭굉이 아니라 폭연에 대한 설명이다.

| 더 알아보기 | **폭굉과 폭연의 비교**

분류	폭연	폭굉
화염의 전파속도	• 음속보다 느림 • 일반적으로 0.1 이상~13m/sec 이하	• 음속보다 빠름(초음속) • 일반적으로 1,000 이상~3,500m/sec 이하
성상	• 충격파의 압력은 수 kgf/cm^2 정도이며 폭굉으로 변화될 수 있음 • 온도상승은 열의 전파에 기인함 • 에너지방출 속도가 물질전달 속도에 영향을 받음 • 반응이나 화염면의 전파가 분자량이나 공기 등 난류확산에 영향을 받음	• 압력은 약 $1,000kgf/cm^2$이며, 압력상승이 폭연의 경우보다 10배 이상 높음 • 온도의 상승은 충격파의 압력에 기인함 • 에너지방출 속도가 물질전달 속도에 기인하지 않고 아주 짧음 • 파면(화염면)에 온도·압력·밀도가 불연속적으로 나타남

오답률 TOP 1

12 재난관리 〉 재난관리 〉 재해예방 오답률 77.8% | 답 ③

하인리히(Heinrich)의 재해예방 4원칙에 해당하지 않는 것은?

① 예방가능의 원칙
② 손실우연의 원칙
③ 원인결과의 원칙
④ 대책선정의 원칙

| 선지별 선택률 |

①	②	③	④
11.2%	29.6%	22.2%	37%

| 정답해설 |
③ 원인결과의 원칙이 아니라 원인연계의 원칙 또는 원인계기의 원칙이다.

| 더 알아보기 | **하인리히의 재해예방 4원칙**

- 예방가능의 원칙: 천재지변은 막을 수 없지만 인위적 재난은 예방이 가능하다.
- 손실우연의 원칙: 사고의 결과로 발생한 재해손실은 사고 당시 조건에 따라 우연적으로 발생한다.
- 원인연계의 원칙(원인계기의 원칙): 사고가 발생한 경우에는 반드시 원인이 있고, 이는 대부분 복합적으로 연계된다.
- 대책선정의 원칙: 사고원인이나 불안전요소가 발견되면 반드시 대책을 선정해야 한다.

13 재난관리 〉 재난 및 안전관리 기본법 〉 재난사태 선포 오답률 14.8% | 답 ④

「재난 및 안전관리 기본법」상 특별재난의 선포권자는 누구인가?

① 소방청장
② 행정안전부장관
③ 중앙대책본부장
④ 대통령

| 선지별 선택률 |

①	②	③	④
3.7%	7.4%	3.7%	85.2%

| 정답해설 |
④ 특별재난의 선포권자는 대통령이다(「재난 및 안전관리 기본법」 제60조 제2항).

| 더 알아보기 | **재난사태선포**

① 재난사태심의: 중앙위원회 →← ② 재난선포권자: 중앙본부장, 행정안전부장관 →← ③ 특별재난선포권자: 중앙대책본부장이 선포 건의 ⇨ 대통령이 특별재난 선포

14 재난관리 〉 재난 및 안전관리 기본법 〉 재정 및 보상 오답률 3.7% | 답 ②

국가와 지방자치단체가 재난으로 피해를 입은 시설의 복구, 피해주민의 생계안정, 피해기업의 경영안정을 위하여 국고에서 지원할 수 있는 사항으로 옳지 않은 것은?

① 주거용 건축물의 복구비 지원
② 대학생의 학자금 지원
③ 세입자 보조 등 생계안정 지원
④ 공공시설 피해에 대한 복구사업비 지원

| 선지별 선택률 |

①	②	③	④
0%	96.3%	0%	3.7%

| 정답해설 |
② 대학생의 학자금 지원이 아니라 고등학생의 학자금 면제이다(「재난 및 안전관리 기본법」 제66조).

15 소화이론 〉 소방시설 〉 경보설비 오답률 22.2% | 답 ④

누전경보기를 설치할 수 없는 장소에 해당하지 않는 곳은?

① 화약류를 제조하거나 저장 또는 취급하는 장소
② 가연성 증기, 먼지, 가스 등이나 부식성의 증기, 가스 등이 다량으로 체류하는 장소
③ 대전류회로, 고주파 발생회로, 습도가 높은 장소 등에 의한 영향을 받을 우려가 있는 장소
④ 온도의 변화가 완만한 장소

| 선지별 선택률 |

①	②	③	④
0%	14.8%	7.4%	77.8%

| 정답해설 |
④ 온도의 변화가 완만한 장소가 아니라 급격한 장소에 누전경보기를 설치할 수 없다.

| 더 알아보기 | **누전경보기**

1. 의의: 사용전압이 600V 이하인 저압 전기배선이나 전기기기 부하 측의 사고로 인하여 건축물 내의 천장, 바닥, 벽 등의 보강재료로 사용하고 있는 금속류 등이 누전의 경로가 되어 화재를 발생시키기 쉬우므로, 누설전류가 흐르면 자동적으로 누전경보기로 경보를 발하도록 설치한다.
2. 공칭작동 전류치: 누전경보기를 작동시키기 위하여 필요한 누설전류의 값으로 공칭작동 전류치는 200mA 이하이다.
3. 감도조정장치: 누전경보기에 있어서 감도조정장치의 범위는 최대치가 1A 이하이어야 하며, 변류기의 입력신호에 의한 감도를 수신기에서 조정한다.
4. 경보장치(음향장치)는 다음 기준에 의하여야 한다.
   - 사용전압의 80%인 전압에서 음향을 발할 것
   - 사용전압에서의 음압은 음향의 중심으로부터 1m 떨어진 지점에서 70dB 이상일 것
5. 검출시험: 누설전류를 변류기에 흐르게 하는 시험을 말한다.

16 화재이론 〉 화재조사 〉 화재조사 및 보고규정 오답률 22.2% | 답 ③

화재조사에 관한 설명으로 옳지 않은 것은?

① 화재조사는 소화활동과 동시에 개시되는데, 화재조사관이 화재발생사실을 인지한 즉시 실시한다.
② 전소란 화재의 소실 정도가 70% 이상이 넘는 경우를 말한다.
③ 중요화재란 재산피해액이 50억 원 이상으로 추정되는 화재를 말한다.
④ 화재사고 발생 후 72시간 내에 사망한 자는 인명피해 구분 시 사망자로 구분한다.

| 선지별 선택률 |

①	②	③	④
22.2%	0%	77.8%	0%

| 정답해설 |
③ 재산피해액이 50억 원 이상으로 추정되는 화재는 대형화재이다.

| 더 알아보기 | **화재조사보고**

1. 화재조사의 시점: 화재조사는 소화활동과 동시에 개시되는데, 화재조사관이 화재발생사실을 인지한 즉시 실시한다.
2. 전소의 의미: 전소란 70% 이상 소실되거나 재사용할 수 없는 정도를 말한다.
3. 중요화재·대형화재

구분	내용
중요화재	• 이재민 100명 이상이 발생한 화재, 관공서, 학교, 정부미 도정공장, 문화재, 지하구 등 공공건물 및 시설의 화재 • 관광호텔, 고층건물, 지하상가, 시장, 백화점, 대량위험물을 제조·저장·취급하는 장소, 중점관리대상 및 화재경계지구
대형화재	• 인명피해: 사망자가 5명 이상이거나 사상자가 10명 이상인 경우 • 재산피해: 피해액이 50억 원 이상으로 추정되는 화재

4. 사망자·부상자

구분		내용
사망자		사고발생 후 72시간 이내에 사망한 자
부상자	중상자	부상을 당한 후 3주 이상의 입원치료를 요하는 자
	경상자	중상자 이외의 자(병원치료가 필요 없는 단순 연기흡입자 제외)

17 연소이론 〉 연소 〉 위험도 난이도 중 | 답 ③

가스에 의한 폭발상한계가 100이고 폭발하한계가 10일 때, 가스가 화재를 일으킬 수 있는 위험도는 얼마인가?

① 5
② 7
③ 9
④ 11

| 정답해설 |

③ $위험도(H) = \dfrac{폭발상한계(U) - 폭발하한계(L)}{폭발하한계(L)} = \dfrac{100-10}{10} = 9$

위의 식으로부터 문제에서 제시된 가스의 폭발상한계 100과 폭발하한계 10을 대입하면, 위험도는 9이다.

18 연소이론 〉 연소 〉 연소의 특징 오답률 48.1% | 답 ③

연소속도의 특징에 대한 설명으로 옳지 않은 것은?

① 연소속도는 온도와 압력이 높을수록 빨라지며, 화염이 미연소 혼합가스에 대하여 직각으로 들어오는 속도를 말한다.
② 연소속도는 혼합가스에서 연소속도가 빠른 수소, 메틸렌가스의 함유율이 많을수록 빨라진다.
③ 연소속도는 가스의 분출상태에 따라 층류 연소속도와 난류 연소속도로 구분되는데, 보통 연소속도라 함은 난류 연소속도를 말하며 화재는 층류 연소속도를 말한다.
④ 가스의 연소는 발열반응이므로 연소가 시작되면 발생한 열에 의해 혼합가스에 열이 전달되어 발화온도에 도달하게 되면 반응이 계속되어 연소가 계속 진행된다.

| 선지별 선택률 |

①	②	③	④
11.1%	14.8%	51.9%	22.2%

| 정답해설 |
③ 보통 연소속도라 함은 '층류' 연소속도를 말하는데, 화재는 '난류' 연소속도이다. 연소속도란 연소 시 화염이 미연소 혼합가스에 대하여 수직으로 이동하는 속도, 즉 단위시간에 단위면적당 연소하는 혼합가스량을 말한다. 이는 가스의 성분, 공기와의 혼합비율, 혼합가스의 온도 및 압력에 따라 달라진다.

19 연소이론 〉 폭발 〉 기상폭발과 응상폭발 오답률 29.6% | 답 ①

원인물질에 따른 폭발의 분류 중 응상폭발에 해당하는 것은?

① 증기폭발
② 가스폭발
③ 분진폭발
④ 증기운폭발

| 선지별 선택률 |

①	②	③	④
70.4%	3.7%	11.1%	14.8%

| 정답해설 |
① 응상폭발은 액체 또는 고체의 불안정한 물질의 접촉 등 연쇄 폭발현상을 말한다. 응상폭발에는 액체의 급속가열인 수증기폭발과 극저온 액화가스의 수면유출인 증기폭발이 있다.

| 오답해설 |
②, ③, ④ 가스폭발, 분진폭발, 증기운폭발은 기상폭발에 해당한다.

| 더 알아보기 | **폭발(기상폭발·응상폭발)**

1. 의의: 폭발이란 급격한 압력의 상승 또는 개방에 의해 가스가 격한 음을 내면서 팽창하는 현상을 말한다. 폭발 시 연소파의 전파속도는 기체의 조성이나 농도에 따라 다르지만 일반적으로 0.1~10m/sec 범위로 알려져 있다.
2. 분류
   - 기상폭발: 가스폭발, 분무폭발, 분진폭발, 분해폭발, 증기운폭발
   - 응상폭발: 수증기폭발, 증기폭발

20 화재이론 〉 소방시설 〉 소화설비

오답률 29.6% | 답 ③

이산화탄소 소화설비의 방출방식에 대한 설명으로 옳지 않은 것은?

① 전역 방출방식
② 국소 방출방식
③ 교차회로방식
④ 이동식 방출방식(호스릴방식)

| 선지별 선택률 |

①	②	③	④
0%	11.1%	**70.4%**	18.5%

| 정답해설 |

③ 교차회로방식은 자동화재탐지설비의 배선이다. 교차회로방식은 하나의 방호구역 내에 둘 이상의 화재감지기 회로를 설치하고, 인접한 둘 이상의 화재감지기가 동시에 감지되는 때에는 소화설비가 작동하여 소화약제가 방출되는 방식이다. 회로의 연결방식이 X선 방식이므로 X선 회로라고 부르기도 한다.

| 더 알아보기 | 이산화탄소 소화설비의 방출방식

- 전역 방출방식: 고정식 이산화탄소 공급장치에 배관 및 분사헤드를 고정설치하여 밀폐방호구역 내에 이산화탄소를 방출하는 설비를 말한다.
- 국소 방출방식: 고정식 이산화탄소 공급장치에 배관 및 분사헤드를 설치하여 직접 화점에 이산화탄소를 방출하는 설비로 화재발생 부분에만 집중적으로 소화약제를 방출하도록 설치하는 방식을 말한다.
- 이동식 방출방식(호스릴방식): 분사헤드가 배관에 고정되어 있지 않고 소화약제 저장용기에 호스를 연결하여 사람이 직접 화점에 분사약제를 방출하는 이동식 소화설비를 말한다.

제5회 실전동형 모의고사

소방학개론

문제편 p.38

01	②	02	④	03	②	04	④	05	②
06	①	07	②	08	①	09	③	10	④
11	③	12	①	13	①	14	④	15	③
16	④	17	③	18	③	19	②	20	③

▶풀이시간: /14분 나의 점수: /100점

01 소화이론 〉 소화원리 〉 소화의 방법 오답률 11.1% | 답 ②

연소반응이 일어나고 있는 연소물이나 화원을 제거함으로써 연소반응을 중지시켜 소화하는 방법인 '제거소화'에 대한 설명으로 옳지 않은 것은?

① 산불화재가 발생한 경우 주위 산림을 벌채한다.
② 창고 등에서 화재가 발생하면 물건이 타지 않도록 문을 굳게 잠근다.
③ 유류탱크 화재가 발생한 경우 탱크 밑으로 기름을 빼낸다.
④ 유전화재가 발생한 경우 질소폭탄을 투하하여 순간적으로 유전 표면의 증기를 날려 보낸다.

| 선지별 선택률 |

①	②	③	④
0%	88.9%	5.6%	5.5%

| 정답해설 |
② 창고 등에서 화재가 발생하면 문을 잠그는 것이 아니라 물건을 빼내어 안전한 곳으로 옮겨야 한다.

| 더 알아보기 | **제거소화의 방법**

- 산불화재가 발생한 경우 주위 산림을 벌채한다.
- 화학반응기 가스화재가 발생한 경우 원료 공급관의 밸브를 잠근다.
- 전기화재가 발생한 경우 경우 전원을 차단한다.
- 촛불을 입으로 불어서 끄는 경우 화원으로부터 격리시킨다.
- 유전화재가 발생한 경우 질소폭탄을 투하하여 순간적으로 유전 표면의 증기를 날려 보낸다.
- 유류탱크 화재가 발생한 경우 탱크 밑으로 기름을 빼낸다(강량, 배유, Drain).
- 창고화재가 발생한 경우 창고 등에서 물건을 빼내어 옮긴다.

02 소화이론 〉 소화약제 〉 수계 소화약제 오답률 16.7% | 답 ④

물질의 비열이 크다는 것은 열용량이 크다는 것을 의미하며 비열이 작을수록 온도가 잘 올라가는데, 다음 중 물질의 비열(cal/g℃)이 가장 큰 물질은?

① 아세톤
② 할론 1301
③ 파라핀 왁스
④ 물

| 선지별 선택률 |

①	②	③	④
5.6%	5.6%	5.5%	83.3%

| 정답해설 |
④ 비열이란 어떤 물질 1g의 온도를 1℃ 올리는 데 필요한 열량을 말한다. 비열(cal/g℃)은 에너지라고도 하며, 비열이 가장 큰 물질은 물이다. 그래서 물은 잘 데워지지도 않고, 잘 식지도 않는 특성을 가지고 있다. 참고로 물이 20℃일 때 비열은 1.0000이다.

| 오답해설 |
① 아세톤: 0.53
② 할론 1301: 0.2
③ 파라핀 왁스: 0.7

03 화재이론 〉 화재의 정의 및 분류 〉 화재의 분류 오답률 38.9% | 답 ②

가스기기의 설치 및 누설 시 주의사항과 점검사항으로 옳지 않은 것은?

① 가연성 가스가 누출되었을 경우에는 먼저 신속히 밸브를 잠그고 개구부를 개방한다.
② 호스길이는 가능한 한 짧게 하고, 연소기로부터 3m 이내로 하며 T자형 호스를 연결해야 한다.
③ 통풍이 잘 되고 인화물질이 없는 가연성 벽의 옆면과 가스기기 뒷면에서 15cm 이상, 천장에서 1m 이상 떨어지게 한다.
④ LPG는 누설되었을 경우 바닥에 체류하므로 가스누설경보기는 지면으로부터 상방 30cm 이내가 되는 곳에 설치하며, LNG와 도시가스는 누설되었을 경우 천장에 체류하므로 천장으로부터 하방 30cm 이내가 되는 곳에 설치한다.

| 선지별 선택률 |

①	②	③	④
5.6%	61.1%	22.2%	11.1%

| 정답해설 |
② 호스길이는 가능한 한 짧게 하고, 연소기로부터 3m 이내로 하며, T자형 호스 연결은 피하도록 하여야 한다.

04 소화이론 〉 소화약제 〉 수계 소화약제 오답률 22.2% | 답 ④

다음 소화약제 중 가스계 소화약제에 해당하지 않는 것은?

① 이산화탄소 소화약제
② 할로겐화합물 소화약제
③ 분말 소화약제
④ 산·알칼리 소화약제

| 선지별 선택률 |

①	②	③	④
5.6%	0%	16.6%	77.8%

| 정답해설 |
④ 산·알칼리 소화약제는 가스계가 아니라, 수계(水系) 소화약제이다.

| 오답해설 |
①, ②, ③ 가스계 소화약제이다.

| 더 알아보기 | **소화약제의 분류**

1. 소화약제의 분류
 • 수계 소화약제: 강화액 소화약제, 산·알칼리 소화약제, 물 소화약제, 포 소화약제로 구분된다.
 • 가스계 소화약제: 이산화탄소 소화약제, 할론 소화약제, 분말 소화약제, 할로겐화합물 및 불활성기체 소화약제로 구분된다.
2. 수계와 가스계 적응관계
 • 수계 소화약제: 전기가 통하며, 주로 A·B급 화재에 적응성이 있다.
 • 가스계 소화약제: 전기가 통하지 않으며, 주로 B·C급 화재에 적응성이 있다.

05 재난관리 〉 재난 및 안전관리의 개념 〉 재난관리의 개념 오답률 5.6% | 답 ②

「재난 및 안전관리 기본법」에서 사용하는 재난관리 용어의 정의로 옳지 않은 것은?

① '재난'이란 자연재난과 사회재난으로 나뉘며 국민의 생명·신체·재산과 국가에 피해를 주거나 줄 수 있는 것으로 태풍, 화재, 환경오염사고 등으로 인한 피해를 말한다.
② '재난관리'란 대한민국의 영역 밖에서 대한민국 국민의 생명·신체 및 재산에 피해를 주거나 줄 수 있는 재난으로서 정부 차원에서 대처할 필요가 있는 재난을 말한다.
③ '재난관리책임기관'이란 재난관리업무를 하는 중앙행정기관 및 지방자치단체와 지방행정기관·공공기관·공공단체 및 재난관리의 대상이 되는 중요시설의 관리기관 등으로서 대통령령으로 정하는 기관을 말한다.
④ '긴급구조'란 재난이 발생할 우려가 현저하거나 재난이 발생하였을 때에 국민의 생명·신체 및 재산을 보호하기 위하여 긴급구조기관과 긴급구조지원기관이 하는 인명구조, 응급처치 그 밖에 필요한 모든 긴급한 조치를 말한다.

| 선지별 선택률 |

①	②	③	④
0%	94.4%	0%	5.6%

| 정답해설 |
② 지문은 해외재난에 대한 설명이다. '재난관리'란 재난의 예방·대비·대응 및 복구를 위하여 하는 모든 활동을 말한다(「재난 및 안전관리 기본법」 제3조).

오답률 TOP 1

06 화재이론 > 가스저장용기 > 가스종류와 색상 오답률 77.8% | 답 ①

공업용 가스저장용기는 가스의 종류에 따라 색상을 달리하는데, 가스와 용기의 색상이 일치하지 않는 것은?

① 암모니아, 회색
② 산소, 녹색
③ 아세틸렌, 황색
④ 이산화탄소, 청색

| 선지별 선택률 |

①	②	③	④
22.2%	22.2%	11.1%	44.5%

| 정답해설 |
① 암모니아의 용기는 회색이 아니고 백색이다.

| 더 알아보기 | **가스의 저장**

1. 가스의 저장: 가스가 저장된 용기의 주위 온도는 40℃가 초과되면 열이 팽창하여 폭발위험이 있으므로 항상 40℃ 이하로 유지해야 한다. 또한 직사광선·습기·눈·비를 피해야 한다.
2. 저장용기의 색상: 공업용 가스저장용기는 그 가스의 종류에 따라 색상을 달리하며 다음과 같다.
 • 산소: 녹색
 • 이산화탄소: 청색
 • 수소: 주황
 • 아세틸렌: 황색
 • 암모니아: 백색
 • 염소: 갈색
 • 기타 가스: 회색

07 화재이론 〉 위험물화재의 성상 〉 유류저장탱크의 화재 오답률 44.4% | 답 ②

중유와 같은 중질유탱크 화재를 소화하기 위하여 물 또는 폼 소화약제를 방사한 경우, 연소하는 위험물이 수증기로 변하면서 급격한 부피팽창이 일어나 탱크 외부로 기름이 분출하는 현상을 무엇이라 하는가?

① 보일오버 현상
② 슬롭오버 현상
③ 프로스오버 현상
④ 플래시오버 현상

| 선지별 선택률 |

①	②	③	④
16.7%	55.6%	27.7%	0%

| 정답해설 |
② 슬롭오버 현상이란 중유와 같은 중질유탱크에 화재가 발생하여 이를 소화하기 위하여 물 또는 폼 소화약제를 방사한 경우, 연소하는 위험물이 수증기로 변하면서 급격한 부피팽창이 일어나 탱크 외부로 기름이 분출하는 현상을 말한다.

| 더 알아보기 | **유류화재의 현상**

• 보일오버(Boil over) 현상: 비점이 불균일한 중질유 등의 탱크 바닥에 찌꺼기와 함께 있는 물이 끓어(Boil) 수분이 급격하게 팽창함에 따라 기름이 탱크 외부로 넘치게(over) 하는 현상이다.
• 슬롭오버(Slop over) 현상: 유류액 표면에 불이 붙었거나 100℃ 이상일 때 물이 주체로 된 물분무나 포(거품)를 방사하면 물과 기름이 섞이지 않는 에멀션 상태에서 끓는 기름온도에 의하여 물이 표면에서 튀면서(Slop) 수증기화되어 갑작스러운 부피팽창에 의해 유류가 탱크 외부로 비산·분출(over)되는 현상이다.
• 프로스오버(Froth over) 현상: 물이 끓고 있는데 아스팔트 등을 녹이려고 넣을 때, 아스팔트가 무거워 물 밑으로 내려가다가 끓는 물과 혼합된 거품(Froth)이 생성·팽창되어 분출(over)되는 현상이다.

오답률 TOP 3

08 화재이론 〉 소방시설 〉 제연설비 오답률 61.1% | 답 ①

화재발생 시 연기가 침입하는 것을 방지하고 산소와 함께 외부의 신선한 공기를 불어넣음으로써 인명대피와 동시에 소방대원의 소화활동을 원활하게 돕는 제연설비에 대한 설명으로 옳지 않은 것은?

① 하나의 제연구역 면적은 $600m^2$ 이내로 할 것
② 통로상 제연구역은 보행중심선의 길이가 60m를 초과하지 말 것
③ 하나의 제연구역은 직경 60m 원 내에 들어갈 수 있을 것
④ 하나의 제연구역은 2개 이상 층에 미치지 말 것

| 선지별 선택률 |

①	②	③	④
38.9%	44.4%	11.1%	5.6%

| 정답해설 |

① 하나의 제연구역 면적은 1,000m² 이내로 해야 한다.

| 더 알아보기 | **제연설비**

- 거실과 통로(복도 포함)는 상호 제연구획하여야 한다. 제연구역은 보, 제연경계벽 및 벽(가동벽·셔터·방화문 포함)으로 한다.
- 제연경계의 폭이(천장, 반자로부터 그 수직 하단까지의 거리가) 0.6m 이상이고 수직거리가 2m 이내이어야 한다(단, 불가피한 경우 2m 초과).
- 배연구는 실의 상부에 설치하고 급기구는 바닥 부분 하부에 설치하여야 한다.
- 유입풍도 안의 풍속은 20m/sec 이하이어야 한다.
- 배출기흡입 측 풍도 안의 풍속은 15m/sec 이하로 하고, 배출 측 풍속은 20m/sec 이하로 한다.
- 예상제연구역의 각 부분으로부터 하나의 배출구까지 수평거리는 10m 이내가 되도록 한다.
- 예상제연구역에 대한 공기유입량은 규정에 따른 배출량 이상이 되도록 하여야 한다.
- 제연설비에서 가동식의 벽, 제연경계벽의 댐퍼 및 배출기의 작동은 자동화재감지기와 연동되어야 하며, 예상제연구역 및 제어반에서 수동으로 가동이 가능하도록 하여야 한다. 제연설비의 자동 작동과정은 화재감지기 작동 → 수신기 → 급·배기댐퍼 작동 → 팬 작동 → 제연 순이다.

09 소방조직 〉 소방조직 및 인사 〉 소방조직관리 오답률 11.1% | 답 ③

소방공무원을 신규채용하는 경우 시보임용을 하는데, 다음 중 시보임용에 대한 설명으로 옳지 않은 것은?

① 휴직기간·직위해제기간 및 징계에 의한 정직 또는 감봉처분을 받은 기간은 시보임용기간에 산입하지 아니한다.
② 시보임용기간에 있는 소방공무원이 근무성적 또는 교육훈련성적이 불량한 때에는 면직시키거나 면직을 제청할 수 있다.
③ 소방공무원으로 임용되기 전에 그 임용과 관련하여 소방공무원교육훈련기관에서 교육훈련을 받은 기간은 시보임용기간에 산입하지 아니한다.
④ 소방공무원을 신규채용하는 경우에는 소방장 이하는 6월, 소방위 이상은 1년의 기간을 시보로 임용하고 그 기간이 만료된 다음 날에 정규 소방공무원으로 임용한다.

| 선지별 선택률 |

①	②	③	④
11.1%	0%	88.9%	0%

| 정답해설 |

③ 소방공무원으로 임용되기 전에 그 임용과 관련하여 소방공무원교육훈련기관에서 교육훈련을 받은 기간은 시보임용기간에 산입한다.

10 화재이론 〉 건축물화재의 성상 〉 목조건축물의 화재 오답률 50% | 답 ④

발화부원인의 추정 5원칙에 대한 설명으로 옳지 않은 것은?

① 균열흔은 발화부에 가까울수록 뜨거워서 잘고 가늘어지는 경향이 있다.
② 탄화심도는 발화부에 가까울수록 깊어지는 경향이 있다.
③ 화염은 수직의 가연물을 따라 상승하고 측면과 하부는 연소속도가 완만하다.
④ 발화건물의 기둥, 벽, 건자재 등은 발화부의 반대쪽으로 도괴하는 경향이 있다.

| 선지별 선택률 |

①	②	③	④
11.1%	0%	38.9%	50%

| 정답해설 |

④ 발화부의 반대쪽으로 도괴하는 것이 아니라, 발화부 쪽으로(중심으로) 도괴하는 경향이 있다.

| 더 알아보기 | **발화부원인의 추정 5원칙**

- 원칙 1: 발화건물의 기둥, 벽, 건자재 등은 발화부를 중심으로 도괴하는 경향이 있다.
- 원칙 2: 화염은 수직의 가연물을 따라 상승하고 측면과 하부는 연소속도가 완만하다.
- 원칙 3: 탄화심도는 발화부에 가까울수록 깊어지는 경향이 있다.
- 원칙 4: 목재의 연소흔에서 표면의 균열흔은 발화부에 가까울수록 뜨거워서 가늘어지는 경향이 있다. 이러한 균열흔은 다음과 같은 3가지 유형의 형태로 구분할 수 있다.

구분	모양	특징
완소흔(700~800℃)	목재 표면은 거북이등 모양	나무형태는 3.4각형이 형성됨
강소흔(900℃)	흠이 깊고 만두 모양	요철(⊔⊓)형이 생김
열소흔(1,100℃)	흠이 가장 깊고 반월형 모양	대규모 건물화재에서 발생함

- 원칙 5: 발열체가 목재면에 밀착되었을 경우 발열체 표면의 목재면에 훈소흔이 남으며 발화부 부근의 훈소흔은 발화 부위인 경우가 있다.

11 재난관리 〉 재난 및 안전관리 기본법 〉 벌칙 오답률 50% | 답 ③

재난을 발생시킬 위험요인을 제거하는 등 재난예방을 위한 안전조치명령을 이행하지 아니한 자에 대한 벌칙으로 옳은 것은?

① 1년 이하의 징역 또는 1천만 원 이하의 벌금
② 2년 이하의 징역 또는 2천만 원 이하의 벌금
③ 3년 이하의 징역 또는 3천만 원 이하의 벌금
④ 5년 이하의 징역 또는 5천만 원 이하의 벌금

| 선지별 선택률 |

①	②	③	④
44.4%	5.6%	50%	0%

| 정답해설 |

③ 안전조치명령을 이행하지 아니한 자는 3년 이하의 징역 또는 3천만 원 이하의 벌금에 처한다(「재난 및 안전관리 기본법」 제78조의3).

12 소화이론 〉 소화약제 〉 분말 소화약제 오답률 50% | 답 ①

분말 소화약제의 이상적인 조건에 해당되지 않는 것은?

① 분말의 안식각이 크고 유동성이 커야 한다.
② 장치에 대한 부식성과 열분해 시 독성이 나타나지 않아야 한다.
③ 다양한 입자크기(입도)가 유지되어 우수한 소화기능을 가져야 한다.
④ 수분에 대한 내습성과 시간에 따른 안전성이 커서 덩어리지는 현상이 없어야 한다.

| 선지별 선택률 |

①	②	③	④
50%	0%	50%	0%

| 정답해설 |
① 분말의 안식각이 '작고' 유동성이 커야 한다.

오답률 TOP 2

13 재난관리 〉 재난 및 안전관리 기본법 〉 재난의 자원 오답률 72.2% | 답 ①

재난관리책임기관의 장은 재난의 수습활동에 필요한 재난관리자원을 비축·관리하여야 하는데, 다음 중 재난관리자원에 해당하지 않는 것은?

① 인력
② 장비
③ 자재
④ 시설

| 선지별 선택률 |

①	②	③	④
27.8%	5.6%	38.8%	27.8%

| 정답해설 |
① 재난관리자원에 해당하지 않는 것은 인력이다. 「재난 및 안전관리 기본법」 제34조 제1항의 재난관리자원이란 재난의 수습활동에 필요한 장비, 물자, 자재 및 시설을 말한다.

14 연소이론 〉 연소 〉 자연발화 오답률 11.1% | 답 ④

자연발화란, 밀폐된 공간에서 후덥지근한 상태의 가연물이 산화 축적되어 발화하는 현상인데, 다음 중 자연발화에 의한 열이 아닌 것은?

① 중합열
② 분해열
③ 흡착열
④ 마찰열

| 선지별 선택률 |

①	②	③	④
0%	5.6%	5.5%	88.9%

| 정답해설 |
④ 마찰열은 그라인더 불꽃 등 마찰로 인해 발생하는 열을 말한다.

| 오답해설 |
①, ②, ③ 이외에도 자연발화에 의한 열에는 산화열과 미생물열이 있다.

| 더 알아보기 | **자연발화에 의한 열**

1. 의의: 자연발화란, 밀폐된 공간에서 후덥지근한 상태의 가연물이 산화 축적되어 발화하는 현상이다.
2. 종류
   - 분해열: 분해할 때 생기는 열로 니트로셀룰로오스, 셀룰로이드, 아세틸렌, 산화에틸렌이 있다.
   - 산화열: 산화반응으로 발열 축적되는 것으로 뚜렷한 특징이 없는 자연발화를 말한다. 석탄, 기름 종류(기름종이, 기름걸레, 건성유), 원면, 고무분말 등이 있다.
   - 미생물열: 미생물의 발효에 의해 발생하는 열을 말한다. 퇴비(퇴적물), 먼지, 곡물분 등이 있다.
   - 흡착열: 고온의 고열물에서 방출하는 열을 흡수·발화하는 것으로 물질이 복사열을 흡착하는 열을 말한다. 다공성 물질의 활성탄, 목탄분말 등이 있다.
   - 중합열: 작고 많은 분자가 큰 분자량으로 화합물로 변화할 때의 중합반응열을 말한다. 시안화수소, 산화에틸렌 등이 있다.

15 연소이론 〉 연소 〉 점화원 오답률 22.2% | 답 ③

일반적으로 점화원의 형태를 전기열점화원, 기계열점화원으로 분류하는데, 다음 중 전기열점화원의 형태에 해당하지 않는 것은?

① 유도열
② 정전기열
③ 마찰열
④ 아크열

| 선지별 선택률 |

①	②	③	④
11%	5.6%	77.8%	5.6%

| 정답해설 |
③ 마찰열은 전기열점화원이 아니라 기계열점화원에 해당한다.

16 소화이론 〉 소화약제 〉 분말 소화약제 오답률 11.1% | 답 ④

분말 소화약제는 제1·2·3·4종으로 구분하고 있는데, 현재 사무실이나 복도 등에서 흔히 볼 수 있는 제3종 분말 소화약제에 해당하는 것은?

① 탄산수소칼륨
② 탄산수소나트륨
③ 탄산수소칼륨 + 요소
④ 제1인산암모늄

| 선지별 선택률 |

①	②	③	④
0%	0%	11.1%	88.9%

| 정답해설 |
④ 제3종 분말 소화약제는 A·B·C급 화재에 유효하다. 그러나 비누화현상이 일어나지 않아 식용유 화재에는 효과가 적은 소화약제이다. 열이 분해되는 경우에 CO_2는 생성되지 않지만, 메타인산(HPO_3)이 생성되어 가연물의 표면에 피막을 이루어 공기 중의 산소를 차단하는 방진작용을 한다. 가연물의 숯불형태에 잔진상태의 연소까지 저지시키는 방진작용에 의하여 A급 화재에서 효과가 좋아 널리 쓰인다.

17 소화이론 〉 소화원리 〉 소화의 방법 오답률 44.4% | 답 ③

제4류 위험물인 인화성 액체의 석유류 화재가 발생하는 경우에 가장 적합한 소화방법은 무엇인가?

① 유화소화
② 부촉매소화
③ 질식소화
④ 냉각소화

| 선지별 선택률 |

①	②	③	④
33.3%	0%	55.6%	11.1%

| 정답해설 |
③ 일반적으로 비수용성 가연물질인 석유류 화재가 발생하는 경우 포·분말·이산화탄소·할론·강화액 물분무 등으로 질식소화를 하는 것이 적합하다.

18 연소이론 〉 연소 〉 연소의 형태 오답률 22.2% | 답 ③

기체의 연소는 공기 중 가연성 가스의 확산에 의해 혼합가스를 생성하여 연소하는 현상을 말하는데, 다음 중 기체의 연소에 해당하지 않는 것은?

① 폭발연소
② 확산연소
③ 증발연소
④ 예혼합연소

| 선지별 선택률 |

①	②	③	④
16.7%	5.5%	**77.8%**	0%

| 정답해설 |

③ 증발연소는 기체의 연소가 아니라 고체 또는 액체의 연소에 해당된다.

| 오답해설 |

①, ②, ④ 기체의 연소에는 확산연소, 예혼합연소, 부분 예혼합연소, 폭발연소가 있다.

19 화재이론 〉 화재의 정의 및 분류 〉 화재의 분류 오답률 22.2% | 답 ②

환기지배형 화재에 관한 설명으로 옳지 않은 것은?

① 발화장소는 내화구조, 콘크리트지하층, 무창층이다.
② 발생시기는 F/O 이전이며 성장기로서 온도가 높지 않다.
③ 화세가 강하며 산소가 소진되어 부족하다.
④ 연소속도는 느리고 연소시간은 길다.

| 선지별 선택률 |

①	②	③	④
5.6%	**77.8%**	5.6%	11%

| 정답해설 |

② 발생시기가 F/O 이전이며 성장기로서 온도가 높지 않은 것은 연료지배형(환기정상) 화재에 대한 설명이다.

20 연소이론 〉 연소 〉 열과 에너지 등의 법칙 오답률 16.7% | 답 ③

에너지는 그 형태가 바뀌거나 한 물체에서 다른 물체로 에너지가 옮겨 갈 때에도 항상 전체 에너지의 총량은 변하지 않는다는 법칙은 무엇인가?

① 배수비례의 법칙
② 일정성분비의 법칙
③ 에너지보존의 법칙
④ 열량보존의 법칙

| 선지별 선택률 |

①	②	③	④
0%	5.6%	**83.3%**	11.1%

| 정답해설 |

③ 에너지보존의 법칙에 대한 설명이다.

| 더 알아보기 | **열과 에너지 등의 법칙**

- 열량보존의 법칙: 외부와의 열의 출입이 없을 때 고온의 물체가 잃은 열량과 저온의 물체가 얻은 열량은 서로 같다는 법칙을 말한다.
- 에너지보존의 법칙: 에너지는 그 형태가 바뀌거나 한 물체에서 다른 물체로 에너지가 옮겨 갈 때에도 항상 전체 에너지의 총량은 변하지 않는다는 법칙을 말한다. 독일의 의사이자 물리학자인 마이어에 의해서 확립되었고, 에너지불멸의 법칙이라고도 한다.
- 일정성분비의 법칙: 화합물을 이루고 있는 각 성분원소의 질량비는 일정하다는 법칙을 말한다. 즉, 순수한 화합물에 있어서 성분원소의 중량비는 항상 일정불변하다는 원칙이고, 정비례의 법칙이다.
- 배수비례의 법칙: 두 가지 원소를 화합하여 두 가지 이상의 화합물을 만들 때, 한쪽 원소의 일정량에 대한 다른 원소의 양은 간단한 정수비를 이룬다는 법칙을 말한다. 영국의 돌턴이 제창하였다.

제6회 실전동형 모의고사

소방학개론

문제편 p.44

01	①	02	①	03	②	04	④	05	②
06	②	07	②	08	②	09	②	10	①
11	③	12	②	13	④	14	①	15	②
16	③	17	②	18	①	19	④	20	①

▶풀이시간: /17분 나의 점수: /100점

오답률 TOP 2

01 소방조직 〉 소방조직 및 인사 〉 민간소방조직 오답률 64.1% | 답 ①

의용소방대에 대한 설명으로 옳지 않은 것은?

① 의용소방대는 지역주민 중에서 희망자에 한하여 구성하되, 설치·정원·복제·복무 등에 관한 사항은 소방서장·소방본부장이 정한다.
② 의용소방대란, 그 지역에 거주하는 주민 중에서 봉사와 희생정신을 가진 자들로 조직된 무보수의 자율적 봉사단체이다.
③ 의용소방대는 「민법」상 법인으로서 법률의 규정에 따라 각 지방자치단체의 조례에 의해 설치되고 조직된다.
④ 의용소방대는 일제강점기의 소방조에서 비롯되어 경방단의 이름으로 이어져 운영되어 오다가 1958년 「소방법」을 제정하면서 그 설치규정이 마련되었다.

| 선지별 선택률 |

①	②	③	④
35.9%	40.6%	23.5%	0%

| 정답해설 |
① 의용소방대의 복제 및 복무 등에 관한 사항은 시·도 조례로 정한다.

02 소방조직 〉 구조 및 구급 〉 응급구조사 오답률 41.2% | 답 ①

응급구조사가 준수해야 할 일반원칙이라고 볼 수 없는 것은?

① 긴박한 상황에서는 환자의 안전을 우선으로 한다.
② 부상상태에 따라 긴급한 경우에는 응급처치와 함께 관계기관인 119구조대, 119구급대, 경찰, 병원 등에 응급구조를 요청한다(소방대 119구급차는 무료로 이용됨).
③ 의식이 없는 환자, 심한 출혈환자, 복부 부상환자의 경구에는 아무것도 투여하지 않는다.
④ 응급구조사는 환자의 생사 판정을 하지 않는다(의사에게 맡김).

| 선지별 선택률 |

①	②	③	④
58.8%	5.9%	23.5%	11.8%

| 정답해설 |
① 긴박한 상황에서도 환자의 안전이 아니라 구조자 자신의 안전을 우선으로 한다.

| 더 알아보기 | 응급처치의 일반원칙

1. 응급처치는 사전에 보호자 또는 당사자의 이해와 동의를 얻어 실시하는 것을 원칙으로 한다. 환자가 의식불명, 망상에 빠져 있거나 신체적으로 동의가 없을 때 주변사람에게 알린 후(묵시적 동의로 인정) 도움을 받아 실시한다.
2. 원칙적으로 응급구조사는 의약품의 사용을 피한다(다만, 긴급상황에서 의사 지시가 있을 때는 사용할 수 있다).
3. 오직 응급처치까지만 한 후, 의사에게 환자를 인계하고 의사의 지시를 따른다.

03 소방조직 〉 서론 〉 소방의 역사 오답률 52.9% | 답 ②

세종 8년 최초의 소방관서라고 할 수 있는 금화도감이 설치되었는데 이 금화도감의 화재대책이 아닌 것은?

① 통금시간이 시작되면 불을 끄러 가는 사람에게 구화패를 발급하였다.
② 화재가 발생하면 처음에는 소라껍데기로 만든 나팔을 불었다.
③ 화재를 진화할 때에 군인은 병조에서 감독하였다.
④ 각 관아의 노비는 한성부에서 감독하였다.

| 선지별 선택률 |

①	②	③	④
5.9%	47.1%	29.4%	17.6%

| 정답해설 |
② 화재가 발생하면 처음에는 의금부에서 종을 쳐서 화재를 알렸다.

오답률 TOP 1

04 화재이론 〉 화재의 정의 및 분류 〉 화재의 분류 오답률 64.7% | 답 ④

섬유류 화재의 연소특성으로 옳지 않은 것은?

① 나일론은 지속적인 연소가 어렵고 용융하여 망울이 된다.
② 면은 식물성 섬유로서 연소가 쉽고 연소속도가 빠르다.
③ 모는 동물성 섬유로서 연소가 어렵고 연소속도가 느리다.
④ 폴리에스테르는 연소가 쉽고 약 250℃에서 인화하여 망울이 된다.

| 선지별 선택률 |

①	②	③	④
5.9%	5.9%	52.9%	35.3%

| 정답해설 |
④ 폴리에스테르는 250℃에서 인화되는 것이 아니라 256~292℃에서 인화하여 망울이 된다.

| 더 알아보기 | **섬유류 화재의 특성**

종류	발화점	연소의 특성
면	400℃	식물성 섬유로서 연소가 쉽고 연소속도가 빠름
나일론	425℃	지속적인 연소가 어렵고 용융하여 망울이 됨(용융점: 160~260℃)
아세테이트	475℃	불꽃을 일으키기 전에 연소하여 용융됨(용융점: 300~350℃)
폴리에스테르	485℃	연소가 쉽고 256~292℃에 인화하여 망울이 됨
모	600℃	동물성 섬유로서 연소가 어렵고 연소속도가 느림

05 소화이론 〉 소방시설 〉 소화설비

오답률 29.4% | 답 ②

소화약제별 대형소화기의 소화약제 충전량으로 옳지 않은 것은?

① 기계포 소화기: 20 ℓ
② 화학포 소화기: 40 ℓ
③ 강화액 소화기: 60 ℓ
④ 물 소화기: 80 ℓ

| 선지별 선택률 |

①	②	③	④
0%	70.6%	5.9%	23.5%

| 정답해설 |

② 화학포 소화기의 소화약제 충전량은 80 ℓ 이다.

| 더 알아보기 | **소화약제별 대형소화기의 약제량**

종별	소화약제의 충전량	
물 소화기	80 ℓ	
포 소화기	화학포	80 ℓ
	기계포	20 ℓ
강화액 소화기	60 ℓ	
할로겐화합물 소화기	30kg	
이산화탄소 소화기	50kg	
분말 소화기	20kg	

06 소화이론 〉 소방시설 〉 소화설비

오답률 23.5% | 답 ②

소형 분말 소화기는 바닥으로부터 몇 미터(m) 이하의 높이에 설치하여야 하는가?

① 1.2m
② 1.5m
③ 1.7m
④ 1.8m

| 선지별 선택률 |

①	②	③	④
23.5%	76.5%	0%	0%

| 정답해설 |

② 바닥으로부터 1.5m 이하의 높이에 설치하여야 한다.

| 더 알아보기 | **소화기 비치(설치) 및 주요 점검사항**

1. 소화기구(자동소화장치를 제외한다)는 거주자 등이 손쉽게 사용할 수 있는 장소에 바닥으로부터 높이 1.5m 이하의 높이에 비치하여야 한다(화재 시 누구나 손쉽게 사용하기 위해 사람의 키가 닿는 곳에 설치한다).
2. 주요 점검사항
   - 설치장소와 위치가 적합하여야 한다(바닥으로부터 1.5m 이하의 높이에 설치할 것).
   - 설치 개수가 적당하여야 한다.
   - 외관상 파손되어 있지 않으며, 사용할 수 있는 상태로 관리·유지되어야 한다.

07 연소이론 〉 연소 〉 자연발화

오답률 29.4% | 답 ②

밀폐된 공간 등에서 가연물이 외부로부터 열원의 공급을 받지 않고 물질 자체적으로 열을 축적하며 온도가 서서히 상승하는 현상을 자연발화현상이라 하는데, 실내의 자연발화방지법으로 옳지 않은 것은?

① 통풍이 잘 되게 한다.
② 습도가 낮은 곳을 피한다.
③ 퇴적·수납 시 열을 분산시킨다.
④ 발열반응에 정촉매 작용을 하는 물질을 피한다.

| 선지별 선택률 |

①	②	③	④
5.9%	70.6%	5.9%	17.6%

| 정답해설 |

② 습도가 낮은 곳이 아니라 높은 곳을 피해야 한다.

| 더 알아보기 | **실내의 자연발화방지법**

- 저장실의 온도를 낮출 것
- 통풍이 잘 되게 할 것
- 습도가 높은 곳을 피할 것
- 퇴적·수납 시 열을 분산시킬 것
- 발열반응에 정촉매 작용을 하는 물질을 피할 것

※ 실내가 밀폐되어 고온·다습, 즉 후덥지근하여 온도가 상승할수록 자연발화가 잘 된다.

08 연소이론 〉 연소 〉 연소의 3요소

오답률 0% | 답 ②

화재가 발생하기 위한 조건으로는 연소의 반응이 일어나기 위한 3가지 요소가 반드시 있어야 하는데, 이를 연소의 3요소라 한다. 다음 중 연소의 3요소에 해당하지 않는 것은?

① 공기
② 질소
③ 발화에너지
④ 가연물

| 선지별 선택률 |

①	②	③	④
0%	100%	0%	0%

| 정답해설 |

② 질소는 화학반응을 일으키기 어려우나 높은 온도에서는 다른 원소와 화합하여 비료·질산 따위의 질화물을 만든다.

| 오답해설 |

①, ③, ④ 연소가 발생하기 위한 3가지 조건은 공기(산소 21% 이상), 발화에너지(정전기, 열, 발화원, 점화원), 가연물(나무, 연료, 가연성 물질 등)이다.

| 더 알아보기 | 연소의 기본요소(3요소 또는 4요소)

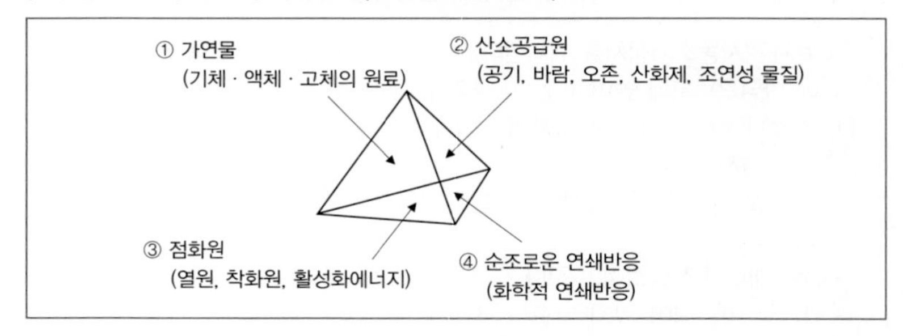

09 연소이론 〉 폭발 〉 폭발의 분류

오답률 5.9% | 답 ②

폭발의 선행조건은 '급격한 압력 발생'이며 이미 압력이 발생한 원인에 따라서 일반적으로 화학적 폭발(화염을 동반)과 물리적 폭발(화염을 동반하지 않음)로 분류한다. 다음 중 그 분류가 다른 것은 무엇인가?

① 산화폭발
② 증기폭발
③ 분해폭발
④ 중합폭발

| 선지별 선택률 |

①	②	③	④
0%	**94.1%**	0%	5.9%

| 정답해설 |

② 증기폭발은 물리적 폭발에 해당한다.

| 오답해설 |

①, ③, ④ 화학적 폭발에 해당한다.

10 연소이론 〉 연소 〉 발화점

오답률 17.6% | 답 ①

가연물이 화학반응을 할 때 작은 에너지로 연소하는 것을 최소 발화에너지라고 하는데, 가연성 혼합가스의 농도가 짙고 연소범위 내에 가까울수록 작은 에너지로 연소할 수 있게 된다. 이에 대한 설명으로 옳지 않은 것은?

① 열전도율이 높아질 때 최소 발화에너지는 작아진다.
② 산소분압이 높아질 때 최소 발화에너지는 작아진다.
③ 압력이 상승하면 분자 간의 거리가 가까워져서 최소 발화에너지는 작아진다.
④ 온도가 상승하면 분자운동이 활발해서 최소 발화에너지는 작아진다.

| 선지별 선택률 |

①	②	③	④
82.4%	0%	5.9%	11.7%

| 정답해설 |

① 열전도율이 낮아질 때 최소 발화에너지는 작아진다.

| 더 알아보기 | 최소 발화에너지에 영향을 주는 인자

- 온도가 상승하면 분자운동이 활발해서 최소 발화에너지는 작아진다.
- 산소분압이 높아질 때 최소 발화에너지는 작아진다.
- 농도가 짙고 발열량이 크면 최소 발화에너지는 작아진다.
- 압력이 상승하면 분자 간의 거리가 가까워져서 최소 발화에너지는 작아진다.
- 열전도율이 낮아질 때 최소 발화에너지는 작아진다.

11 연소이론 〉 연소 〉 자연발화

오답률 11.8% | 답 ③

위험물의 자연발화에 영향을 주는 인자로 옳지 않은 것은?

① 열의 전도율: 열전도율이 작을수록 자연발화하기 쉽다.
② 퇴적방법: 열축적이 용이하도록 가연물이 적재되어 있으면 자연발화하기 쉽다.
③ 공기의 유통: 공기의 유통이 잘 될수록 열축적이 용이하여 자연발화하기 쉽다.
④ 발열량: 발열량이 큰 물질인 경우 자연발화하기 쉽다.

| 선지별 선택률 |

①	②	③	④
0%	5.9%	**88.2%**	5.9%

| 정답해설 |

③ 공기의 유통이 잘 될수록 자연발화하기 쉬운 것이 아니라, 공기의 유통이 안 될수록 자연발화하기 쉽다.

12 소화이론 〉 소화원리 〉 소화의 방법

오답률 23.5% | 답 ②

물을 안개처럼 무상으로 방사하여 유류 표면에 유화층을 형성시켜 공기의 접촉을 막아 소화하는 방법은 무엇인가?

① 피복소화
② 유화소화
③ 희석소화
④ 부촉매소화

| 선지별 선택률 |

①	②	③	④
17.6%	**76.5%**	5.9%	0%

| 정답해설 |

② 유화소화란 물을 안개처럼 무상으로 방사하여 유류 표면에 유화층을 형성시켜 공기의 접촉을 막는 소화방법이다.

| 오답해설 |

① 피복소화란 가연물 주위의 산소 공급을 차단하여 연소가 진행되지 않도록 하는 소화방법이다.
③ 희석소화란 화재가 발생한 경우 다량의 물을 방사함으로써 산소농도나 가연물의 조성을 연소범위 이하로 희석시켜 점화원에 착화되지 않게 하는 소화방법이다.
④ 부촉매소화란 연쇄반응의 속도를 빠르게 하는 부촉매를 억제시키는 화학적 소화방법이다.

13 화재이론 〉 위험물화재의 성상 〉 유류저장탱크의 화재

오답률 11.8% | 답 ④

가연성 유류는 대부분 수분을 함유하지 않기 때문에 인화점이 낮으며, 가연성 액체에 열이 가해져 발생한 가연성 기체가 공기 중 산소와 혼합하여 연소범위 안에서 점화원 등과 접촉할 경우 빨리 인화하게 된다. 다음 중 유류화재의 이상현상에 대한 설명으로 옳지 않은 것은?

① 오일오버(Oil over): 탱크 내의 유류가 50% 미만 저장된 경우 화재로 인한 내부 압력상승으로 인한 탱크 폭발현상으로 가장 격렬하다고 볼 수 있다.
② 보일오버(Boil over): 비점이 불균일한 중질유 등의 탱크 바닥에 찌꺼기와 함께 있는 물이 끓어(Boil) 수분의 급격한 부피팽창에 의하여 기름을 탱크 외부로 넘치게(over) 하는 현상이다.

③ 링파이어(Ring fire): 유류 표면에 물분무나 포를 방사하면 탱크 벽면 측은 산소차단이 되지 못해서 포 등이 귀걸이(Ring)처럼 양쪽으로 불길(fire)이 남아 있는 현상이다.
④ 프로스오버(Forth over): 물과 기름이 섞여 있을 때 뜨거운 열에 의해 넘치는 현상으로 화재를 수반하며, 탱크에서 열에 의해 기름만 끓지 않고 기름과 물이 약간 혼합된 상태에서 함께 끓는다.

| 선지별 선택률 |

①	②	③	④
5.9%	0%	5.9%	**88.2%**

| 정답해설 |

④ 프로스오버 현상은 물과 기름이 섞여 있을 때 뜨거운 열에 의해 넘치는 현상으로 화재를 수반하지 않는다.

14 화재이론 〉 위험물화재의 성상 〉 가스화재의 성상 오답률 47.1% | 답 ①

LNG(액화천연가스)와 LPG(액화석유가스)의 일반적 특성을 비교설명한 내용으로 옳지 않은 것은?

① LNG의 자연발화온도는 약 400℃로 LPG보다 비교적 안전하다.
② LNG와 도시가스는 모두 메탄이 주원료이다.
③ LPG는 상온에서 기체로 존재하지만, 용기 내 압력을 6~7kg/cm^{2}로 가압하면 쉽게 액화할 수 있다.
④ 가스누설경보기는 LNG는 천장면에서 하방으로 30cm 이내에 설치하고, LPG는 지면에서 상방으로 30cm 이내에 설치한다.

| 선지별 선택률 |

①	②	③	④
52.9%	23.5%	11.8%	11.8%

| 정답해설 |

① LNG의 자연발화온도는 약 600℃이다.

| 더 알아보기 | **LNG와 LPG의 비교**

1. LNG와 LPG의 일반적 특성

구분	주성분(약 90%)	비중(공기)	가스누설 경보기
LNG (액화천연가스)	메탄	공기보다 2배 가벼움	천장면에서 30cm에 설치
LPG (액화석유가스)	프로판, 부탄	공기보다 1.5~2배 무거움	바닥면에서 30cm에 설치

2. LNG와 LPG의 세부적 특성
① LNG(Liquefied Natural Gas)
- 천연가스의 주성분은 80~85%가 메탄가스이므로 공기보다 가볍다. 따라서 누출되는 경우 대기 중으로 상승하고, 자연발화온도는 약 600℃로 안전하다. 연소온도는 2,050℃로 대기압 저온에서 액화가 되며 액화과정에서 분진, 황 등을 제거하여 청정연료로 사용된다. 연소범위는 5~10%이고 도시가스용으로도 사용된다.
- 메탄, 에탄, 프로판이 들어 있다.
- LNG와 도시가스는 모두 메탄이 주원료이다(메탄 액화점: -162℃, LPG보다 액화가 어렵다).

② LPG(Liquefied Petroleum Gas): LNG보다 더 위험하다(발화온도: 프로판 470℃, 부탄 365℃). 연소온도는 2,150℃이다. LPG는 상온에서 기체로 존재하지만 용기 내 압력을 6~7kg/cm^{2}로 가압하면 쉽게 액화할 수 있다. 프로판 가스를 액화시키는 데 필요한 최고온도는 96.8℃(비점)이고, 부탄은 최고온도가 152℃이다. 이러한 부탄과 프로판을 액화시키면 부탄은 1/225, 프로판은 1/250으로 체적이 축소되므로 상온에서 보관하기 쉽다. 프로판은 부탄보다 압이 더 크다(프로판의 액화점: -42℃, 부탄의 액화점: -0.6℃).

오답률 TOP 3

15 화재이론 〉 건축물화재의 성상 〉 화재의 특수현상 오답률 58.8% | 답 ②

일반적으로 목조건물은 빠르면 출화 후 5~10분에 플래시오버 현상이 발생될 수 있는데, 이때 실내온도는 몇 도인가?

① 700~800℃
② 800~1,000℃
③ 1,000~1,200℃
④ 1,200~1,300℃

| 선지별 선택률 |

①	②	③	④
11.8%	**41.2%**	5.9%	41.1%

| 정답해설 |

② 일반적으로 플래시오버 현상이 발생할 때 실내온도는 800~1,000℃이다.

| 더 알아보기 | **플래시오버(Flash over) 현상**

- 플래시오버 현상이 발생할 때의 온도는 조건에 따라 다르지만, 일반적으로 800~1,000℃ 정도이며, 플래시오버 포인트(Flash over point)를 나타낸다.
- 성장기에서 최성기로 변화하는 플래시오버(성장기 → F.O → 최성기)는 일반적으로 목조 건축물은 빠르면 출화 후 5~10분, 내화조 건축물은 20~30분에 발생될 수 있으며 연소는 '가연재료 → 난연재료 → 준불연재료'의 순으로 발생한다. 연기층 가스온도는 약 500~600℃(목조화재는 800~900℃)가 된다.

16 소화이론 〉 소화약제 〉 소화약제의 종류 오답률 29.4% | 답 ③

소화약제 중 사용 후에 오염이 전혀 발생하지 않는 것은?

① 포 소화약제
② 분말 소화약제
③ 이산화탄소 소화약제
④ 할로겐화합물 소화약제

| 선지별 선택률 |

①	②	③	④
5.9%	5.9%	**70.6%**	17.6%

| 정답해설 |

③ 이산화탄소 소화약제는 사용 후에 오염이 전혀 발생하지 않는다.

| 오답해설 |

①, ②, ④ 가스계 소화약제로서 사용 후의 오염이 적은 편이지, 오염이 전혀 없는 것은 아니다.

17 소화이론 〉 소방시설 〉 소화설비 오답률 35.3% | 답 ②

소화기의 적응성에 대한 표시색상이 옳지 않은 것은?

① 일반화재용은 백색의 원형 안에 흑색문자로 'A(일반)'라고 표기한다.
② 유류화재용은 적색의 원형 안에 흑색문자로 'B(유류)'라고 표기한다.
③ 전기화재용은 청색의 원형 안에 백색문자로 'C(전기)'라고 표기한다.
④ 가스화재용은 황색의 원형 안에 흑색문자로 'E(유류)'라고 표기한다.

| 선지별 선택률 |

①	②	③	④
5.9%	64.7%	0%	29.4%

| 정답해설 |

② 유류화재용은 '황색'의 원형 안에 '흑색'문자로 표기해야 한다.

| 더 알아보기 | 소화의 적응성(연소특성)에 의한 화재의 분류

급수	종류	표시색상	내용
A급	일반화재	백색	목재, 섬유, 고무류, 합성수지 등
B급	유류화재	황색	인화성 액체 등 기름 성분인 것(국내: 가스화재 포함)
C급	전기화재	청색	통전(通電) 중인 전기설비 및 기기의 화재
D급	금속화재	무색	칼륨, 나트륨, 마그네슘 등의 가연성 금속화재
E급	가스화재	황색	LPG, LNG, 도시가스 등의 화재

18 소화이론 > 소방시설 > 소방시설의 분류

오답률 47.1% | 답 ①

대형피난구유도등 및 통로유도등의 설치대상에 해당하는 곳은?

① 판매시설
② 다중이용업소
③ 무창층
④ 숙박시설

| 선지별 선택률 |

①	②	③	④
52.9%	29.5%	17.6%	0%

| 정답해설 |

① 판매시설 및 관람장, 공연장, 지하상가 등은 대형피난구유도등 및 통로유도등의 설치대상이다.

| 오답해설 |

② 다중이용업소는 소형피난구유도등의 설치대상이다.
③, ④ 무창층과 숙박시설은 중형피난구유도등의 설치대상이다.

| 더 알아보기 | 유도등 및 유도표시의 종류(「유도등 및 유도표지의 화재안전기준(NFSC303)」 제4조)

설치장소	유도등 및 유도표시의 종류
① 관람장, 공연장, 운동시설, 집회장	대형피난구유도등, 통로유도등, 객석유도등
② 위락시설, 판매시설, 운수시설, 관광숙박업, 의료시설, 장례식장, 방송통신시설, 전시장, 지하상가, 지하철역사	대형피난구유도등, 통로유도등
③ 숙박시설(관광숙박업체 제외), 오피스텔, 상기 ①, ② 소방대상물 외의 지하층, 무창층 및 11층 이상의 특정소방대상물	중형피난구유도등, 통로유도등
④ 상기 외 건축물로서 근린생활·노유자·업무·발전·종교시설(집회장 제외), 교육연구·수련시설·공장, 창고시설, 교정 및 군사시설(국방·군사시설 제외), 기숙사, 자동차정비공장, 운전학원 및 정비학원, 다중이용업소, 복합건축물, 아파트	소형피난구유도등, 통로유도등
그 밖의 것	피난구유도표지, 통로유도표지

19 소화이론 〉 피난 및 건축물 〉 용어의 정의

오답률 35.3% | 답 ④

소방(건축)에서 사용되는 용어의 정의 중 옳지 않은 것은?

① 연면적이란 하나의 건축물 각 층의 바닥면적의 총합계를 말한다.
② 주요구조부란 바닥, 지붕틀, 보, 내력벽, 주 계단, 기둥을 말한다.
③ 불연재료란 콘크리트, 석재, 벽돌, 기와, 알루미늄, 유리 등을 말한다.
④ 고층건축물이란 층수가 50층 이상이거나 높이가 200m 이상인 건축물을 말한다.

| 선지별 선택률 |

①	②	③	④
5.9%	5.9%	23.5%	64.7%

| 정답해설 |

④ 초고층건축물에 대한 설명이다. 고층건축물이란 층수가 '30층' 이상이거나 높이가 '120m' 이상인 건축물을 말한다.

| 더 알아보기 | 용어의 정의

- 연면적: 하나의 건축물 각 층의 바닥면적의 총합계를 말한다.
- 주요구조부: 바닥, 지붕틀, 보, 내력벽, 주 계단, 기둥을 말한다.
- 불연재료: 콘크리트, 석재, 벽돌, 기와, 알루미늄, 유리를 말한다.
- 초고층건축물: 층수가 50층 이상이거나 높이가 200m 이상인 건축물을 말한다.

20 소화이론 〉 소방시설 〉 소화용수설비

오답률 47.1% | 답 ①

화재발생 시 소방대가 사용하는 소방용수설비로서, 대규모 건축물이나 대형 고층건물에 설치하여 소방대가 사용할 수 있도록 지하 등에 만든 소화수조에 대한 설명으로 옳지 않은 것은?

① 소화수조, 저수조의 채수구 또는 흡수관 투입구는 소방차가 3m 이내까지 접근할 수 있는 위치에 설치하여야 한다.
② 채수구는 지면으로부터 높이가 0.5m 이상 1m 이하의 위치에 설치하고 '채수구'라고 표시한 표지를 설치하여야 한다.
③ 소화수조가 옥상 또는 옥탑의 부분에 설치된 경우에는 지상에 설치된 채수구에서의 압력이 0.15MPa 이상이 되도록 하여야 한다.
④ 수원의 수위가 펌프보다 낮은 위치에 있는 가압송수장치에는 물올림장치를 설치하여야 한다.

| 선지별 선택률 |

①	②	③	④
52.9%	11.8%	35.3%	0%

| 정답해설 |

① 소화수조, 저수조의 채수구 또는 흡수관 투입구는 소방차가 '2m' 이내까지 접근할 수 있는 위치에 설치하여야 한다.

| 오답해설 |

② 소화수조 및 저수조의 화재안전기준(NFSC402) 제4조 제3항 제2호의 나
③ 소화수조 및 저수조의 화재안전기준(NFSC402) 제5조 제2항
④ 소화수조 및 저수조의 화재안전기준(NFSC402) 제5조 제3항 제8호

| 더 알아보기 | 소화수조

1. 소화수조의 설치 위치: 소화수조, 저수조의 채수구 또는 흡수관 투입구는 소방차가 2m 이내까지 접근할 수 있는 위치에 설치하여야 한다.
2. 소화수조 또는 저수조의 저수량은 소방대상물의 연면적을 다음 표에 따른 기준 면적으로 나누어 얻은 수(소수점 이하의 수는 1)에 $20m^3$를 곱한 양 이상이 되도록 하여야 한다.

소화수조 또는 저수조의 저수량

소방대상물의 구분	면적
1층 및 2층의 바닥면적 합계가 $15,000m^2$ 이상인 소방대상물	$7,500m^2$

3. 채수구는 다음 표에 따라 소방용 호스 또는 소방용 흡수관에 사용하는 구경 65mm 이상의 나사식 결합금속구를 설치하여야 한다.

소요수량	저수량 $20\sim40m^3$ 미만	저수량 $40\sim100m^3$ 미만	저수량 $100m^3$ 이상
채수구의 수	1개	2개	3개

※ 채수구: 소방차의 소방호스와 접결되는 흡입구, 즉 소방차에 물이 모자랄 경우 소화수조, 저수조의 물을 공급하기 위한 장치를 말한다.

에듀윌이
너를
지지할게
ENERGY

인생은 자전거를 타는 것과 같습니다.
균형을 잡으려면 계속해서 움직여야만 합니다.

– 알버트 아인슈타인(Albert Einstein)

FIRE FIGHTER

소방관계법규

제1회 | 실전동형 모의고사

제2회 | 실전동형 모의고사

제3회 | 실전동형 모의고사

제4회 | 실전동형 모의고사

제5회 | 실전동형 모의고사

제6회 | 실전동형 모의고사

제1회 실전동형 모의고사

소방관계법규

문제편 p.54

01	③	02	③	03	②	04	①	05	③
06	②	07	③	08	②	09	①	10	④
11	①	12	①	13	③	14	②	15	②
16	②	17	①	18	③	19	③	20	④

▶풀이시간: /14분 나의 점수: /100점

01 소방기본법 〉 총칙 〉 목적 오답률 9.5% | 답 ③

「소방기본법」 제1조(목적)에서 명시한 내용이 아닌 것은?

① 화재, 재난·재해 등 위급한 상황에서의 구조·구급 활동
② 공공의 안녕, 질서 유지와 복리증진
③ 화재, 재난, 풍·수·설해 현장에서의 인명구조 활동
④ 국민의 생명·신체 및 재산의 보호

| 선지별 선택률 |

①	②	③	④
0%	7.1%	**90.5%**	2.4%

| 정답해설 |

③ 풍·수·설해에 관한 내용은 최초의 「소방법」(1958년)에는 제1조(목적)에 있었으나 2차 개정(1967.4.14.) 시 삭제되었다.

> 「소방기본법」 제1조 **【목적】** 이 법은 화재를 예방·경계하거나 진압하고 화재, 재난·재해, 그 밖의 위급한 상황에서의 구조·구급 활동 등을 통하여 국민의 생명·신체 및 재산을 보호함으로써 공공의 안녕 및 질서 유지와 복리증진에 이바지함을 목적으로 한다.

02 소방기본법 〉 총칙 〉 용어의 정의 오답률 14.3% | 답 ③

「소방기본법」에서 사용하는 용어의 정의로 옳지 않은 것은?

① 관계지역이란 소방대상물이 있는 장소 및 그 이웃 지역으로서 화재의 예방·경계·진압, 구조·구급 등의 활동에 필요한 지역을 말한다.
② 소방대란 화재를 진압하고 화재, 재난·재해 상황에서 구조·구급 활동을 하기 위해 소방공무원, 의무소방원, 의용소방대원으로 구성된 조직체를 말한다.
③ 소방대장이란 소방청장, 소방본부장, 소방서장 등 화재, 재난·재해 등 위급한 상황이 발생한 현장에서 소방대를 지휘하는 사람을 말한다.
④ 소방본부장이란 시·도에서 화재의 예방·경계·진압·조사 및 구조·구급 등의 업무를 담당하는 부서의 장을 말한다.

| 선지별 선택률 |

①	②	③	④
4.8%	2.4%	**85.7%**	7.1%

| 정답해설 |

③ '소방대장(消防隊長)'이란 소방본부장 또는 소방서장 등 화재, 재난·재해, 그 밖의 위급한 상황이 발생한 현장에서 소방대를 지휘하는 사람을 말한다(「소방기본법」 제2조 제6호).

> 「소방기본법」 제2조 **【정의】** 이 법에서 사용하는 용어의 뜻은 다음과 같다.
> 1. '소방대상물'이란 건축물, 차량, 선박(「선박법」 제1조의2 제1항에 따른 선박으로서 항구에 매어 둔 선박만 해당한다), 선박 건조 구조물, 산림, 그 밖의 인공 구조물 또는 물건을 말한다.
> 2. '관계지역'이란 소방대상물이 있는 장소 및 그 이웃 지역으로서 화재의 예방·경계·진압, 구조·구급 등의 활동에 필요한 지역을 말한다.
> 3. '관계인'이란 소방대상물의 소유자·관리자 또는 점유자를 말한다.
> 4. '소방본부장'이란 특별시·광역시·특별자치시·도 또는 특별자치도(이하 '시·도'라 한다)에서 화재의 예방·경계·진압·조사 및 구조·구급 등의 업무를 담당하는 부서의 장을 말한다.
> 5. '소방대(消防隊)'란 화재를 진압하고 화재, 재난·재해, 그 밖의 위급한 상황에서 구조·구급 활동 등을 하기 위하여 다음 각 목의 사람으로 구성된 조직체를 말한다.
> 가. 「소방공무원법」에 따른 소방공무원
> 나. 「의무소방대설치법」 제3조에 따라 임용된 의무소방원(義務消防員)
> 다. 「의용소방대 설치 및 운영에 관한 법률」에 따른 의용소방대원(義勇消防隊員)
> 6. '소방대장(消防隊長)'이란 소방본부장 또는 소방서장 등 화재, 재난·재해, 그 밖의 위급한 상황이 발생한 현장에서 소방대를 지휘하는 사람을 말한다.

03 소방기본법 〉 총칙 〉 지휘와 감독 오답률 7.1% | 답 ②

소방업무를 수행하는 소방본부장 또는 소방서장은 다음 중 누구의 지휘와 감독을 받는가?

① 소방청장
② 시·도지사
③ 시장·군수
④ 소방대장

| 선지별 선택률 |

①	②	③	④
7.1%	**92.9%**	0%	0%

| 정답해설 |

② 소방본부장 또는 소방서장은 그 소재지를 관할하는 시·도지사의 지휘와 감독을 받는다(「소방기본법」 제3조 제2항).

> 「소방기본법」 제3조 **【소방기관의 설치 등】** ② 소방업무를 수행하는 소방본부장 또는 소방서장은 그 소재지를 관할하는 특별시장·광역시장·특별자치시장·도지사 또는 특별자치도지사(이하 '시·도지사'라 한다)의 지휘와 감독을 받는다.

오답률 TOP 1

04 소방기본법 〉 총칙 〉 소방의 날 제정과 운영 오답률 66.7% | 답 ①

우리나라 소방의 날에 대한 설명으로 옳지 않은 것은?

① 소방의 날은 법정기념일이다.
② 119를 상징하는 11월 9일이 소방의 날로 제정되었다.
③ 소방의 날은 1973년 3월 30일에 제정되었다.
④ 소방의 날은 1991년 「소방법」 개정 시 날짜가 변경되었다.

| 선지별 선택률 |

①	②	③	④
33.3%	0%	21.5%	45.2%

| 정답해설 |

① 소방의 날은 법정기념일이 아니라 개별법에 의한 기념일이다.

「소방기본법」 제7조 【소방의 날 제정과 운영 등】 ① 국민의 안전의식과 화재에 대한 경각심을 높이고 안전문화를 정착시키기 위하여 매년 11월 9일을 소방의 날로 정하여 기념행사를 한다.
② 소방의 날 행사에 관하여 필요한 사항은 소방청장 또는 시·도지사가 따로 정하여 시행할 수 있다.
③ 소방청장은 다음 각 호에 해당하는 사람을 명예직 소방대원으로 위촉할 수 있다.
1. 「의사상자 등 예우 및 지원에 관한 법률」 제2조에 따른 의사상자(義死傷者)로서 같은 법 제3조 제3호 또는 제4호에 해당하는 사람
2. 소방행정 발전에 공로가 있다고 인정되는 사람

| 더 알아보기 | 소방의 날의 제정 및 변천과정

날짜별	행사 내용	비고
1920.2.11.~2.17.	방화일 행사	일제강점기
1945.8.15.	불조심강조기간	해방 이후 계속 실시
1948.11.1.	불조심강조기간 행사 시작	첫날은 불조심의 날 또는 불조심대회
1963.11.1.	소방의 날 행사 개최(제1주년)	내무부 주관
1967.1.6.	불조심의 날 제정	1977.8.5. 폐지
1973.3.30.	소방의 날 제정(시·도별로 불조심의 날, 방화일 등 명칭통일 안 됨)	
1991.12.14.	「소방법」(법률 제4419호) 개정 시 소방의 날 날짜 변경 ※ 119를 상징하는 11월 9일을 소방의 날로 제정함	법정기념일 아님, 개별법에 의한 기념일

05 소방기본법 〉 소방장비 및 소방용수시설 등 〉 소방용수시설 오답률 2.4% | 답 ③

다음 중 소화활동에 필요한 소방용수시설을 설치하고 유지·관리하여야 하는 사람은 누구인가?

① 소방서장
② 시장·군수
③ 시·도지사
④ 소방본부장

| 선지별 선택률 |

①	②	③	④
0%	2.4%	97.6%	0%

| 정답해설 |

③ 시·도지사는 소방용수시설(소화전·급수탑·저수조)을 설치하고 유지·관리하여야 한다(「소방기본법」 제10조 제1항).

「소방기본법」 제10조 【소방용수시설의 설치 및 관리 등】 ① 시·도지사는 소방활동에 필요한 소화전(消火栓)·급수탑(給水塔)·저수조(貯水槽)(이하 '소방용수시설'이라 한다)를 설치하고 유지·관리하여야 한다. 다만, 「수도법」 제45조에 따라 소화전을 설치하는 일반수도사업자는 관할 소방서장과 사전협의를 거친 후 소화전을 설치하여야 하며, 설치 사실을 관할 소방서장에게 통지하고, 그 소화전을 유지·관리하여야 한다.

06 화재예방, 소방시설 설치·유지 및 안전관리에 관한 법률 〉 총칙 〉 용어의 정의 오답률 7.1% | 답 ②

「화재예방, 소방시설 설치·유지 및 안전에 관한 법률」에서 정의하는 '소방시설'에 해당하지 않는 것은?

① 소화설비
② 비상구
③ 피난구조설비
④ 소화용수설비

| 선지별 선택률 |

①	②	③	④
2.4%	92.9%	0%	4.7%

| 정답해설 |

② 비상구는 소방시설에 해당하지 않는다(「화재예방, 소방시설 설치·유지 및 안전에 관한 법률」 제2조 제1항 제1호).

「화재예방, 소방시설 설치·유지 및 안전관리에 관한 법률」 제2조 【정의】 ① 이 법에서 사용하는 용어의 뜻은 다음과 같다.
1. '소방시설'이란 소화설비, 경보설비, 피난구조설비, 소화용수설비, 그 밖에 소화활동설비로서 대통령령으로 정하는 것을 말한다.
2. '소방시설등'이란 소방시설과 비상구(非常口), 그 밖에 소방 관련 시설로서 대통령령으로 정하는 것을 말한다.

07 소방시설공사업법 〉 소방시설공사 등 〉 도급계약의 해지 오답률 9.8% | 답 ③

특정소방대상물의 관계인 또는 발주자가 도급계약을 해지할 수 있는 경우가 아닌 것은?

① 해당 도급계약의 수급인이 소방시설업을 휴업하거나 폐업한 경우
② 소방시설업이 등록취소되거나 영업정지된 경우
③ 해당 도급계약의 수급인이 정당한 사유 없이 20일 이상 소방시설공사를 계속하지 아니하는 경우
④ 해당 도급계약의 수급인이 하도급의 통지를 받은 경우 그 하수급인이 적당하지 않다고 인정되어 하수급인의 변경을 요구하였으나 정당한 사유 없이 이에 따르지 아니한 경우

| 선지별 선택률 |

①	②	③	④
0%	0%	90.2%	9.8%

| 정답해설 |

③ 정당한 사유 없이 30일 이상 소방시설공사를 계속하지 않는 경우 도급계약을 해지할 수 있다.

「소방시설공사업법」 제23조 【도급계약의 해지】 특정소방대상물의 관계인 또는 발주자는 해당 도급계약의 수급인이 다음 각 호의 어느 하나에 해당하는 경우에는 도급계약을 해지할 수 있다.
1. 소방시설업이 등록취소되거나 영업정지된 경우

2. 소방시설업을 휴업하거나 폐업한 경우
3. 정당한 사유 없이 30일 이상 소방시설공사를 계속하지 아니하는 경우
4. 제22조의2 제2항에 따른 요구에 정당한 사유 없이 따르지 아니하는 경우

08 화재예방, 소방시설 설치·유지 및 안전관리에 관한 법률 〉 총칙 〉 용어의 정의

오답률 48.8% | 답 ②

「화재예방, 소방시설 설치·유지 및 안전에 관한 법률 시행령」상 용어의 정의로 옳지 않은 것은?

① 무창층이란 지상층 중 개구부의 면적 합계가 바닥면적의 1/30 이하가 되는 층을 말한다.
② 피난층이란 내부로부터 지상의 안전한 곳으로 피난할 수 있는 층을 말한다.
③ 무창층의 개구부는 내부 또는 외부에서 쉽게 부수거나 열 수 있어야 한다.
④ 무창층의 개구부는 지름 50cm 이상의 원이 내접할 수 있는 크기이어야 한다.

| 선지별 선택률 |

①	②	③	④
14.3%	**51.2%**	9.5%	25%

| 정답해설 |

② 피난층이란 곧바로 지상으로 갈 수 있는 출입구가 있는 층을 말한다(「화재예방, 소방시설 설치유지 및 안전에 관한 법률 시행령」 제2조 제2호).

「화재예방, 소방시설 설치유지 및 안전에 관한 법률 시행령」 제2조【정의】 이 영에서 사용하는 용어의 뜻은 다음과 같다.
1. '무창층(無窓層)'이란 지상층 중 다음 각 목의 요건을 모두 갖춘 개구부(건축물에서 채광·환기·통풍 또는 출입 등을 위하여 만든 창·출입구, 그 밖에 이와 비슷한 것을 말한다)의 면적의 합계가 해당 층의 바닥면적(「건축법 시행령」 제119조 제1항 제3호에 따라 산정된 면적을 말한다. 이하 같다)의 30분의 1 이하가 되는 층을 말한다.
   가. 크기는 지름 50센티미터 이상의 원이 내접(內接)할 수 있는 크기일 것
   나. 해당 층의 바닥면으로부터 개구부 밑부분까지의 높이가 1.2미터 이내일 것
   다. 도로 또는 차량이 진입할 수 있는 빈터를 향할 것
   라. 화재 시 건축물로부터 쉽게 피난할 수 있도록 창살이나 그 밖의 장애물이 설치되지 아니할 것
   마. 내부 또는 외부에서 쉽게 부수거나 열 수 있을 것
2. '피난층'이란 곧바로 지상으로 갈 수 있는 출입구가 있는 층을 말한다.

09 화재예방, 소방시설 설치·유지 및 안전관리에 관한 법률 〉 총칙 〉 소방용품

오답률 38.1% | 답 ①

소방시설 등을 구성하거나 소방용으로 사용되는 제품 또는 기기인 소방용품에 대한 설명으로 옳지 않은 것은?

① 소화기구로서 소화약제 외의 것을 이용한 간이소화용구는 소화설비를 구성한다.
② 발신기, 수신기, 중계기, 감지기 및 음향장치 중 경종은 경보설비를 구성한다.
③ 피난구조설비는 피난사다리, 구조대, 완강기(간이완강기 및 지지대 포함)가 포함된다.
④ 소화용으로 사용하는 제품 또는 기기는 소화약제 및 방염제가 해당된다.

| 선지별 선택률 |

①	②	③	④
61.9%	9.5%	0%	28.6%

| 정답해설 |

① 소화약제 외의 것을 이용한 간이소화용구를 제외한 소화기구는 소화설비를 구성한다[「화재예방, 소방시설 설치·유지 및 안전관리에 관한 법률 시행령」 제6조 별표 3(제6조 관련)].

| 더 알아보기 | 소방용품[「화재예방, 소방시설 설치·유지 및 안전관리에 관한 법률 시행령」 별표 3(제6조 관련)]

1. 소화설비를 구성하는 제품 또는 기기
   가. 별표 1 제1호 가목의 소화기구(소화약제 외의 것을 이용한 간이소화용구는 제외한다)
   나. 별표 1 제1호 나목의 자동소화장치
   다. 소화설비를 구성하는 소화전, 관창(菅槍), 소방호스, 스프링클러헤드, 기동용 수압개폐장치, 유수제어밸브 및 가스관선택밸브
2. 경보설비를 구성하는 제품 또는 기기
   가. 누전경보기 및 가스누설경보기
   나. 경보설비를 구성하는 발신기, 수신기, 중계기, 감지기 및 음향장치(경종만 해당한다)
3. 피난구조설비를 구성하는 제품 또는 기기
   가. 피난사다리, 구조대, 완강기(간이완강기 및 지지대를 포함한다)
   나. 공기호흡기(충전기를 포함한다)
   다. 피난구유도등, 통로유도등, 객석유도등 및 예비 전원이 내장된 비상조명등
4. 소화용으로 사용하는 제품 또는 기기
   가. 소화약제(별표 1 제1호 나목 2)와 3)의 자동소화장치와 같은 호 마목 3)부터 8)까지의 소화설비용만 해당한다)
   나. 방염제(방염액·방염도료 및 방염성물질을 말한다)
5. 그 밖에 행정안전부령으로 정하는 소방 관련 제품 또는 기기

오답률 TOP 2

10 화재예방, 소방시설 설치·유지 및 안전관리에 관한 법률 〉 소방특별조사 등 〉 소방특별조사

오답률 57.1% | 답 ④

소방특별조사를 실시하여야 하는 세부항목이 아닌 것은?

① 소방계획서의 이행에 관한 사항
② 자체점검 및 정기적 점검 등에 관한 사항
③ 「다중이용업소의 안전관리에 관한 특별법」에 따른 안전관리에 관한 사항
④ 불을 사용하는 설비 등의 관리와 특수위험물의 저장·취급에 관한 사항

| 선지별 선택률 |

①	②	③	④
31%	7.1%	19%	**42.9%**

| 정답해설 |

④ 특수위험물이 아니라 특수가연물이다(「화재예방, 소방시설 설치·유지 및 안전관리에 관한 법률 시행령」 제7조).

「화재예방, 소방시설 설치·유지 및 안전관리에 관한 법률 시행령」 제7조【소방특별조사의 항목】 법 제4조에 따른 소방특별조사(이하 '소방특별조사'라 한다)는 다음 각 호의 세부항목에 대하여 실시한다. 다만, 소방특별조사의 목적을 달성하기 위하여 필요한 경우에는 법 제9조에 따른 소방시설, 법 제10조에 따른 피난시설·방화구획·방화시설 및 법 제10조의2에 따른 임시소방시설의 설치·유지 및 관리에 관한 사항을 조사할 수 있다.
1. 법 제20조 및 제24조에 따른 소방안전관리 업무 수행에 관한 사항
2. 법 제20조 제6항 제1호에 따라 작성한 소방계획서의 이행에 관한 사항
3. 법 제25조 제1항에 따른 자체점검 및 정기적 점검 등에 관한 사항
4. 「소방기본법」 제12조에 따른 화재의 예방조치 등에 관한 사항

5.「소방기본법」 제15조에 따른 불을 사용하는 설비 등의 관리와 특수가연물의 저장·취급에 관한 사항
6.「다중이용업소의 안전관리에 관한 특별법」 제8조부터 제13조까지의 규정에 따른 안전관리에 관한 사항
7.「위험물안전관리법」 제5조·제6조·제14조·제15조 및 제18조에 따른 안전관리에 관한 사항

오답률 TOP 3

11 화재예방, 소방시설 설치·유지 및 안전관리에 관한 법률 〉 소방특별조사 등 〉 소방특별조사

오답률 50% | 답 ①

다음 중 소방특별조사를 실시하는 경우로 옳지 않은 것은?

① 대형화재가 발생하였거나, 특수화재가 발생할 우려가 농후한 곳에 대한 점검이 필요한 경우
② 화재경계지구에 대한 소방특별조사 등 다른 법률에서 소방특별조사를 실시하도록 한 경우
③ 국가적 행사 등 주요 행사가 개최되는 장소 및 그 주변의 관계 지역에 대하여 소방안전관리 실태를 점검할 필요가 있는 경우
④ 관계인이 소방시설 등, 방화시설, 피난시설 등에 대한 자체점검 등이 불성실하거나 불완전하다고 인정되는 경우

| 선지별 선택률 |

①	②	③	④
50%	33.3%	7.2%	9.5%

| 정답해설 |

① 대형화재가 발생하였거나 특수화재가 발생할 우려가 농후한 곳이 아니라, 화재가 자주 발생하였거나 발생할 우려가 뚜렷한 곳에 대한 점검이 필요한 경우에 소방특별조사를 실시한다.

「화재예방, 소방시설 설치·유지 및 안전관리에 관한 법률」 제4조【소방특별조사】 ② 소방특별조사는 다음 각 호의 어느 하나에 해당하는 경우에 실시한다.
1. 관계인이 이 법 또는 다른 법령에 따라 실시하는 소방시설 등, 방화시설, 피난시설 등에 대한 자체점검 등이 불성실하거나 불완전하다고 인정되는 경우
2.「소방기본법」 제13조에 따른 화재경계지구에 대한 소방특별조사 등 다른 법률에서 소방특별조사를 실시하도록 한 경우
3. 국가적 행사 등 주요 행사가 개최되는 장소 및 그 주변의 관계 지역에 대하여 소방안전관리 실태를 점검할 필요가 있는 경우
4. 화재가 자주 발생하였거나 발생할 우려가 뚜렷한 곳에 대한 점검이 필요한 경우
5. 재난예측정보, 기상예보 등을 분석한 결과 소방대상물에 화재, 재난·재해의 발생 위험이 높다고 판단되는 경우
6. 제1호부터 제5호까지에서 규정한 경우 외에 화재, 재난·재해, 그 밖의 긴급한 상황이 발생할 경우 인명 또는 재산 피해의 우려가 현저하다고 판단되는 경우

12 소방시설공사업법 〉 소방시설업 〉 등록취소, 영업정지

오답률 31.7% | 답 ①

시·도지사가 소방시설업의 등록을 반드시 취소하여야 하는 경우가 아닌 것은?

① 소방시설업자가 다른 자에게 등록증 또는 등록수첩을 빌려 준 경우
② 소방시설업자가 영업정지 기간 중에 소방시설공사 등을 한 경우
③ 소방시설업자가 거짓이나 그 밖의 부정한 방법으로 등록한 경우
④ 소방시설업자가 등록 결격사유에 해당하게 된 경우

| 선지별 선택률 |

①	②	③	④
68.3%	24.4%	0%	7.3%

| 정답해설 |

① 다른 자에게 등록증 또는 등록수첩을 빌려 준 경우는 등록을 취소하거나 6개월 이내의 기간을 정하여 시정이나 영업정지를 명할 수 있다. 즉, 등록을 반드시 취소하여야 하는 사항은 아니다(「소방시설공사업법」 제9조 제1항 제6호).

| 오답해설 |

②, ③, ④ 등록취소사항에 해당한다.

「소방시설공사업법」 제9조【등록취소와 영업정지 등】 ① 시·도지사는 소방시설업자가 다음 각 호의 어느 하나에 해당하면 행정안전부령으로 정하는 바에 따라 그 등록을 취소하거나 6개월 이내의 기간을 정하여 시정이나 그 영업의 정지를 명할 수 있다. 다만, 제1호·제3호 또는 제7호에 해당하는 경우에는 그 등록을 취소하여야 한다.
1. 거짓이나 그 밖의 부정한 방법으로 등록한 경우 ⇨ 등록취소
3. 제5조 각 호의 등록 결격사유에 해당하게 된 경우 ⇨ 등록취소
6. 제8조 제1항을 위반하여 다른 자에게 등록증 또는 등록수첩을 빌려 준 경우
7. 제8조 제2항을 위반하여 영업정지 기간 중에 소방시설공사 등을 한 경우 ⇨ 등록취소

13 소방시설공사업법 〉 소방시설공사 등 〉 공사감리

오답률 43.9% | 답 ③

감리업자는 소방 관련 업무의 적법성·적합성 검토 및 성능시험 등을 수행하여야 하는데, 다음 중 적법성 검토에 해당하는 것은?

① 소방시설 등 설계도서의 검토
② 소방용품의 위치, 규격 및 사용자재의 검토
③ 실내장식물의 불연화와 방염 물품의 검토
④ 공사업자가 작성한 시공 상세 도면의 검토

| 선지별 선택률 |

①	②	③	④
17.1%	17.1%	56.1%	9.7%

| 정답해설 |

③ 적법성 검토사항에 해당한다(「소방시설공사업법」 제16조 제1항 제9호).

| 오답해설 |

①, ②, ④ 적합성 검토사항에 해당한다.

「소방시설공사업법」 제16조【감리】 ① 제4조 제1항에 따라 소방공사감리업을 등록한 자(이하 '감리업자'라 한다)는 소방공사를 감리할 때 다음 각 호의 업무를 수행하여야 한다.
1. 소방시설 등의 설치계획표의 적법성 검토
2. 소방시설 등 설계도서의 적합성(적법성과 기술상의 합리성을 말한다. 이하 같다) 검토
3. 소방시설 등 설계 변경 사항의 적합성 검토
4.「화재예방, 소방시설 설치·유지 및 안전관리에 관한 법률」 제2조 제1항 제4호의 소방용품의 위치·규격 및 사용 자재의 적합성 검토
5. 공사업자가 한 소방시설 등의 시공이 설계도서와 화재안전기준에 맞는지에 대한 지도·감독
6. 완공된 소방시설 등의 성능시험
7. 공사업자가 작성한 시공 상세 도면의 적합성 검토
8. 피난시설 및 방화시설의 적법성 검토
9. 실내장식물의 불연화(不燃化)와 방염 물품의 적법성 검토
② 용도와 구조에서 특별히 안전성과 보안성이 요구되는 소방대상물로서 대통령령으로 정하는 장소에서 시공되는 소방시설물에 대한 감리는 감리업자가 아닌 자도 할 수 있다.
③ 제1항에 따른 감리의 종류, 방법 및 대상은 대통령령으로 정한다.

| 더 알아보기 | 적법성 · 적합성 검토 및 성능시험

1. 적법성의 검토
   - 방염 물품의 적법성 검토 및 실내장식물의 불연화(부연화)
   - 소방시설 등의 설치계획표의 적법성 검토
   - 피난시설 및 방화시설의 적법성 검토
2. 적합성의 검토
   - 소방시설 등 설계 변경 사항의 적합성 검토
   - 소방시설 등 설계도서의 적합성(적법성과 기술상의 합리성을 말한다) 검토
   - 소방용품의 위치 · 규격 및 사용 자재에 대한 적합성 검토
   - 공사업자의 소방시설 등 시공이 설계도서와 화재안전기준에 맞는지에 대한 지도 · 감독
   - 공사업자가 작성한 시공 상세 도면의 적합성 검토
3. 성능시험: 완공된 소방시설 등의 성능시험

※ 적법성은 법에 맞는지, 적합성은 화재안전기준에 적합한지를 검토하고, 성능시험은 완공 후에 실시한다.

14 소방시설공사업법 〉 소방시설공사 등 〉 방염처리능력의 평가 및 공시 등

오답률 4.9% | 답 ②

소방시설업자협회가 방염처리능력을 평가한 경우 매년 7월 31일까지 협회의 인터넷 홈페이지에 공시해야 하는 사항으로 옳지 않은 것은?

① 업종 및 등록번호
② 성명 및 주민등록번호
③ 방염처리능력 평가 결과
④ 주된 영업소의 소재지

| 선지별 선택률 |

①	②	③	④
0%	**95.1%**	2.4%	2.5%

| 정답해설 |

② 성명 및 주민등록번호가 아니라 상호 및 성명을 공시해야 한다(「소방시설공사업법 시행규칙」 제19조의3 제4항 제1호).

「소방시설공사업법 시행규칙」 제19조의3 【방염처리능력의 평가 및 공시 등】

④ 협회는 방염처리능력을 평가한 경우에는 법 제20조의3 제1항에 따라 다음 각 호의 사항을 매년 7월 31일까지 협회의 인터넷 홈페이지에 공시해야 한다. 다만, 제19조의2 제3항 또는 제3항에 따라 방염처리능력을 평가한 경우에는 평가완료일부터 10일 이내에 공시해야 한다.
1. 상호 및 성명(법인인 경우에는 대표자의 성명을 말한다)
2. 주된 영업소의 소재지
3. 업종 및 등록번호
4. 방염처리능력 평가 결과

15 소방시설공사업법 〉 소방시설공사 등 〉 감리원의 배치

오답률 22% | 답 ②

지하층을 포함한 층수가 16층 이상 40층 미만인 특정소방대상물 공사 현장의 소방공사 책임감리원 배치기준으로 옳은 것은?

① 특급감리원 중 소방기술사
② 특급감리원 이상의 소방공사 감리원(기계 · 전기분야)
③ 고급감리원 이상의 소방공사 감리원(기계 · 전기분야)
④ 중급감리원 이상의 소방공사 감리원(기계 · 전기분야)

| 선지별 선택률 |

①	②	③	④
12.2%	**78%**	9.8%	0%

| 정답해설 |

② 16층 이상 40층 미만의 특정소방대상물 공사 현장에는 특급감리원 이상의 소방공사 감리원을 책임감리원으로 배치하여야 한다(「소방시설공사업법 시행령」 제11조).

| 더 알아보기 | 소방공사 감리원의 배치기준[「소방시설공사업법 시행령」 별표 4(제11조 관련)]

감리원의 배치기준		소방시설공사 현장의 기준
책임감리원	보조감리원	
가. 행정안전부령으로 정하는 특급감리원 중 소방기술사	행정안전부령으로 정하는 초급감리원 이상의 소방공사 감리원(기계분야 및 전기분야)	1) 연면적 20만제곱미터 이상인 특정소방대상물의 공사 현장 2) 지하층을 포함한 층수가 40층 이상인 특정소방대상물의 공사 현장
나. 행정안전부령으로 정하는 특급감리원 이상의 소방공사 감리원(기계분야 및 전기분야)	행정안전부령으로 정하는 초급감리원 이상의 소방공사 감리원(기계분야 및 전기분야)	1) 연면적 3만제곱미터 이상 20만제곱미터 미만인 특정소방대상물(아파트는 제외한다)의 공사 현장 2) 지하층을 포함한 층수가 16층 이상 40층 미만인 특정소방대상물의 공사 현장
다. 행정안전부령으로 정하는 고급감리원 이상의 소방공사 감리원(기계분야 및 전기분야)	행정안전부령으로 정하는 초급감리원 이상의 소방공사 감리원(기계분야 및 전기분야)	1) 물분무등소화설비(호스릴 방식의 소화설비는 제외한다) 또는 제연설비가 설치되는 특정소방대상물의 공사 현장 2) 연면적 3만제곱미터 이상 20만제곱미터 미만인 아파트의 공사 현장
라. 행정안전부령으로 정하는 중급감리원 이상의 소방공사 감리원(기계분야 및 전기분야)		연면적 5천제곱미터 이상 3만제곱미터 미만인 특정소방대상물의 공사 현장
마. 행정안전부령으로 정하는 초급감리원 이상의 소방공사 감리원(기계분야 및 전기분야)		1) 연면적 5천제곱미터 미만인 특정소방대상물의 공사 현장 2) 지하구의 공사 현장

16 위험물안전관리법 〉 총칙 〉 용어의 정의

오답률 4.9% | 답 ②

위험물의 종류별로 위험성을 고려하여 대통령령이 정하는 수량으로서 제조소 등의 설치허가 시 최저의 기준이 되는 수량은 무엇인가?

① 기준수량
② 지정수량
③ 저장수량
④ 최저수량

| 선지별 선택률 |

①	②	③	④
0%	**95.1%**	2.4%	2.5%

| 정답해설 |

② '지정수량'이라 함은 위험물의 종류별로 위험성을 고려하여 대통령령이 정하는 수량으로서 제6호의 규정에 의한 제조소 등의 설치허가 등에 있어서 최저의 기준이 되는 수량을 말한다(「위험물안전관리법」 제2조 제2호).

17 위험물안전관리법 〉 위험물시설의 설치 및 변경 〉 완공검사

오답률 48.8% | 답 ①

제조소 등의 설치를 마쳤거나 그 위치·구조·설비의 변경을 마친 때에는 허가기관에 완공검사를 신청하여야 하는데, 이에 대한 설명으로 옳지 않은 것은?

① 완공검사를 받고자 하는 자는 소방서장에게 신청하여야 한다.
② 완공검사를 실시한 결과 기술기준에 적합하다고 인정한 때에는 완공검사필증을 교부하여야 한다.
③ 완공검사필증을 훼손·파손하여 재교부를 신청하는 경우 신청서에 해당 완공검사필증을 첨부하여 제출하여야 한다.
④ 완공검사필증을 재교부받은 자는 분실한 완공검사필증을 발견하는 경우 이를 10일 이내에 완공검사필증을 재교부받은 기관에 제출하여야 한다.

| 선지별 선택률 |

①	②	③	④
51.2%	0%	14.6%	34.2%

| 정답해설 |

① 완공검사는 소방서장이 아닌 시·도지사에게 신청하여야 한다(「위험물안전관리법 시행령」 제10조 제1항).

「위험물안전관리법 시행령」 제10조【완공검사의 신청 등】 ① 법 제9조의 규정에 의한 제조소 등에 대한 완공검사를 받고자 하는 자는 이를 시·도지사에게 신청하여야 한다.
② 제1항의 규정에 의한 신청을 받은 시·도지사는 제조소 등에 대하여 완공검사를 실시하고, 완공검사를 실시한 결과 당해 제조소 등이 법 제5조 제4항의 규정에 의한 기술기준(탱크안전성능검사에 관련된 것을 제외한다)에 적합하다고 인정하는 때에는 완공검사필증을 교부하여야 한다.
③ 제2항의 완공검사필증을 교부받은 자는 완공검사필증을 잃어버리거나 멸실·훼손 또는 파손한 경우에는 이를 교부한 시·도지사에게 재교부를 신청할 수 있다.
④ 완공검사필증을 훼손 또는 파손하여 제3항의 규정에 의한 신청을 하는 경우에는 신청서에 당해 완공검사필증을 첨부하여 제출하여야 한다.
⑤ 제2항의 완공검사필증을 잃어버려 재교부를 받은 자는 잃어버린 완공검사필증을 발견하는 경우에는 이를 10일 이내에 완공검사필증을 재교부한 시·도지사에게 제출하여야 한다.

18 위험물안전관리법 〉 벌칙 〉 벌칙

오답률 34.1% | 답 ③

시·도지사는 제조소 등의 사용의 정지가 그 이용자에게 심한 불편을 주거나 공익을 해칠 우려가 있는 때에는 사용정지처분에 갈음하여 과징금을 부과할 수 있는데, 이때 과징금은 얼마인가?

① 5천만 원 이하
② 1억 원 이하
③ 2억 원 이하
④ 3억 원 이하

| 선지별 선택률 |

①	②	③	④
4.9%	19.5%	**65.9%**	9.7%

| 정답해설 |

③ 공익을 해칠 우려가 있는 때에는 사용정지처분에 갈음하여 2억 원 이하의 과징금을 부과할 수 있다(「위험물안전관리법」 제13조 제1항).

「위험물안전관리법」 제13조【과징금처분】 ① 시·도지사는 제12조 각 호의 어느 하나에 해당하는 경우로서 제조소 등에 대한 사용의 정지가 그 이용자에게 심한 불편을 주거나 그 밖에 공익을 해칠 우려가 있는 때에는 사용정지처분에 갈음하여 2억 원 이하의 과징금을 부과할 수 있다.

19 위험물안전관리법 〉 제조소 등의 위치·구조 및 설비의 기준 〉 옥외탱크저장소의 기준

오답률 39% | 답 ③

옥외저장소 중 위험물을 용기에 수납하여 저장 또는 취급하는 위험물의 최대수량이 지정수량의 10배 이하일 때 공지의 너비로 옳은 것은?

① 1m 이상
② 2m 이상
③ 3m 이상
④ 5m 이상

| 선지별 선택률 |

①	②	③	④
22%	9.7%	**61%**	7.3%

| 정답해설 |

③ 위험물의 최대수량이 지정수량의 10배 이하일 때 공지의 너비는 3m 이상이다[「위험물안전관리법 시행규칙」 별표 11(제35조 관련)].

| 더 알아보기 | 옥외저장소의 위치·구조 및 설비의 기준[「위험물안전관리법 시행규칙」 별표 11(제35조 관련)]

Ⅰ. 옥외저장소의 기준

저장 또는 취급하는 위험물의 최대수량	공지의 너비
지정수량의 10배 이하	3m 이상
지정수량의 10배 초과 20배 이하	5m 이상
지정수량의 20배 초과 50배 이하	9m 이상
지정수량의 50배 초과 200배 이하	12m 이상
지정수량의 200배 초과	15m 이상

20 위험물안전관리법 〉 위험물시설의 안전관리 〉 위험물안전관리자

오답률 31.7% | 답 ④

1인의 안전관리자를 중복하여 선임할 수 있는 저장소 중 10개 이하의 저장소로 옳지 않은 것은?

① 옥내저장소
② 옥외저장소
③ 암반탱크저장소
④ 옥외탱크저장소

| 선지별 선택률 |

①	②	③	④
7.3%	4.9%	19.5%	**68.3%**

| 정답해설 |

④ 옥외탱크저장소는 30개 이하이다(「위험물안전관리법 시행규칙」 제56조 제1항 제2호).

| 더 알아보기 | 1인의 안전관리자를 중복하여 선임할 수 있는 저장소 등(「위험물안전관리법 시행규칙」 제56조)

1. 10개 이하의 옥내저장소
2. 30개 이하의 옥외탱크저장소
3. 옥내탱크저장소
4. 지하탱크저장소
5. 간이탱크저장소
6. 10개 이하의 옥외저장소
7. 10개 이하의 암반탱크저장소

제2회 실전동형 모의고사

소방관계법규

문제편 p.60

01	④	02	③	03	④	04	③	05	④
06	②	07	①	08	②	09	③	10	②
11	③	12	②	13	④	14	③	15	③
16	③	17	④	18	④	19	④	20	④

▶풀이시간: /16분 나의 점수: /100점

01 소방시설공사업법 〉 소방시설업 〉 소방시설업의 등록

오답률 17.9% | 답 ④

소방시설업의 업종별 영업범위를 정하는 기준은 무엇인가?

① 시·도의 조례
② 소방청장령
③ 행정자치부령
④ 대통령령

| 선지별 선택률 |

①	②	③	④
3.6%	0%	14.3%	82.1%

| 정답해설 |

④ 소방시설업의 업종별 영업범위는 대통령령으로 정한다(「소방시설공사업법」 제4조 제2항).

「소방시설공사업법」 제4조【소방시설업의 등록】 ① 특정소방대상물의 소방시설공사 등을 하려는 자는 업종별로 자본금(개인인 경우에는 자산 평가액을 말한다), 기술인력 등 대통령령으로 정하는 요건을 갖추어 특별시장·광역시장·특별자치시장·도지사 또는 특별자치도지사(이하 '시·도지사'라 한다)에게 소방시설업을 등록하여야 한다.
② 제1항에 따른 소방시설업의 업종별 영업범위는 대통령령으로 정한다.

02 소방시설공사업법 〉 소방시설업 〉 과징금

오답률 7.1% | 답 ③

「소방시설공사업법」상 시·도지사는 영업정지가 이용자에게 불편을 주거나 공익을 해칠 우려가 있을 때 영업정지처분을 갈음하여 과징금을 부과할 수 있는데, 이때 과징금의 액수에 해당하는 것은?

① 5천만 원 이하
② 1억 원 이하
③ 2억 원 이하
④ 2억 5천만 원 이하

| 선지별 선택률 |

①	②	③	④
0%	3.6%	92.9%	3.5%

| 정답해설 |

③ 과징금은 2억 원 이하이다(「소방시설공사업법」 제10조 제1항).

「소방시설공사업법」 제10조【과징금처분】 ① 시·도지사는 제9조 제1항 각 호의 어느 하나에 해당하는 경우로서 영업정지가 그 이용자에게 불편을 주거나 그 밖에 공익을 해칠 우려가 있을 때에는 영업정지처분을 갈음하여 2억 원 이하의 과징금을 부과할 수 있다.
② 제1항에 따른 과징금을 부과하는 위반행위의 종류와 위반 정도 등에 따른 과징금과 그 밖에 필요한 사항은 행정안전부령으로 정한다.
③ 시·도지사는 제1항에 따른 과징금을 내야 할 자가 납부기한까지 과징금을 내지 아니하면 「지방행정제재·부과금의 징수 등에 관한 법률」에 따라 징수한다.

03 소방시설공사업법 〉 소방시설업자협회 〉 소방시설업자협회의 설립

오답률 60.7% | 답 ④

소방시설업자협회의 설립과 협회의 업무에 대한 설명으로 옳지 않은 것은?

① 협회는 소방시설업의 기술발전과 소방기술의 진흥을 위한 조사·연구·분석 및 평가 업무를 수행한다.
② 협회는 소방산업의 발전 및 소방기술의 향상을 위한 지원 업무를 수행한다.
③ 협회는 소방청장의 인가를 받아 주된 사무소의 소재지에 설립등기를 함으로써 성립한다.
④ 협회의 설립인가 절차, 정관의 기재사항 및 협회에 대한 감독에 관하여 필요한 사항은 소방청장이 정한다.

| 선지별 선택률 |

①	②	③	④
25%	28.6%	7.1%	39.3%

| 정답해설 |

④ 필요한 사항은 소방청장이 정하는 것이 아니라 대통령령으로 정한다(「소방시설공사업법」 제30조의2 제4항).

「소방시설공사업법」 제30조의2【소방시설업자협회의 설립】 ① 소방시설업자는 소방시설업자의 권익보호와 소방기술의 개발 등 소방시설업의 건전한 발전을 위하여 소방시설업자협회(이하 '협회'라 한다)를 설립할 수 있다.
② 협회는 법인으로 한다.
③ 협회는 소방청장의 인가를 받아 주된 사무소의 소재지에 설립등기를 함으로써 성립한다.
④ 협회의 설립인가 절차, 정관의 기재사항 및 협회에 대한 감독에 관하여 필요한 사항은 대통령령으로 정한다.

제30조의3【협회의 업무】 협회의 업무는 다음 각 호와 같다.
1. 소방시설업의 기술발전과 소방기술의 진흥을 위한 조사·연구·분석 및 평가
2. 소방산업의 발전 및 소방기술의 향상을 위한 지원
3. 소방시설업의 기술발전과 관련된 국제교류·활동 및 행사의 유치
4. 이 법에 따른 위탁 업무의 수행

04 소방시설공사업법 〉 벌칙 〉 벌칙

오답률 25% | 답 ③

소방기술자가 다른 사람에게 자격·경력수첩을 빌려 주었을 때의 벌금은 최대 얼마인가?

① 100만 원
② 200만 원
③ 300만 원
④ 500만 원

| 선지별 선택률 |

①	②	③	④
3.6%	14.3%	75%	7.1%

| 정답해설 |

③ 다른 사람에게 자격수첩 또는 경력수첩을 빌려 주었을 때는 300만 원 이하의 벌금에 처한다(「소방시설공사업법」 제37조 제5호).

「소방시설공사업법」 제37조 【벌칙】 다음 각 호의 어느 하나에 해당하는 자는 300만 원 이하의 벌금에 처한다.
5. 제27조 제2항을 위반하여 자격수첩 또는 경력수첩을 빌려 준 사람
6. 제27조 제3항을 위반하여 동시에 둘 이상의 업체에 취업한 사람
7. 제31조 제4항을 위반하여 관계인의 정당한 업무를 방해하거나 업무상 알게 된 비밀을 누설한 사람

05 소방시설공사업법 〉 보칙 〉 업무의 위탁

오답률 10.7% | 답 ④

소방기술자 실무교육에 관한 업무를 실무교육기관이나 한국소방안전원에 위탁할 수 있는 사람은?

① 시·도본부장
② 행정안전부장관
③ 시·도지사
④ 소방청장

| 선지별 선택률 |

①	②	③	④
0%	7.1%	3.6%	89.3%

| 정답해설 |

④ 소방청장은 소방기술자 실무교육에 관한 업무를 소방청장이 지정하는 실무교육기관 또는 한국소방안전원에 위탁한다(「소방시설공사업법 시행령」 제20조 제1항).

「소방시설공사업법 시행령」 제20조 【업무의 위탁】 ① 소방청장은 법 제33조 제2항에 따라 법 제29조에 따른 소방기술자 실무교육에 관한 업무를 법 제29조 제3항에 따라 소방청장이 지정하는 실무교육기관 또는 「소방기본법」 제40조에 따른 한국소방안전원에 위탁한다.

오답률 TOP 2

06 화재예방, 소방시설 설치·유지 및 안전관리에 관한 법률 〉 보칙 〉 소방안전관리자 등에 대한 교육

오답률 72.4% | 답 ②

소방안전관리자에 대한 실무교육의 과목에 해당되지 않는 것은?

① 소방 관련 질의회신 등
② 화재 발생 시 대응 실습 등
③ 소방계획서의 작성 및 운영
④ 소방시설의 유지·관리요령

| 선지별 선택률 |

①	②	③	④
65.6%	27.6%	3.4%	3.4%

| 정답해설 |

② 화재 발생 시 대응 실습 등은 소방안전관리보조자에 대한 실무교육의 과목이다.

| 더 알아보기 | 소방안전관리자 및 소방안전관리보조자에 대한 실무교육의 과목 및 시간[「화재예방, 소방시설 설치·유지 및 안전관리에 관한 법률 시행규칙」 별표 5의2(제37조 관련)]

1. 소방안전관리자에 대한 실무교육의 과목 및 시간

교육과목	시간
가. 소방관계법규 및 화재 사례 나. 소방시설의 구조원리 및 현장실습 다. 소방시설의 유지·관리요령 라. 소방계획서의 작성 및 운영 마. 자위소방대의 조직과 소방 훈련 바. 피난시설 및 방화시설의 유지·관리 사. 피난설비의 활용 및 인명 대피 요령 아. 소방 관련 질의회신 등	8시간 이내

비고: 교육과목 중 이론 과목(가목의 소방관계법규, 아목의 소방 관련 질의회신 등)은 4시간 이내에서 사이버교육으로 실시할 수 있다.

2. 소방안전관리보조자에 대한 실무교육의 과목 및 시간

교육과목	시간
가. 소방관계법규 및 화재 사례 나. 화재의 예방·대비 다. 소방시설 유지관리 실습 라. 초기대응체계 교육 및 훈련 실습 마. 화재 발생 시 대응 실습 등	4시간

오답률 TOP 1

07 화재예방, 소방시설 설치·유지 및 안전관리에 관한 법률 〉 소방대상물의 안전관리 〉 우수 소방대상물의 선정

오답률 82.8% | 답 ①

소방청장은 우수 소방대상물 선정 등 업무의 객관성 및 전문성을 확보하기 위하여 필요한 경우 평가위원회를 구성하여 운영할 수 있는데, 평가위원회의 위원에 해당되지 않는 사람은?

① 소방안전관리자로 선임된 소방기술사
② 소방 관련 석사 학위 이상을 취득한 사람
③ 소방 관련 법인 또는 단체에서 소방 관련 업무에 5년 이상 종사한 사람
④ 소방공무원 교육기관, 대학 또는 연구소에서 소방과 관련한 교육 또는 연구에 5년 이상 종사한 사람

| 선지별 선택률 |

①	②	③	④
17.2%	55.2%	6.9%	20.7%

| 정답해설 |

① 소방기술사 중 소방안전관리자로 선임된 사람은 제외한다.

「화재예방, 소방시설 설치·유지 및 안전관리에 관한 법률 시행규칙」 제20조의2 【우수 소방대상물의 선정 등】 ⑦ 소방청장은 우수 소방대상물 선정 등 업무의 객관성 및 전문성을 확보하기 위하여 필요한 경우에는 다음 각 호의 어느 하나에 해당하는 사람이 2명 이상 포함된 평가위원회를 구성하여 운영할 수 있다. 이 경우 평가위원회의 위원에게는 예산의 범위에서 수당, 여비 등 필요한 경비를 지급할 수 있다.
1. 소방기술사(소방안전관리자로 선임된 사람은 제외한다)
2. 소방 관련 석사 학위 이상을 취득한 사람
3. 소방 관련 법인 또는 단체에서 소방 관련 업무에 5년 이상 종사한 사람
4. 소방공무원 교육기관, 대학 또는 연구소에서 소방과 관련한 교육 또는 연구에 5년 이상 종사한 사람

오답률 TOP 3

08 화재예방, 소방시설 설치·유지 및 안전관리에 관한 법률 〉 소방대상물의 안전관리 〉 소방시설 등의 자체점검

오답률 62.1% | 답 ②

소방시설 등에 대한 자체점검 시 점검 장비를 사용하여야 하는데, 소방시설과 점검 장비가 옳게 짝지어지지 않은 것은?

① 공통시설 – 전류전압측정계
② 자동화재탐지설비 – 검량계
③ 제연설비 – 풍속풍압계
④ 통로유도등 – 조도계

| 선지별 선택률 |

①	②	③	④
24.1%	37.9%	17.3%	20.7%

| 정답해설 |

② 자동화재탐지설비의 점검 장비는 검량계가 아니라 열감지기시험기, 연감지기시험기, 공기주입시험기, 감지기시험기연결폴대, 음량계 등이다.

| 더 알아보기 | 소방시설별 점검 장비[「화재예방, 소방시설 설치·유지 및 안전관리에 관한 법률 시행규칙」 별표 2의2(제18조 제2항 관련)]

소방시설	장비	규격
공통시설	방수압력측정계, 절연저항계(절연저항측정기), 전류전압측정계	
소화기구	저울	
옥내소화전설비 옥외소화전설비	소화전밸브압력계	
스프링클러설비 포소화설비	헤드결합렌치	
이산화탄소소화설비 분말소화설비 할론소화설비 할로겐화합물 및 불활성기체 소화설비	검량계, 기동관누설시험기, 그 밖에 소화약제의 저장량을 측정할 수 있는 점검기구	
자동화재탐지설비 시각경보기	열감지기시험기, 연(煙)감지기시험기, 공기주입시험기, 감지기시험기연결폴대, 음량계	
누전경보기	누전계	누전전류 측정용
무선통신보조설비	무선기	통화시험용
제연설비	풍속풍압계, 폐쇄력측정기, 차압계(압력차측정기)	
통로유도등 비상조명등	조도계	최소눈금이 0.1럭스 이하인 것

※ 종합정밀점검의 경우에는 위 점검 장비를 사용하여야 하며, 작동기능점검의 경우에는 점검 장비를 사용하지 않을 수 있다.

09 화재예방, 소방시설 설치·유지 및 안전관리에 관한 법률 〉 소방대상물의 안전관리 〉 특정소방대상물의 소방안전관리

오답률 10.3% | 답 ③

자위소방대 및 초기대응체계의 구성·운영 및 교육에 관한 설명으로 옳지 않은 것은?

① 소방안전관리대상물의 소방안전관리자는 연 1회 이상 자위소방대를 소집하여 그 편성 상태를 점검하고, 소방교육을 실시하여야 한다.
② 소방안전관리대상물의 소방안전관리자는 소방교육을 소방훈련과 병행하여 실시할 수 있다.
③ 소방안전관리대상물의 소방안전관리자는 소방교육을 실시하였을 때에는 그 실시 결과를 자위소방대 및 초기대응체계 소방교육 실시 결과 기록부에 기록하고, 이를 1년간 보관하여야 한다.
④ 소방안전관리대상물의 소방안전관리자는 초기대응체계를 자위소방대에 포함하여 편성하되, 화재 발생 시 초기에 신속하게 대처할 수 있도록 해당 소방안전관리대상물에 근무하는 사람의 근무위치, 근무인원 등을 고려하여 편성하여야 한다.

| 선지별 선택률 |

①	②	③	④
6.9%	3.4%	89.7%	0%

| 정답해설 |

③ 소방안전관리자는 소방교육을 실시하였을 때에는 그 실시 결과를 자위소방대 및 초기대응체계 소방교육 실시 결과 기록부에 기록하고, 이를 2년간 보관하여야 한다(「화재예방, 소방시설 설치·유지 및 안전관리에 관한 법률 시행규칙」 제14조의3 제6항).

「화재예방, 소방시설 설치·유지 및 안전관리에 관한 법률 시행규칙」 제14조의3
【자위소방대 및 초기대응체계의 구성, 운영 및 교육 등】 ② 소방안전관리대상물의 소방안전관리자는 법 제20조 제6항 제2호에 따른 초기대응체계를 제1항에 따른 자위소방대에 포함하여 편성하되, 화재 발생 시 초기에 신속하게 대처할 수 있도록 해당 소방안전관리대상물에 근무하는 사람의 근무위치, 근무인원 등을 고려하여 편성하여야 한다.
③ 소방안전관리대상물의 소방안전관리자는 해당 특정소방대상물이 이용되고 있는 동안 제2항에 따른 초기대응체계를 상시적으로 운영하여야 한다.
④ 소방안전관리대상물의 소방안전관리자는 연 1회 이상 자위소방대를 소집하여 그 편성 상태를 점검하고, 소방교육을 실시하여야 한다.
⑤ 소방안전관리대상물의 소방안전관리자는 제4항에 따른 소방교육을 제15조 제1항에 따른 소방훈련과 병행하여 실시할 수 있다.
⑥ 소방안전관리대상물의 소방안전관리자는 제4항에 따른 소방교육을 실시하였을 때에는 그 실시 결과를 별지 제19호의5 서식의 자위소방대 및 초기대응체계 소방교육 실시 결과 기록부에 기록하고, 이를 2년간 보관하여야 한다.

10 화재예방, 소방시설 설치·유지 및 안전관리에 관한 법률 〉 소방대상물의 안전관리 〉 소방안전관리자

오답률 48.3% | 답 ②

소방안전관리자의 선임신고에 대한 설명 중 옳지 않은 것은?

① 특정소방대상물의 경우 소방본부장 또는 소방서장이 공동 소방안전관리대상으로 지정한 날부터 30일 이내에 선임하여야 한다.
② 소방안전관리자를 해임한 경우 소방안전관리자를 해임한 다음 날부터 30일 이내에 선임하여야 한다.
③ 소방안전관리업무를 대행하는 자를 감독하는 자를 소방안전관리자로 선임한 경우로서 그 업무대행 계약이 해지 또는 종료된 경우 소방안전관리업무 대행이 끝난 날부터 30일 이내에 선임하여야 한다.
④ 신축·증축·개축·재축·대수선 또는 용도변경으로 해당 특정소방대상물의 소방안전관리자를 신규로 선임하여야 하는 경우 해당 특정소방대상물의 완공일부터 30일 이내에 선임하여야 한다.

| 선지별 선택률 |

①	②	③	④
0%	51.7%	20.7%	27.6%

| 정답해설 |

② 특정소방대상물의 관계인은 소방안전관리자를 해임한 경우 소방안전관리자를 '해임한 날'부터 30일 이내에 선임하여야 한다(「화재예방, 소방시설 설치·유지 및 안전관리에 관한 법률 시행규칙」 제14조 제1항 제5호).

11 소방기본법 〉 화재의 예방과 경계 〉 화재의 예방조치 오답률 0% | 답 ③

소방본부장이나 소방서장은 소속 공무원이 옮기거나 치운 위험물을 보관하여야 하는데, 이 경우 소방본부 또는 소방서의 게시판에 그 사실을 며칠 동안 공고하여야 하는가?

① 7일
② 10일
③ 14일
④ 30일

| 선지별 선택률 |

①	②	③	④
0%	0%	100%	0%

| 정답해설 |

③ 소방본부장이나 소방서장은 14일 동안 소방본부 또는 소방서의 게시판에 공고하여야 한다(「소방기본법」 제12조 제4항).

「소방기본법」 제12조 【화재의 예방조치 등】 ① 소방본부장이나 소방서장은 화재의 예방상 위험하다고 인정되는 행위를 하는 사람이나 소화(消火) 활동에 지장이 있다고 인정되는 물건의 소유자·관리자 또는 점유자에게 다음 각 호의 명령을 할 수 있다.
1. 불장난, 모닥불, 흡연, 화기(火氣) 취급, 풍등 등 소형 열기구 날리기, 그 밖에 화재예방상 위험하다고 인정되는 행위의 금지 또는 제한
2. 타고 남은 불 또는 화기가 있을 우려가 있는 재의 처리
3. 함부로 버려두거나 그냥 둔 위험물, 그 밖에 불에 탈 수 있는 물건을 옮기거나 치우게 하는 등의 조치
② 소방본부장이나 소방서장은 제1항 제3호에 해당하는 경우로서 그 위험물 또는 물건의 소유자·관리자 또는 점유자의 주소와 성명을 알 수 없어서 필요한 명령을 할 수 없을 때에는 소속 공무원으로 하여금 그 위험물 또는 물건을 옮기거나 치우게 할 수 있다.
③ 소방본부장이나 소방서장은 제2항에 따라 옮기거나 치운 위험물 또는 물건을 보관하여야 한다.
④ 소방본부장이나 소방서장은 제3항에 따라 위험물 또는 물건을 보관하는 경우에는 그날부터 14일 동안 소방본부 또는 소방서의 게시판에 그 사실을 공고하여야 한다.
⑤ 제3항에 따라 소방본부장이나 소방서장이 보관하는 위험물 또는 물건의 보관기간 및 보관기간 경과 후 처리 등에 대하여는 대통령령으로 정한다.

12 소방기본법 〉 소방활동 등 〉 소방지원활동 오답률 6.9% | 답 ②

소방청장, 소방본부장 또는 소방서장은 공공의 안녕질서 유지 또는 복리증진을 위하여 필요한 경우 소방지원활동을 하게 할 수 있는데, 소방지원활동의 범주에 해당하지 않는 것은?

① 산불에 대한 예방, 진압 등 지원활동
② 화재, 재난·재해 예방을 위한 소방검사활동
③ 자연재해에 따른 급수·배수 및 제설 등 지원활동
④ 집회·공연 등 각종 행사 시 사고에 대비한 근접대기 등 지원활동

| 선지별 선택률 |

①	②	③	④
3.4%	93.1%	3.5%	0%

| 정답해설 |

② 화재, 재난·재해 예방을 위한 소방검사활동이 아니라 피해복구 지원활동이다(「소방기본법」 제16조의2 제1항).

「소방기본법」 제16조의2 【소방지원활동】 ① 소방청장·소방본부장 또는 소방서장은 공공의 안녕질서 유지 또는 복리증진을 위하여 필요한 경우 소방활동 외에 다음 각 호의 활동(이하 '소방지원활동'이라 한다)을 하게 할 수 있다.
1. 산불에 대한 예방·진압 등 지원활동
2. 자연재해에 따른 급수·배수 및 제설 등 지원활동
3. 집회·공연 등 각종 행사 시 사고에 대비한 근접대기 등 지원활동
4. 화재, 재난·재해로 인한 피해복구 지원활동
5. 삭제 〈2015.7.24.〉
6. 그 밖에 행정안전부령으로 정하는 활동
② 소방지원활동은 제16조의 소방활동 수행에 지장을 주지 아니하는 범위에서 할 수 있다.
③ 유관기관·단체 등의 요청에 따른 소방지원활동에 드는 비용은 지원요청을 한 유관기관·단체 등에게 부담하게 할 수 있다. 다만, 부담금액 및 부담방법에 관하여는 지원요청을 한 유관기관·단체 등과 협의하여 결정한다.

13 소방기본법 〉 소방활동 등 〉 소방안전교육사 오답률 51.7% | 답 ④

소방안전교육사에 대한 설명으로 옳지 않은 것은?

① 소방청장은 소방안전교육을 위하여 소방청장이 실시하는 시험에 합격한 사람에게 소방안전교육사 자격을 부여한다.
② 소방안전교육사는 소방안전교육의 기획·진행·분석·평가 및 교수업무를 수행한다.
③ 소방안전교육사 시험의 응시자격, 시험방법, 시험과목, 시험위원, 그 밖에 소방안전교육사 시험의 실시에 필요한 사항은 대통령령으로 정한다.
④ 소방안전교육사 시험에 응시하고자 하는 사람은 소방청장이 정하는 바에 따라 수수료를 내야 한다.

| 선지별 선택률 |

①	②	③	④
3.4%	13.8%	34.5%	48.3%

| 정답해설 |

④ 소방안전교육사 시험에 응시하고자 하는 사람은 대통령령으로 정하는 바에 따라 수수료를 내야 한다(「소방기본법」 제17조의2 제4항).

「소방기본법」 제17조의2 【소방안전교육사】 ① 소방청장은 제17조 제2항에 따른 소방안전교육을 위하여 소방청장이 실시하는 시험에 합격한 사람에게 소방안전교육사 자격을 부여한다.
② 소방안전교육사는 소방안전교육의 기획·진행·분석·평가 및 교수업무를 수행한다.
③ 제1항에 따른 소방안전교육사 시험의 응시자격, 시험방법, 시험과목, 시험위원, 그 밖에 소방안전교육사 시험의 실시에 필요한 사항은 대통령령으로 정한다.
④ 제1항에 따른 소방안전교육사 시험에 응시하려는 사람은 대통령령으로 정하는 바에 따라 수수료를 내야 한다.

14 소방기본법 〉 소방활동 등 〉 소방신호 오답률 48.3% | 답 ③

화재예방, 소방활동, 소방훈련을 위하여 사용되는 소방신호의 종류와 방법은 무엇으로 정하는가?

① 대통령령
② 총리령
③ 행정안전부령
④ 소방청훈령

| 선지별 선택률 |

①	②	③	④
34.5%	6.9%	51.7%	6.9%

| 정답해설 |
③ 화재예방, 소방활동 또는 소방훈련을 위하여 사용되는 소방신호의 종류와 방법은 행정안전부령으로 정한다(「소방기본법」 제18조).

15 소방기본법 〉 소방활동 등 〉 화재 등의 통지

오답률 0% | 답 ③

화재로 오인할 만한 우려가 있는 불을 피우거나 연막소독을 하려는 자가 관할 소방본부장 또는 소방서장에게 신고하여야 하는 지역 또는 장소가 아닌 곳은?

① 목조건물이 밀집한 지역
② 공장·창고가 밀집한 지역
③ 대형 아파트 공사를 하는 지역
④ 석유화학제품을 생산하는 공장이 있는 지역

| 선지별 선택률 |

①	②	③	④
0%	0%	**100%**	0%

| 정답해설 |
③ 대형 아파트 공사를 하는 지역은 신고대상이 아니다(「소방기본법」 제19조 제2항).

| 오답해설 |
①, ②, ④ 이외에도 신고대상은 시장지역, 위험물 저장 및 처리시설이 밀집한 지역 등이 있다.

「소방기본법」 제19조【화재 등의 통지】② 다음 각 호의 어느 하나에 해당하는 지역 또는 장소에서 화재로 오인할 만한 우려가 있는 불을 피우거나 연막(煙幕)소독을 하려는 자는 시·도의 조례로 정하는 바에 따라 관할 소방본부장 또는 소방서장에게 신고하여야 한다.
1. 시장지역
2. 공장·창고가 밀집한 지역
3. 목조건물이 밀집한 지역
4. 위험물의 저장 및 처리시설이 밀집한 지역
5. 석유화학제품을 생산하는 공장이 있는 지역
6. 그 밖에 시·도의 조례로 정하는 지역 또는 장소

16 위험물안전관리법 〉 위험물시설의 안전관리 〉 자체소방대

오답률 57.1% | 답 ③

자체소방대의 설치 제외대상인 일반취급소에 해당하지 않는 것은?

① 유압장치, 윤활유순환장치 그 밖에 이와 유사한 장치로 위험물을 취급하는 일반취급소
② 보일러, 버너 그 밖에 이와 유사한 장치로 위험물을 소비하는 일반취급소
③ 지하저장탱크 그 밖에 이와 유사한 것에 위험물을 주입하는 일반취급소
④ 용기에 위험물을 옮겨 담는 일반취급소

| 선지별 선택률 |

①	②	③	④
14.3%	10.7%	**42.9%**	32.1%

| 정답해설 |
③ 지하저장탱크가 아니라 이동저장탱크이다(「위험물안전관리법 시행규칙」 제73조).

「위험물안전관리법 시행규칙」 제73조【자체소방대의 설치 제외대상인 일반취급소】 영 제18조 제1항 제1호 단서에서 '행정안전부령으로 정하는 일반취급소'란 다음 각 호의 어느 하나에 해당하는 일반취급소를 말한다.
1. 보일러, 버너 그 밖에 이와 유사한 장치로 위험물을 소비하는 일반취급소
2. 이동저장탱크 그 밖에 이와 유사한 것에 위험물을 주입하는 일반취급소
3. 용기에 위험물을 옮겨 담는 일반취급소
4. 유압장치, 윤활유순환장치 그 밖에 이와 유사한 장치로 위험물을 취급하는 일반취급소
5. 「광산안전법」의 적용을 받는 일반취급소

17 위험물안전관리법 〉 위험물시설의 안전관리 〉 위험물안전관리자

오답률 28.6% | 답 ④

위험물안전관리자의 책무가 아닌 것은?

① 위험물의 취급에 관한 일지의 작성·기록
② 제조소 등의 계측장치·제어장치 및 안전장치 등의 적정한 유지·관리
③ 화재 등의 재난이 발생한 경우 응급조치 및 소방관서 등에 대한 연락업무
④ 예방규정을 제정하거나 변경한 경우 변경한 예방규정 1부를 소방서장에게 제출

| 선지별 선택률 |

①	②	③	④
0%	3.6%	25%	**71.4%**

| 정답해설 |
④ 예방규정 1부를 소방서장에게 제출하는 것은 안전관리자의 책무가 아니다.

| 오답해설 |
①, ②, ③ 안전관리자의 책무규정에 열거된 옳은 설명이다(「위험물안전관리법 시행규칙」 제55조).

「위험물안전관리법 시행규칙」 제55조【안전관리자의 책무】 법 제15조 제6항에 따라 안전관리자는 위험물의 취급에 관한 안전관리와 감독에 관한 다음 각 호의 업무를 성실하게 수행하여야 한다.
1. 위험물의 취급작업에 참여하여 당해 작업이 법 제5조 제3항의 규정에 의한 저장 또는 취급에 관한 기술기준과 법 제17조의 규정에 의한 예방규정에 적합하도록 해당 작업자(당해 작업에 참여하는 위험물취급자격자를 포함한다)에 대하여 지시 및 감독하는 업무
2. 화재 등의 재난이 발생한 경우 응급조치 및 소방관서 등에 대한 연락업무
3. 위험물시설의 안전을 담당하는 자를 따로 두는 제조소 등의 경우에는 그 담당자에게 다음 각 목의 규정에 의한 업무의 지시, 그 밖의 제조소 등의 경우에는 다음 각 목의 규정에 의한 업무
   가. 제조소 등의 위치·구조 및 설비를 법 제5조 제4항의 기술기준에 적합하도록 유지하기 위한 점검과 점검상황의 기록·보존
   나. 제조소 등의 구조 또는 설비의 이상을 발견한 경우 관계자에 대한 연락 및 응급조치
   다. 화재가 발생하거나 화재발생의 위험성이 현저한 경우 소방관서 등에 대한 연락 및 응급조치
   라. 제조소 등의 계측장치·제어장치 및 안전장치 등의 적정한 유지·관리
   마. 제조소 등의 위치·구조 및 설비에 관한 설계도서 등의 정비·보존 및 제조소 등의 구조 및 설비의 안전에 관한 사무의 관리
4. 화재 등의 재해의 방지와 응급조치에 관하여 인접하는 제조소 등과 그 밖의 관련되는 시설의 관계자와 협조체제의 유지
5. 위험물의 취급에 관한 일지의 작성·기록
6. 그 밖에 위험물을 수납한 용기를 차량에 적재하는 작업, 위험물설비를 보수하는 작업 등 위험물의 취급과 관련된 작업의 안전에 관하여 필요한 감독의 수행

제63조【예방규정의 작성 등】③ 영 제15조 각 호의 어느 하나에 해당하는 제조소등의 관계인은 예방규정을 제정하거나 변경한 경우에는 별지 제39호 서식의 예방규정제출서에 제정 또는 변경한 예방규정 1부를 첨부하여 시·도지사 또는 소방서장에게 제출하여야 한다.

18 위험물안전관리법 〉 위험물시설의 안전관리 〉 안전관리대행기관의 지정취소 등

오답률 39.3% | 답 ④

안전관리대행기관에 대한 행정처분기준에서 1차 경고에 해당하는 위반사항은?

① 안전관리대행기관의 지정기준에 미달되는 때
② 변경 등의 신고를 연간 2회 이상 하지 아니한 때
③ 소방청장의 지도·감독에 정당한 이유 없이 따르지 아니한 때
④ 안전관리대행기관의 기술인력이 안전관리업무를 성실하게 수행하지 아니한 때

| 선지별 선택률 |

①	②	③	④
3.6%	21.4%	14.3%	**60.7%**

| 정답해설 |

④ 안전관리대행기관의 기술인력이 안전관리업무를 성실하게 수행하지 아니한 때 1차 경고에 해당한다.

| 오답해설 |

①, ③ 1차 업무정지 30일에 해당한다.
② 1차 경고 또는 업무정지 30일에 해당한다.

| 더 알아보기 | 행정처분기준[「위험물안전관리법 시행규칙」 별표 2(제25조, 제58조 제1항 및 제62조 제1항 관련)]

2. 개별기준
 나. 안전관리대행기관에 대한 행정처분기준

위반사항	근거법규	행정처분기준		
		1차	2차	3차
(4) 별표 22의 규정에 의한 안전관리대행기관의 지정기준에 미달되는 때	제58조	업무정지 30일	업무정지 60일	지정취소
(5) 제57조 제4항의 규정에 의한 소방청장의 지도·감독에 정당한 이유 없이 따르지 아니한 때	제58조	업무정지 30일	업무정지 60일	지정취소
(6) 제57조 제5항의 규정에 의한 변경 등의 신고를 연간 2회 이상 하지 아니한 때	제58조	경고 또는 업무정지 30일	업무정지 90일	지정취소
(7) 안전관리대행기관의 기술인력이 제59조의 규정에 의한 안전관리업무를 성실하게 수행하지 아니한 때	제58조	경고	업무정지 90일	지정취소

19 위험물안전관리법 〉 위험물시설의 안전관리 〉 관계인이 예방규정을 정하여야 하는 제조소 등

오답률 14.3% | 답 ④

관계인이 예방규정을 정해야 하는 제조소 등 중 지정수량과 관계없는 것은?

① 제조소
② 옥외저장소
③ 옥내저장소
④ 이송취급소

| 선지별 선택률 |

①	②	③	④
10.7%	0%	3.6%	**85.7%**

| 정답해설 |

④ 이송취급소는 지정수량과 관계없다(「위험물안전관리법 시행령」 제15조).

| 오답해설 |

①, ②, ③ 모두 지정수량과 관계있다.

「위험물안전관리법 시행령」 제15조【관계인이 예방규정을 정하여야 하는 제조소 등】 법 제17조 제1항에서 '대통령령이 정하는 제조소 등'이라 함은 다음 각 호의 1에 해당하는 제조소 등을 말한다.
1. 지정수량의 10배 이상의 위험물을 취급하는 제조소
2. 지정수량의 100배 이상의 위험물을 저장하는 옥외저장소
3. 지정수량의 150배 이상의 위험물을 저장하는 옥내저장소
4. 지정수량의 200배 이상의 위험물을 저장하는 옥외탱크저장소
5. 암반탱크저장소
6. 이송취급소
7. 지정수량의 10배 이상의 위험물을 취급하는 일반취급소. 다만, 제4류 위험물(특수인화물을 제외한다)만을 지정수량의 50배 이하로 취급하는 일반취급소(제1석유류·알코올류의 취급량이 지정수량의 10배 이하인 경우에 한한다)로서 다음 각 목의 어느 하나에 해당하는 것을 제외한다.
 가. 보일러·버너 또는 이와 비슷한 것으로서 위험물을 소비하는 장치로 이루어진 일반취급소
 나. 위험물을 용기에 옮겨 담거나 차량에 고정된 탱크에 주입하는 일반취급소

20 위험물안전관리법 〉 제조소 등의 위치·구조 및 설비의 기준 〉 옥외탱크저장소의 기준

오답률 25% | 답 ④

인화성액체위험물의 옥외탱크저장소의 탱크 주위에 설치하는 방유제에 대한 설명으로 옳지 않은 것은?

① 방유제 내의 면적은 80,000m^2 이하로 할 것
② 방유제 내에 설치하는 옥외저장탱크의 수는 10 이하로 할 것
③ 방유제는 높이 0.5m 이상 3m 이하, 두께 0.2m 이상, 지하매설깊이 1m 이상으로 할 것
④ 방유제의 용량은 방유제 안에 설치된 탱크가 하나인 때에는 그 탱크 용량의 100% 이상으로 할 것

| 선지별 선택률 |

①	②	③	④
0%	14.3%	10.7%	**75%**

| 정답해설 |

④ 탱크 용량의 110% 이상으로 하여야 한다[「위험물안전관리법 시행규칙」 별표 6(제30조 관련) Ⅸ].

제3회 실전동형 모의고사

소방관계법규 문제편 p.66

01	④	02	③	03	①	04	④	05	③
06	④	07	②	08	①	09	②	10	③
11	②	12	③	13	③	14	②	15	②
16	④	17	①	18	②	19	④	20	③

▶풀이시간: /16분 나의 점수: /100점

※ 해당 회차는 1초 합격예측 서비스의 데이터 누적 기간이 충분하지 않아 [오답률] 기재를 생략하고 [난이도]로 표기하였습니다.

01 소방기본법 〉 총칙 〉 정의 난이도 중 | 답 ④

소방관계법규에서 사용하는 용어의 정의로 옳지 않은 것은?

① 관계지역이란 소방대상물이 있는 장소 및 그 이웃지역으로서 화재의 예방·경계·진압, 구조·구급 등의 활동이 필요한 지역을 말한다.
② 소방대장이란 소방본부장 또는 소방서장 등 화재, 재난·재해 그 밖의 위급한 상황이 발생한 현장에서 소방대를 지휘하는 사람을 말한다.
③ 소방대란 화재를 진압하고 화재, 재난·재해, 구조·구급활동 등을 하기 위해 구성된 조직체, 즉 소방공무원, 의무소방원, 의용소방대원을 말한다.
④ 소방서장이란 시·도에서 화재의 예방·경계·진압·조사·구조·구급 등의 업무를 담당하는 부서의 장을 말한다.

| 정답해설 |
④ 시·도에서 소방업무를 담당하는 부서의 장은 소방서장이 아니고 소방본부장이다(「소방기본법」 제2조 관련).

02 소방기본법 〉 소방활동 등 〉 소방체험관의 설립 운영 난이도 중 | 답 ③

소방공무원 중 체험실별 체험교육을 총괄하는 교수요원으로 적합하지 않은 사람은?

① 소방 관련학과의 석사학위 이상을 취득한 사람
② 간호사 또는 응급구조사 자격을 취득한 사람
③ 중앙소방학교장이 실시하는 인명구조사시험 또는 화재대응능력시험에 합격한 사람
④ 5년 이상 근무한 소방공무원 중 시·도지사가 체험실의 교수요원으로 적합하다고 인정하는 사람

| 정답해설 |
③ 체험교육을 총괄하는 교수요원은 소방청장이 실시하는 인명구조사시험 또는 화재대응능력시험에 합격한 사람이어야 한다[「소방기본법 시행규칙」 별표 1(제4조의2 제2항 관련)].

03 소방기본법 〉 소방장비 및 소방용수시설 등 〉 국고보조대상범위 난이도 중 | 답 ①

소방장비 등에 대한 국고보조대상사업의 범위(소방활동장비와 설비)에 해당하지 않는 것은?

① 소방행정차
② 소방헬리콥터 및 소방정
③ 소방전용 통신설비 및 전산설비
④ 방화복 등 소방활동에 필요한 소방장비

| 정답해설 |
① 국고보조대상사업의 범위에 해당하는 것은 소방행정차가 아니라 소방자동차이다. 즉, 소방활동 및 인명구조에 필요한 각종 장비를 갖추고 그 임무에 쓰이는 특수차량(불자동차)이 해당한다.

04 소방기본법 〉 소방활동 등 〉 소방지원활동 난이도 중 | 답 ④

소방청장, 소방본부장, 소방서장이 공공의 안녕질서 유지를 위하여 필요한 경우 하게 할 수 있는 소방지원활동에 해당되지 않는 것은?

① 산불에 대한 예방·진압 등 지원활동
② 자연재해에 따른 급수·배수 및 제설 등 지원활동
③ 집회·공연 등 각종 행사 시 사고에 대비한 근접대기 등 지원활동
④ 화재, 재난·재해로 인한 화재진압 지원활동

| 정답해설 |
④ 화재진압은 화재가 발생한 소방서에서 인원·장비를 동원해 하는 것이고, 소방지원활동은 화재, 재난·재해를 당한 소방서의 피해복구활동을 지원하는 것이다. ④는 화재진압 지원활동이 아니라 피해복구 지원활동이다.

| 오답해설 |
①, ②, ③ 모두 소방지원활동에 해당한다.

05 소방기본법 〉 보칙 〉 소방안전교육사 난이도 하 | 답 ③

소방안전교육사 시험의 응시자격으로 옳지 않은 것은?

① 소방공무원으로 3년 이상 근무한 경력이 있는 사람
② 「영유아보육법」에 따라 보육교사 자격을 취득한 후 3년 이상의 보육업무 경력이 있는 사람
③ 안전관리 분야의 기사 자격을 취득한 후 안전관리 분야에 3년 이상 종사한 사람
④ 안전관리 분야의 산업기사 자격을 취득한 후 안전관리 분야에 3년 이상 종사한 사람

| 정답해설 |
③ 안전관리 분야의 기사 자격 취득자는 안전관리 분야에 3년이 아니라 1년 이상 종사해야 한다[「소방기본법 시행령」 별표 2의2(제7조의2 관련)].

06 화재예방, 소방시설 설치·유지 및 안전관리에 관한 법률 〉 총칙 〉 무창층

난이도 하 | 답 ④

「화재예방, 소방시설 설치·유지 및 안전관리에 관한 법률 시행령」상 개구부의 조건에 대한 설명으로 옳지 않은 것은?

① 창 출입구 등 지름 50cm 이상의 원이 내접할 수 있는 크기일 것
② 해당 층의 바닥으로부터 개구부 밑부분까지의 높이가 1.2m 이내일 것
③ 도로 또는 차량이 진입할 수 있는 빈터를 향할 것
④ 화재 시 건물로부터 피난에 용이하도록 쉽게 부서지는 창살이나 장애물을 설치할 것

| 정답해설 |
④ 무창층의 개구부는 내부나 외부에서 쉽게 부수거나 열 수 있는 것으로 해야 하며, 화재 시 건축물로부터 쉽게 피난할 수 있도록 창살이나 그 밖의 장애물이 설치되지 아니해야 한다.

| 더 알아보기 | 무창층 및 피난층에 대한 설명(「화재예방, 소방시설 설치·유지 및 안전관리에 관한 법률 시행령」 제2조 제1호 및 제2호)

1. '무창층(無窓層)'이란 지상층 중 다음 각 목의 요건을 모두 갖춘 개구부(건축물에서 채광·환기·통풍 또는 출입 등을 위하여 만든 창·출입구, 그 밖에 이와 비슷한 것을 말한다)의 면적의 합계가 해당 층의 바닥면적(「건축법 시행령」 제119조 제1항 제3호에 따라 산정된 면적을 말한다. 이하 같다)의 30분의 1 이하가 되는 층을 말한다.
   가. 크기는 지름 50센티미터 이상의 원이 내접(內接)할 수 있는 크기일 것
   나. 해당 층의 바닥면으로부터 개구부 밑부분까지의 높이가 1.2미터 이내일 것
   다. 도로 또는 차량이 진입할 수 있는 빈터를 향할 것
   라. 화재 시 건축물로부터 쉽게 피난할 수 있도록 창살이나 그 밖의 장애물이 설치되지 아니할 것
   마. 내부 또는 외부에서 쉽게 부수거나 열 수 있을 것
2. '피난층'이란 곧바로 지상으로 갈 수 있는 출입구가 있는 층을 말한다.

07 화재예방, 소방시설 설치·유지 및 안전관리에 관한 법률 〉 소방시설의 설치 및 유지·관리 등 〉 인명구조기구

난이도 하 | 답 ②

소방시설의 종류(피난·구조설비) 중 인명구조기구가 아닌 것은?

① 방화복
② 완강기
③ 공기호흡기
④ 인공소생기

| 정답해설 |
② 완강기는 인명구조기구가 아닌 피난기구에 해당한다.

| 오답해설 |
①, ③, ④ 모두 인명구조기구에 해당한다.

08 화재예방, 소방시설 설치·유지 및 안전관리에 관한 법률 〉 소방시설의 설치 및 유지·관리 등 〉 건축허가 등의 동의요구

난이도 하 | 답 ①

건축허가 등의 동의요구는 누구에게 하여야 하는가?

① 소방본부장·소방서장
② 소방대장
③ 시장·군수·구청장
④ 담당과장

| 정답해설 |
① 건축허가 등의 동의요구는 건축물 등의 사공지 또는 소재지를 관할하는 소방본부장·소방서장에게 하여야 한다.

09 화재예방, 소방시설 설치·유지 및 안전관리에 관한 법률 〉 소방용품의 품질관리 〉 소방시설 점검 장비

난이도 중 | 답 ②

통로유도등이나 비상조명등의 점검 장비로서 옳은 것은?

① 검량계
② 조도계
③ 차압계
④ 음량계

| 정답해설 |
② 통로유도등, 비상조명등의 소방시설별 점검 장비는 조도계이다.

| 오답해설 |
① 검량계는 이산화탄소소화설비의 점검 장비에 해당한다.
③ 차압계는 제연설비의 점검 장비에 해당한다.
④ 음량계는 자동화재 탐지설비 등의 점검 장비에 해당한다.

10 화재예방, 소방시설 설치·유지 및 안전관리에 관한 법률 〉 벌칙 〉 벌칙

난이도 중 | 답 ③

「화재예방, 소방시설 설치·유지 및 안전관리에 관한 법률」상 시·도지사는 영업정지를 명하는 경우 그 영업정지가 국민에게 심한 불편을 줄 수 있는 경우 영업정지처분을 갈음하여 과징금을 부과할 수 있는데, 그 과징금은 얼마인가?

① 1천만 원 이하
② 2천만 원 이하
③ 3천만 원 이하
④ 5천만 원 이하

| 정답해설 |
③ 시·도지사는 영업정지처분을 갈음하여 3천만 원 이하의 과징금을 부과할 수 있다(「화재예방, 소방시설 설치·유지 및 안전관리에 관한 법률」 제35조).

11 소방시설공사업법 〉 소방시설업 〉 등록관리

난이도 하 | 답 ②

소방시설업 등록증 발급대장에 그 사실을 일련번호순으로 작성하고 관리하여야 하는 사항에 해당되지 않는 것은?

① 등록업종 및 등록번호
② 등록자 성별·나이
③ 상호(명칭) 및 성명
④ 영업소 소재지

| 정답해설 |
② 등록자의 성별·나이는 해당사항이 아니다.

12 소방시설공사업법 〉 소방시설업 〉 착공신고

난이도 중 | 답 ③

소방시설공사업자가 소방시설공사를 할 때 소방서장에게 신고하여야 하는 착공신고에 해당하는 기준은?

① 대통령령
② 총리령
③ 행정안전부령
④ 소방청훈령

| 정답해설 |

③ 공사업자는 소방시설공사를 하려면 행정안전부령으로 정하는 바에 따라 그 공사의 내용, 시공 장소, 그 밖에 필요한 사항을 소방본부장이나 소방서장에게 신고해야 한다(「소방시설공사업법」 제13조).

13 소방시설공사업법 〉 완공검사 〉 감리결과의 통보

난이도 하 | 답 ③

소방공사 감리업자가 소방공사의 감리를 마쳤을 때에는 공사가 완료된 날로부터 며칠 이내에 소방서장에게 보고하여야 하는가?

① 3일 ② 5일
③ 7일 ④ 14일

| 정답해설 |

③ 감리업자는 공사가 완료된 날로부터 7일 이내에 소방서장에게 보고하여야 한다.

14 소방시설공사업법 〉 소방기술자 〉 실무교육

난이도 중 | 답 ②

소방기술자 실무교육에 필요한 기술인력 중 강사의 자격요건으로 옳지 않은 것은?

① 소방 관련학의 박사학위를 취득한 사람
② 전문대학 이상의 교육기관에서 소방안전 관련학과 부교수 이상으로 재직한 사람
③ 소방설비기사 및 위험물산업기사 자격을 소지한 자로서 소방 관련 기관에서 2년 이상 강의 경력이 있는 사람
④ 대학 또는 이와 동등 이상의 교육기관에서 소방안전 관련학과를 졸업하고 소방 관련 기관에서 5년 이상 강의 경력이 있는 사람

| 정답해설 |

② 전문대학 또는 이와 동등 이상의 교육기관에서 소방안전 관련학과 부교수 이상으로 재직한 사람이 아니라 전임강사 이상으로 재직한 사람이다.

15 소방시설공사업법 〉 벌칙 〉 벌칙

난이도 중 | 답 ②

소방시설 공사업자가 소속 감리원을 공사현장에 배치하지 아니하거나 거짓으로 한 경우의 처벌 규정은?

① 등록취소나 3개월 이내의 영업정지
② 등록취소나 6개월 이내의 영업정지
③ 등록취소나 9개월 이내의 영업정지
④ 등록취소나 1년 이내의 영업정지

| 정답해설 |

② 시·도지사는 소방시설업자가 소속 감리원을 배치하지 않거나 거짓으로 한 경우 등록취소나 6개월 이내의 영업정지를 명할 수 있다(「소방시설공사업법」 제9조).

16 위험물안전관리법 〉 보칙 〉 위험물 유별성질

난이도 하 | 답 ④

위험물의 성질 중 모두 산화성인 것은?

① 제1류와 제2류
② 제1류와 제3류
③ 제1류와 제5류
④ 제1류와 제6류

| 정답해설 |

④ 제1류는 산화성 고체이고 제6류는 산화성 액체이다.

| 오답해설 |

① 제2류는 가연성 고체이다.
② 제3류는 자연발화성 물질 및 금수성 물질이다.
③ 제5류는 자기반응성 물질이다.

| 더 알아보기 | 위험물 및 지정수량[「위험물안전관리법 시행령」 별표 1(제2조 및 제3조 관련)]

유별	품명		지정수량
제1류 산화성 고체	염소산염류, 아염소산염류, 과염소산염류, 무기과산화물		50kg
	질산염류, 요오드산염류, 브롬산염류		300kg
	과망간산염류, 중크롬산염류 등		1,000kg
제2류 가연성 고체	유황, 황화린, 적린		100kg
	철분, 금속분, 마그네슘		500kg
	인화성 고체		1,000kg
제3류 금수성 및 자연발화성 물질	칼륨, 나트륨, 알킬알루미늄, 알킬리튬		10kg
	황린		20kg
	알칼리금속, 알칼리토금속, 유기금속화합물		50kg
	금속의 수소화물, 금속의 인화물, 칼슘 또는 알루미늄의 탄화물		300kg
제4류 인화성 액체	특수인화물, 이황화탄소, 디에틸에테르 등		50ℓ
	제1석유류(아세톤, 휘발유 등)	비수용성	200ℓ
		수용성	400ℓ
	알코올류		400ℓ
	제2석유류(등유, 경유 등)	비수용성	1,000ℓ
		수용성	2,000ℓ
	제3석유류(중유, 클레오소트유 등)	비수용성	2,000ℓ
		수용성	4,000ℓ
	제4석유류(기어유, 실린더유 등)		6,000ℓ
	동·식물유류		10,000ℓ
제5류 자기반응성 물질	유기과산화물, 질산에스테르류		10kg
	히드록실아민, 히드록실아민염류		100kg
	히드라진유도체, 니트로화합물, 니트로소화합물, 아조화합물, 디아조화합물		200kg
제6류 산화성 액체	과염소산, 과산화수소(농도 36 중량 % 이상), 질산(비중 1.49 이상)		300kg

※ 상기 외 할로겐화합물이 있다(약국에서 판매하는 옥시풀인 과산화수소는 3% 수용액이다).

17 위험물안전관리법 〉 제조소의 위치·구조·설비의 기준 〉 채광·조명 및 환기설비

난이도 하 | 답 ①

위험물을 취급하는 건축물의 채광·조명 및 환기설비의 기준으로 옳지 않은 것은?

① 점멸스위치는 출입구 안쪽 부분에 설치할 것
② 가연성가스 등이 체류할 우려가 있는 장소의 조명등은 방폭등으로 할 것

③ 채광설비는 불연재료로 하고 연소의 우려가 없는 장소에 설치하되 채광면적을 최소로 할 것
④ 환기설비는 자연배기방식으로 할 것

| 정답해설 |
① 점멸스위치는 출입구 바깥 부분에 설치해야 한다.

18 위험물안전관리법 〉 보칙 〉 옥외탱크저장소

난이도 상 | 답 ②

옥외탱크저장소의 보유공지에 대한 설명으로 옳지 않은 것은?

① 지정수량의 500배 이하는 3m 이상 너비의 공지를 보유하여야 한다.
② 지정수량의 500배 초과 1,000배 이하는 6m 이상 너비의 공지를 보유하여야 한다.
③ 1,000배 초과 2,000배 이하는 9m 이상 너비의 공지를 보유하여야 한다.
④ 2,000배 초과 3,000배 이하는 12m 이상 너비의 공지를 보유하여야 한다.

| 정답해설 |
② 저장 또는 취급하는 위험물의 최대수량 및 공지의 너비는 3, 6, 9, 12, 15, 즉 3배 배수가 아니라 3, 5, 9, 12, 15이다. 따라서 6미터 이상이 아니고 5미터 이상이다.

| 더 알아보기 | 옥외탱크저장소의 위치·구조 및 설비의 기준[「위험물안전관리법 시행규칙」 별표 6(제30조 관련)]

II. 보유공지
1. 옥외저장탱크(위험물을 이송하기 위한 배관 그 밖에 이에 준하는 공작물을 제외한다)의 주위에는 그 저장 또는 취급하는 위험물의 최대수량에 따라 옥외저장탱크의 측면으로부터 다음 표에 의한 너비의 공지를 보유하여야 한다.

저장 또는 취급하는 위험물의 최대수량	공지의 너비
지정수량의 500배 이하	3m 이상
지정수량의 500배 초과 1,000배 이하	5m 이상
지정수량의 1,000배 초과 2,000배 이하	9m 이상
지정수량의 2,000배 초과 3,000배 이하	12m 이상
지정수량의 3,000배 초과 4,000배 이하	15m 이상
지정수량의 4,000배 초과	당해 탱크의 수평단면의 최대 지름(가로형인 경우에는 긴 변)과 높이 중 큰 것과 같은 거리 이상. 다만, 30m 초과의 경우에는 30m 이상으로 할 수 있고, 15m 미만의 경우에는 15m 이상으로 하여야 한다.

19 위험물안전관리법 〉 보칙 〉 이동탱크저장소

난이도 상 | 답 ④

이동탱크저장소의 구조에 대한 설명으로 옳지 않은 것은?

① 탱크의 두께는 3.2㎜ 이상의 강철판으로 위험물이 새지 않게 제작하여야 한다.
② 이동저장탱크는 그 내부에 4,000ℓ 이하마다 두께 3.2㎜ 이상의 강철판으로 칸막이를 설치하여야 한다.
③ 칸막이로 구획된 부분의 용량이 2,000ℓ 미만인 부분에는 방파판을 설치하지 아니할 수 있다.
④ 방파판은 두께 3.2㎜ 이상의 강철판 또는 이와 동등 이상의 강도·내열성 및 내식성이 있는 금속성의 것으로 하여야 한다.

| 정답해설 |
④ 방파판의 두께는 3.2㎜ 이상이 아니라 1.6㎜ 이상이다.

| 더 알아보기 | 이동탱크저장소의 구조[「위험물안전관리법 시행규칙」 별표 10(제34조 관련)]

1. 이동저장탱크의 구조
   가. 탱크(맨홀 및 주입관의 뚜껑을 포함한다)는 두께 3.2㎜ 이상의 강철판 또는 이와 동등 이상의 강도·내식성 및 내열성이 있다고 인정하여 소방청장이 정하여 고시하는 재료 및 구조로 위험물이 새지 아니하게 제작할 것
   나. 압력탱크(최대상용압력이 46.7kPa 이상인 탱크를 말한다) 외의 탱크는 70kPa의 압력으로, 압력탱크는 최대상용압력의 1.5배의 압력으로 각각 10분간의 수압시험을 실시하여 새거나 변형되지 아니할 것. 이 경우 수압시험은 용접부에 대한 비파괴시험과 기밀시험으로 대신할 수 있다.
2. 이동저장탱크는 그 내부에 4,000ℓ 이하마다 3.2㎜ 이상의 강철판 또는 이와 동등 이상의 강도·내열성 및 내식성이 있는 금속성의 것으로 칸막이를 설치하여야 한다. 다만, 고체인 위험물을 저장하거나 고체인 위험물을 가열하여 액체 상태로 저장하는 경우에는 그러하지 아니하다.
3. 제2호의 규정에 의한 칸막이로 구획된 각 부분마다 맨홀과 다음 각 목의 기준에 의한 안전장치 및 방파판을 설치하여야 한다. 다만, 칸막이로 구획된 부분의 용량이 2,000ℓ 미만인 부분에는 방파판을 설치하지 아니할 수 있다.
   가. 안전장치
      상용압력이 20kPa 이하인 탱크에 있어서는 20kPa 이상 24kPa 이하의 압력에서, 상용압력이 20kPa를 초과하는 탱크에 있어서는 상용압력의 1.1배 이하의 압력에서 작동하는 것으로 할 것
   나. 방파판
      1) 두께 1.6㎜ 이상의 강철판 또는 이와 동등 이상의 강도·내열성 및 내식성이 있는 금속성의 것으로 할 것
      2) 하나의 구획 부분에 2개 이상의 방파판을 이동탱크저장소의 진행방향과 평행으로 설치하되, 각 방파판은 그 높이 및 칸막이로부터의 거리를 다르게 할 것
      3) 하나의 구획 부분에 설치하는 각 방파판의 면적의 합계는 당해 구획부분의 최대 수직단면적의 50% 이상으로 할 것. 다만, 수직단면이 원형이거나 짧은 지름이 1m 이하의 타원형일 경우에는 40% 이상으로 할 수 있다.

20 위험물안전관리법 〉 제조소 등의 위치·구조 및 설비의 기준 〉 이송취급소의 기준

난이도 중 | 답 ③

이송취급소의 위치·구조·설비의 기준 중 옳지 않은 것은?

① 소화설비 및 경보설비에는 사용전원이 고장인 경우에 자동적으로 작동할 수 있는 비상전원을 설치하여야 한다.
② 배관계는 안전상 필요에 따라 지지물 그 밖의 구조물로부터 절연하여야 한다.
③ 이송취급소에는 피뢰설비를 설치하지 않아도 된다.
④ 이송취급소에는 "위험물이송취급소"라는 표시를 한 표지와 방화에 관하여 필요한 사항을 게시한 게시판을 설치하여야 한다.

| 정답해설 |
③ 이송취급소에는 위험물을 이송하는 배관 등의 부분을 제외하고 방화에 관하여 필요한 게시판을 설치하여야 하며 피뢰설비를 설치하여야 한다.

제4회 실전동형 모의고사

소방관계법규

문제편 p.72

01	③	02	③	03	④	04	③	05	④
06	①	07	④	08	②	09	①	10	②
11	①	12	③	13	①	14	①	15	②
16	①	17	②	18	②	19	①	20	③

▶풀이시간: /18분 나의 점수: /100점

01 소방기본법 〉 벌칙 〉 벌칙 　오답률 35% | 답 ③

정당한 사유 없이 처분(명령)에 따르지 아니하거나 이를 방해하였을 경우 가장 많은 벌금이 부과될 수 있는 위법행위에 해당하는 것은?

① 타고 남은 불 또는 화기가 있을 우려가 있는 재의 처리 명령을 따르지 아니하거나 방해한 자
② 함부로 버려두거나 그냥 둔 위험물, 그 밖에 불에 탈 수 있는 물건을 옮기거나 치우게 하는 등의 조치 명령을 따르지 아니하거나 방해한 자
③ 소방본부장, 소방서장 또는 소방대장은 소방활동을 위하여 긴급하게 출동할 때에는 소방자동차의 통행과 소방활동에 방해가 되는 주차 또는 정차된 차량 및 물건 등을 이동시킬 수 있는데 정당한 사유 없이 그 처분에 따르지 아니한 자
④ 불장난, 모닥불, 흡연, 화기 취급, 풍등 등 소형 열기구 날리기, 그 밖에 화재예방상 위험하다고 인정되는 행위의 금지 또는 제한 명령에 따르지 아니하거나 이를 방해한 자

| 선지별 선택률 |

①	②	③	④
0%	15%	**65%**	20%

| 정답해설 |

③ 300만 원 이하의 벌금에 처한다(「소방기본법」 제52조).

| 오답해설 |

①, ②, ④ 200만 원 이하의 벌금에 처한다(「소방기본법」 제53조).

「소방기본법」 제12조【화재의 예방조치 등】① 소방본부장이나 소방서장은 화재의 예방상 위험하다고 인정되는 행위를 하는 사람이나 소화(消火) 활동에 지장이 있다고 인정되는 물건의 소유자·관리자 또는 점유자에게 다음 각 호의 명령을 할 수 있다.
1. 불장난, 모닥불, 흡연, 화기(火氣) 취급, 풍등 등 소형 열기구 날리기, 그 밖에 화재예방상 위험하다고 인정되는 행위의 금지 또는 제한
2. 타고 남은 불 또는 화기가 있을 우려가 있는 재의 처리
3. 함부로 버려두거나 그냥 둔 위험물, 그 밖에 불에 탈 수 있는 물건을 옮기거나 치우게 하는 등의 조치
② 소방본부장이나 소방서장은 제1항 제3호에 해당하는 경우로서 그 위험물 또는 물건의 소유자·관리자 또는 점유자의 주소와 성명을 알 수 없어서 필요한 명령을 할 수 없을 때에는 소속 공무원으로 하여금 그 위험물 또는 물건을 옮기거나 치우게 할 수 있다.
③ 소방본부장이나 소방서장은 제2항에 따라 옮기거나 치운 위험물 또는 물건을 보관하여야 한다.
④ 소방본부장이나 소방서장은 제3항에 따라 위험물 또는 물건을 보관하는 경우에는 그날부터 14일 동안 소방본부 또는 소방서의 게시판에 그 사실을 공고하여야 한다.
⑤ 제3항에 따라 소방본부장이나 소방서장이 보관하는 위험물 또는 물건의 보관기간 및 보관기간 경과 후 처리 등에 대하여는 대통령령으로 정한다.

제25조【강제처분 등】③ 소방본부장, 소방서장 또는 소방대장은 소방활동을 위하여 긴급하게 출동할 때에는 소방자동차의 통행과 소방활동에 방해가 되는 주차 또는 정차된 차량 및 물건 등을 제거하거나 이동시킬 수 있다.

제52조【벌칙】다음 각 호의 어느 하나에 해당하는 자는 300만 원 이하의 벌금에 처한다.
1. 제25조 제2항 및 제3항에 따른 처분을 방해한 자 또는 정당한 사유 없이 그 처분에 따르지 아니한 자

제53조【벌칙】다음 각 호의 어느 하나에 해당하는 자는 200만 원 이하의 벌금에 처한다.
1. 정당한 사유 없이 제12조 제1항 각 호의 어느 하나에 따른 명령에 따르지 아니하거나 이를 방해한 자
2. 정당한 사유 없이 제30조 제1항에 따른 관계 공무원의 출입 또는 조사를 거부·방해 또는 기피한 자
3. 정당한 사유 없이 제12조 제1항 각 호의 어느 하나에 따른 명령에 따르지 아니하거나 이를 방해한 자

02 소방기본법 〉 소방활동 등 〉 소방안전교육사 　오답률 40% | 답 ③

소방안전교육사 제1차 시험과목인 소방학개론의 출제범위에 해당하지 <u>않는</u> 것은?

① 소방조직
② 연소이론
③ 재난관리론
④ 소화이론

| 선지별 선택률 |

①	②	③	④
30%	5%	**60%**	5%

| 정답해설 |

③ 재난관리론은 소방학개론의 출제범위가 아니라 제1차 시험의 시험과목 중 하나이다[「소방기본법 시행규칙」 별표 3의4(제9조의2 관련)].

| 더 알아보기 | 소방안전교육사 시험과목별 출제범위[「소방기본법 시행규칙」 별표 3의4(제9조의2 관련)]

구분	시험과목	출제범위	비고
제1차 시험 ※ 4과목 중 3과목 선택	소방학개론	소방조직, 연소이론, 화재이론, 소화이론, 소방시설(소방시설의 종류, 작동원리 및 사용법 등을 말하며, 소방시설의 구체적인 설치 기준은 제외한다)	선택형 (객관식)
	구급·응급처치론	응급환자 관리, 임상응급의학, 인공호흡 및 심폐소생술(기도폐쇄 포함), 화상환자 및 특수환자 응급처치	
	재난관리론	재난의 정의·종류, 재난유형론, 재난단계별 대응이론	
	교육학개론	교육의 이해, 교육심리, 교육사회, 교육과정, 교육방법 및 교육공학, 교육평가	
제2차 시험	국민안전교육 실무	재난 및 안전사고의 이해, 안전교육의 개념과 기본원리, 안전교육 지도의 실제	논술형 (주관식)

03 소방기본법 〉 총칙 〉 소방업무에 관한 종합계획의 수립·시행 등

오답률 35% | 답 ④

다음 중 소방업무에 관한 종합계획에 포함되어야 하는 사항이 아닌 것은?

① 소방업무에 필요한 기반 조성
② 소방업무의 교육 및 홍보
③ 소방전문인력 양성
④ 소방업무에 필요한 예산의 확보

| 선지별 선택률 |

①	②	③	④
5%	15%	15%	65%

| 정답해설 |

④ 소방업무에 필요한 예산의 확보는 종합계획에 포함되어야 하는 사항이 아니다(「소방기본법」 제6조 제2항).

「소방기본법」 제6조 **【소방업무에 관한 종합계획의 수립·시행 등】** ② 종합계획에는 다음 각 호의 사항이 포함되어야 한다.
1. 소방서비스의 질 향상을 위한 정책의 기본방향
2. 소방업무에 필요한 체계의 구축, 소방기술의 연구·개발 및 보급
3. 소방업무에 필요한 장비의 구비
4. 소방전문인력 양성
5. 소방업무에 필요한 기반 조성
6. 소방업무의 교육 및 홍보(제21조에 따른 소방자동차의 우선 통행 등에 관한 홍보를 포함한다)
7. 그 밖에 소방업무의 효율적 수행을 위하여 필요한 사항으로서 대통령령으로 정하는 사항

04 소방기본법 〉 화재의 예방과 경계 〉 화재경계지구의 지정

오답률 65% | 답 ③

다음 중 시·도지사가 화재경계지구 관리대장에 작성하고 관리하여야 하는 사항이 아닌 것은?

① 소방교육의 실시 현황
② 소방설비의 설치 명령 현황
③ 소방검사 및 순찰 현황
④ 소방훈련의 실시 현황

| 선지별 선택률 |

①	②	③	④
5%	25%	35%	35%

| 정답해설 |

③ 소방검사 및 순찰 현황은 화재경계지구 관리대장에 작성하고 관리하여야 하는 사항이 아니다(「소방기본법 시행령」 제4조 제5항).

| 더 알아보기 | 화재경계지구의 관리(「소방기본법 시행령」 제4조)

시·도지사는 다음의 사항을 화재경계지구 관리대장에 작성하고 관리하여야 한다.
- 화재경계지구의 지정 현황
- 소방특별조사의 결과
- 소방설비의 설치 명령 현황
- 소방교육의 실시 현황
- 소방훈련의 실시 현황
- 그 밖에 화재예방 및 경계에 필요한 사항

05 소방기본법 〉 벌칙 〉 벌칙

오답률 20% | 답 ④

소방용수시설, 소화기구 및 설비 등의 설치 명령을 위반한 자에 대한 과태료 부과기준으로 옳은 것은?

① 50만 원 이하
② 100만 원 이하
③ 150만 원 이하
④ 200만 원 이하

| 선지별 선택률 |

①	②	③	④
0%	20%	0%	80%

| 정답해설 |

④ 소방용수시설, 소화기구 및 설비 등의 설치 명령을 위반한 자에 대한 과태료는 200만 원 이하이다(「소방기본법」 제56조 제2항).

06 화재예방, 소방시설 설치·유지 및 안전관리에 관한 법률 〉 소방특별조사 등 〉 소방특별조사

오답률 45% | 답 ①

소방대상물의 소방특별조사 결과에 따른 조치명령에 관한 설명으로 옳지 않은 것은?

① 소방본부장은 개수명령으로 인하여 입은 손실을 보상하는 경우에는 시가로 보상하여야 한다.
② 개수명령은 화재예방 및 화재 발생 시 인명 또는 재산 피해가 클 것으로 예상되는 경우에 한한다.
③ 소방서장은 소방대상물에 대한 화재예방을 위하여 소방대상물의 개수 등 필요한 조치를 명령할 수 있다.
④ 소방대상물의 관계인에게 개수·이전·제거 등을 명하거나 관계 행정기관의 장에게 필요한 조치를 하여 줄 것을 요청할 수 있다.

| 선지별 선택률 |

①	②	③	④
55%	20%	10%	15%

| 정답해설 |

① 손실 보상은 소방본부장이 아니라 시·도지사가 하는 것이다(시·도지사가 손실을 보상하는 경우에는 시가로 보상하여야 함)(「화재예방, 소방시설 설치·유지 및 안전에 관한 법률」 제5조, 제6조).

「화재예방, 소방시설 설치·유지 및 안전관리에 관한 법률」 제5조 **【소방특별조사 결과에 따른 조치명령】** ① 소방청장, 소방본부장 또는 소방서장은 소방특별조사 결과 소방대상물의 위치·구조·설비 또는 관리의 상황이 화재나 재난·재해 예방을 위하여 보완될 필요가 있거나 화재가 발생하면 인명 또는 재산의 피해가 클 것으로 예상되는 때에는 행정안전부령으로 정하는 바에 따라 관계인에게 그 소방대상물의 개수(改修)·이전·제거, 사용의 금지 또는 제한, 사용폐쇄, 공사의 정지 또는 중지, 그 밖의 필요한 조치를 명할 수 있다.
② 소방청장, 소방본부장 또는 소방서장은 소방특별조사 결과 소방대상물이 법령을 위반하여 건축 또는 설비되었거나 소방시설 등, 피난시설·방화구획, 방화시설 등이 법령에 적합하게 설치·유지·관리되고 있지 아니한 경우에는 관계인에게 제1항에 따른 조치를 명하거나 관계 행정기관의 장에게 필요한 조치를 하여 줄 것을 요청할 수 있다.
제6조 **【손실 보상】** 소방청장, 특별시장·광역시장·특별자치시장·도지사 또는 특별자치도지사(이하 '시·도지사'라 한다)는 제5조 제1항에 따른 명령으로 인하여 손실을 입은 자가 있는 경우에는 대통령령으로 정하는 바에 따라 보상하여야 한다.

07 소방시설공사업법 〉 소방시설업 〉 소방시설업의 운영 오답률 40% | 답 ④

다음 중 소방시설업자가 보관하여야 하는 관계 서류에 해당하지 않는 것은?

① 소방시설 설계기록부
② 소방공사 감리기록부
③ 소방시설공사 기록부
④ 소방시설의 착공 당시 설계도서

| 선지별 선택률 |

①	②	③	④
10%	10%	20%	**60%**

| 정답해설 |

④ 착공 당시가 아니라 완공 당시 설계도서를 보관하여야 한다(「소방시설공사업법 시행규칙」 제8조).

「소방시설공사업법 시행규칙」 제8조【소방시설업자가 보관하여야 하는 관계 서류】 법 제8조 제4항에서 '행정안전부령으로 정하는 관계 서류'란 다음 각 호의 구분에 따른 해당 서류(전자문서를 포함한다)를 말한다.
1. 소방시설설계업: 별지 제10호 서식의 소방시설 설계기록부 및 소방시설 설계도서
2. 소방시설공사업: 별지 제11호 서식의 소방시설공사 기록부
3. 소방공사감리업: 별지 제12호 서식의 소방공사 감리기록부, 별지 제13호 서식의 소방공사 감리일지 및 소방시설의 완공 당시 설계도서

08 화재예방, 소방시설 설치·유지 및 안전관리에 관한 법률 〉 소방대상물의 안전관리 〉 공동 소방안전관리 오답률 10% | 답 ②

공동소방안전관리를 해야 하는 특정소방대상물로서 「화재예방, 소방시설 설치·유지 및 안전관리에 관한 법률」상 고층 건축물의 범주에 해당되는 것은?

① 지하층을 제외한 층수가 7층 이상인 건축물
② 지하층을 제외한 층수가 11층 이상인 건축물
③ 건축물의 높이가 25m 이상인 건축물
④ 건축물의 높이가 30m 이상인 건축물

| 선지별 선택률 |

①	②	③	④
0%	**90%**	5%	5%

| 정답해설 |

② 지하층을 제외한 층수가 11층 이상인 건축물만 고층 건축물에 해당한다(「화재예방, 소방시설 설치·유지 및 안전관리에 관한 법률」 제21조).

「화재예방, 소방시설 설치·유지 및 안전관리에 관한 법률」 제21조【공동 소방안전관리】 다음 각 호의 어느 하나에 해당하는 특정소방대상물로서 그 관리의 권원(權原)이 분리되어 있는 것 가운데 소방본부장이나 소방서장이 지정하는 특정소방대상물의 관계인은 행정안전부령으로 정하는 바에 따라 대통령령으로 정하는 자를 공동 소방안전관리자로 선임하여야 한다.
1. 고층 건축물(지하층을 제외한 층수가 11층 이상인 건축물만 해당한다)
2. 지하가(지하의 인공구조물 안에 설치된 상점 및 사무실, 그 밖에 이와 비슷한 시설이 연속하여 지하도에 접하여 설치된 것과 그 지하도를 합한 것을 말한다)
3. 그 밖에 대통령령으로 정하는 특정소방대상물

09 화재예방, 소방시설 설치·유지 및 안전관리에 관한 법률 〉 소방시설관리사 및 소방시설관리업 〉 소방시설관리업자의 지위승계 오답률 15% | 답 ①

소방시설관리업자의 지위를 승계한 자는 누구에게 신고해야 하는가?

① 시·도지사
② 시장·군수
③ 소방본부장
④ 관할소방서장

| 선지별 선택률 |

①	②	③	④
85%	0%	5%	10%

| 정답해설 |

① 소방시설관리업자의 지위승계 시 시·도지사에게 신고하여야 한다(「화재예방, 소방시설 설치·유지 및 안전관리에 관한 법률」 제32조).

「화재예방, 소방시설 설치·유지 및 안전관리에 관한 법률」 제32조【소방시설관리업자의 지위승계】 ① 다음 각 호의 어느 하나에 해당하는 자는 관리업자의 지위를 승계한다.
1. 관리업자가 사망한 경우 그 상속인
2. 관리업자가 그 영업을 양도한 경우 그 양수인
3. 법인인 관리업자가 합병한 경우 합병 후 존속하는 법인이나 합병으로 설립되는 법인
③ 제1항이나 제2항에 따라 관리업자의 지위를 승계한 자는 행정안전부령으로 정하는 바에 따라 시·도지사에게 신고하여야 한다.

10 화재예방, 소방시설 설치·유지 및 안전관리에 관한 법률 〉 소방대상물의 안전관리 〉 소방안전 특별관리시설물의 안전관리 오답률 65% | 답 ②

화재 등 재난 발생 시 사회·경제적으로 피해가 큰 소방안전 특별관리시설물에 해당되지 않는 것은?

① 항만시설
② 공업단지
③ 수용인원 1,000명 이상인 영화상영관
④ 대통령령으로 정하는 전통시장

| 선지별 선택률 |

①	②	③	④
15%	**35%**	25%	25%

| 정답해설 |

② 공업단지가 아니라 산업단지가 소방안전 특별관리시설물에 해당한다(「화재예방, 소방시설 설치·유지 및 안전관리에 관한 법률」 제20조의2).

| 더 알아보기 | 소방안전 특별관리시설물

순	시설명	순	시설명
1	공항시설	8	초고층 건축물 및 지하연계 복합건축물
2	철도시설	9	수용인원 1,000명 이상인 영화상영관
3	도시철도시설	10	전력용 및 통신용 지하구
4	항만시설	11	석유비축시설
5	지정문화재인 시설	12	천연가스 인수기지 및 공급망
6	산업기술단지	13	대통령령으로 정하는 전통시장
7	산업단지	14	그 밖에 대통령령으로 정하는 시설물

11 화재예방, 소방시설 설치·유지 및 안전관리에 관한 법률 〉 소방대상물의 안전관리 〉 소방시설 등의 자체점검 오답률 35% | 답 ①

소방시설 등의 자체점검 중 작동기능점검 시 점검횟수로 옳은 것은?

① 1년에 1회 이상
② 1년에 2회 이상
③ 2년에 1회 이상
④ 3년에 1회 이상

| 선지별 선택률 |

①	②	③	④
65%	25%	5%	5%

| 정답해설 |

① 소방시설 등의 자체점검 중 작동기능점검 시 점검은 1년에 1회 이상 실시하여야 한다[화재예방, 소방시설 설치·유지 및 안전관리에 관한 법률 시행규칙」 별표 1 (제18조 제1항)].

| 더 알아보기 | 소방시설 등의 자체점검의 구분과 그 대상, 점검자의 자격, 점검방법·횟수 및 시기[「화재예방, 소방시설 설치·유지 및 안전관리에 관한 법률 시행규칙」 별표 1(제18조 제1항 관련)].

점검구분	대상	점검자의 자격	점검방법	점검횟수 및 시기
작동기능점검(소방시설 등을 인위적으로 조작하여 정상적으로 작동하는 지를 점검하는 것)	영 제5조에 따른 특정소방대상물(위험물제조소 등과 영 별표 5에 따라 소화기구만을 설치하는 특정소방대상물은 제외)	해당 특정소방대상물의 관계인·소방안전관리자 또는 소방시설관리업자	방수압력측정계, 절연저항계, 전류전압측정계, 열감지기시험기, 연기감지기시험기 등을 이용하여 점검	1. 횟수: 연 1회 이상 실시 2. 시기 가. 종합정밀점검 대상: 종합정밀점검을 받은 달부터 6개월이 되는 달에 실시 나. 그 밖의 점검 대상: 연중 실시

12 소방시설공사업법 〉 소방시설업 〉 소방시설업의 운영 오답률 20% | 답 ③

소방시설업자가 소방시설공사 등을 맡긴 특정소방대상물의 관계인에게 지체 없이 알려야 하는 사항으로 옳지 않은 것은?

① 휴업하거나 폐업한 경우
② 소방시설업의 등록취소처분을 받은 경우
③ 소방시설업자의 지위를 양도한 경우
④ 소방시설업의 영업정지처분을 받은 경우

| 선지별 선택률 |

①	②	③	④
0%	10%	80%	10%

| 정답해설 |

③ 소방시설업자의 지위를 양도한 경우가 아니라 승계한 경우에 특정소방대상물의 관계인에게 지체 없이 그 사실을 알려야 한다(「소방시설공사업법」 제8조 제3항).

13 소방시설공사업법 〉 소방시설공사 등 〉 설계 오답률 30% | 답 ①

성능위주설계에서 특정소방대상물에 대해 고려해야 하는 사항으로 옳지 않은 것은?

① 가연물의 품질
② 수용 인원
③ 특정소방대상물의 구조
④ 가연물의 종류

| 선지별 선택률 |

①	②	③	④
70%	20%	5%	5%

| 정답해설 |

① 특정소방대상물(신축하는 것만 해당)에 대해서는 그 용도, 위치, 구조, 수용 인원, 가연물의 종류 및 양 등을 고려해야 한다(「소방시설공사업법」 제11조 제2항).

오답률 TOP 1

14 소방시설공사업법 〉 소방시설업 〉 소방시설업의 등록 오답률 72% | 답 ①

일반 소방공사감리업이 설계할 수 있는 영업범위(기계분야)의 대상물로 옳지 않은 것은?

① 연면적 1만제곱미터 이상의 공장에 설치되는 기계분야 소방시설의 감리
② 연면적 3만제곱미터 미만의 특정소방대상물에 설치되는 기계분야 소방시설의 감리
③ 아파트에 설치되는 기계분야 소방시설의 감리
④ 위험물제조소 등에 설치되는 기계분야 소방시설의 감리

| 선지별 선택률 |

①	②	③	④
28%	20%	40%	12%

| 정답해설 |

① 공장의 경우는 연면적 1만제곱미터 미만이다[「소방시설공사업법 시행령」 별표 1(제2조 제1항 관련)].

| 더 알아보기 | 소방시설업의 업종별 등록기준 및 영업범위[「소방시설공사업법 시행령」 별표 1(제2조 제1항 관련)]

> 일반 소방공사감리업의 영업범위(기계분야)
> 가. 연면적 3만제곱미터(공장의 경우에는 1만제곱미터) 미만의 특정소방대상물(제연설비가 설치되는 특정소방대상물은 제외한다)에 설치되는 기계분야 소방시설의 감리
> 나. 아파트에 설치되는 기계분야 소방시설(제연설비는 제외한다)의 감리
> 다. 위험물제조소 등에 설치되는 기계분야 소방시설의 감리

15 소방시설공사업법 〉 완공검사 〉 특정소방대상물의 범위 오답률 5% | 답 ②

완공검사를 위한 현장확인 대상 특정소방대상물의 범위로 옳지 않은 것은?

① 지하상가 및 다중이용업소
② 호스릴 방식의 물분무등소화설비가 설치되는 특정소방대상물
③ 아파트를 제외한 11층 이상인 특정소방대상물
④ 스프링클러설비 등이 설치되는 특정소방대상물

| 선지별 선택률 |

①	②	③	④
0%	95%	0%	5%

| 정답해설 |

② 호스릴 방식의 물분무등소화설비는 제외된다(「소방시설공사업법 시행령」 제5조 제2호의 나목).

| 더 알아보기 | 완공검사를 위한 현장확인 대상 특정소방대상물의 범위(「소방시설공사업법 시행령」 제5조 관련)

1. 문화 및 집회시설, 종교시설, 판매시설, 노유자(老幼者)시설, 수련시설, 운동시설, 숙박시설, 창고시설, 지하상가 및 「다중이용업소의 안전관리에 관한 특별법」에 따른 다중이용업소
2. 다음의 어느 하나에 해당하는 설비가 설치되는 특정소방대상물
   가. 스프링클러설비 등
   나. 물분무등소화설비(호스릴 방식의 소화설비는 제외한다)
3. 연면적 1만제곱미터 이상이거나 11층 이상인 특정소방대상물(아파트는 제외한다)
4. 가연성 가스를 제조·저장 또는 취급하는 시설 중 지상에 노출된 가연성 가스탱크의 저장용량 합계가 1천 톤 이상인 시설

오답률 TOP 2

16 위험물안전관리법 〉 벌칙 〉 벌칙

오답률 70% | 답 ①

위험물을 취급함에 있어 위반 시 가장 많은 벌금이 부과될 수 있는 벌칙 조항은?

① 위험물의 저장 또는 취급에 관한 중요기준에 따르지 아니한 자
② 위험물의 취급에 관한 안전관리와 감독을 하지 아니한 자
③ 안전관리자 또는 그 대리자가 참여하지 아니한 상태에서 위험물을 취급한 자
④ 관계인의 정당한 업무를 방해하거나 출입·검사 등을 수행하면서 알게 된 비밀을 누설한 자

| 선지별 선택률 |

①	②	③	④
30%	20%	20%	30%

| 정답해설 |

① 위험물의 저장 또는 취급에 관한 중요기준에 따르지 아니한 자는 1천500만 원 이하의 벌금형에 처한다(「위험물안전관리법」 제36조 제1호).

| 오답해설 |

②, ③, ④ 1천만 원 이하의 벌금에 처한다(「위험물안전관리법」 제37조).

「위험물안전관리법」 제36조【벌칙】 다음 각 호의 어느 하나에 해당하는 자는 1천500만 원 이하의 벌금에 처한다.
1. 제5조 제3항 제1호의 규정에 따른 위험물의 저장 또는 취급에 관한 중요기준에 따르지 아니한 자

제37조【벌칙】 다음 각 호의 어느 하나에 해당하는 자는 1천만 원 이하의 벌금에 처한다.
1. 제15조 제6항을 위반하여 위험물의 취급에 관한 안전관리와 감독을 하지 아니한 자
2. 제15조 제7항을 위반하여 안전관리자 또는 그 대리자가 참여하지 아니한 상태에서 위험물을 취급한 자
3. 제17조 제1항 후단의 규정을 위반하여 변경한 예방규정을 제출하지 아니한 관계인으로서 제6조 제1항의 규정에 따른 허가를 받은 자
4. 제20조 제1항 제1호의 규정을 위반하여 위험물의 운반에 관한 중요기준에 따르지 아니한 자
5. 제21조 제1항 또는 제2항의 규정을 위반한 위험물운송자
6. 제22조 제4항(제22조의2 제2항에서 준용하는 경우를 포함한다)의 규정을 위반하여 관계인의 정당한 업무를 방해하거나 출입·검사 등을 수행하면서 알게 된 비밀을 누설한 자

17 위험물안전관리법 〉 위험물시설의 안전관리 〉 1인의 안전관리자를 중복하여 선임할 수 있는 경우 등

오답률 40% | 답 ②

다수의 제조소 등을 설치한 자가 1인의 안전관리자를 중복하여 선임할 수 있는 경우로 옳지 않은 것은?

① 보일러·버너 또는 이와 비슷한 것으로서 위험물을 소비하는 장치로 이루어진 7개 이하의 일반취급소와 그 일반취급소에 공급하기 위한 위험물을 저장하는 저장소를 동일인이 설치한 경우
② 위험물을 차량에 고정된 탱크 또는 운반용기에 옮겨 담기 위한 5개 이하의 일반취급소가 500미터 이내인 경우에 한해 그 일반취급소에 공급하기 위한 위험물을 저장하는 저장소를 동일인이 설치한 경우
③ 동일구내에 있거나 상호 100미터 이내의 거리에 있는 저장소로서 저장소의 규모, 저장하는 위험물의 종류 등을 고려하여 행정안전부령이 정하는 저장소를 동일인이 설치한 경우
④ 기준에 적합한 5개 이하의 제조소 등을 동일인이 설치한 경우 제조소 등이 동일구내에 위치하거나 상호 100미터 이내의 거리에 있는 경우

| 선지별 선택률 |

①	②	③	④
15%	60%	15%	10%

| 정답해설 |

② 5개 이하의 일반취급소가 500미터 이내가 아니라 300미터 이내인 경우에 한한다.

「위험물안전관리법 시행령」 제12조【1인의 안전관리자를 중복하여 선임할 수 있는 경우 등】 ① 법 제15조 제8항 전단에 따라 다수의 제조소 등을 설치한 자가 1인의 안전관리자를 중복하여 선임할 수 있는 경우는 다음 각 호의 어느 하나와 같다.
1. 보일러·버너 또는 이와 비슷한 것으로서 위험물을 소비하는 장치로 이루어진 7개 이하의 일반취급소와 그 일반취급소에 공급하기 위한 위험물을 저장하는 저장소[일반취급소 및 저장소가 모두 동일구내(같은 건물 안 또는 같은 울 안을 말한다. 이하 같다)에 있는 경우에 한한다. 이하 제2호에서 같다]를 동일인이 설치한 경우
2. 위험물을 차량에 고정된 탱크 또는 운반용기에 옮겨 담기 위한 5개 이하의 일반취급소[일반취급소 간의 거리가 300미터 이내인 경우에 한한다]와 그 일반취급소에 공급하기 위한 위험물을 저장하는 저장소를 동일인이 설치한 경우
3. 동일구내에 있거나 상호 100미터 이내의 거리에 있는 저장소로서 저장소의 규모, 저장하는 위험물의 종류 등을 고려하여 행정안전부령이 정하는 저장소를 동일인이 설치한 경우
4. 다음 각 목의 기준에 모두 적합한 5개 이하의 제조소 등을 동일인이 설치한 경우
   가. 각 제조소 등이 동일구내에 위치하거나 상호 100미터 이내의 거리에 있을 것
   나. 각 제조소 등에서 저장 또는 취급하는 위험물의 최대수량이 지정수량의 3천 배 미만일 것. 다만, 저장소의 경우에는 그러하지 아니하다.

오답률 TOP 3

18 위험물안전관리법 〉 벌칙 〉 벌칙

오답률 67% | 답 ②

제조소 등에서 위험물을 유출·방출 또는 확산시켜 사람을 상해(傷害)에 이르게 한 자에 대한 벌칙규정으로 옳은 것은?

① 3년 이상 5년 이하의 징역
② 무기 또는 3년 이상의 징역

③ 5년 이상 15년 이하의 징역
④ 무기 또는 5년 이상의 징역

| 선지별 선택률 |

①	②	③	④
10%	33%	10%	47%

| 정답해설 |

② 위험물을 유출·방출 또는 확산시켜 사람을 상해에 이르게 한 때에는 무기 또는 3년 이상의 징역에 처한다(「위험물안전관리법」 제33조 제2항).

「위험물안전관리법」 제33조【벌칙】 ① 제조소 등에서 위험물을 유출·방출 또는 확산시켜 사람의 생명·신체 또는 재산에 대하여 위험을 발생시킨 자는 1년 이상 10년 이하의 징역에 처한다.
② 제1항의 규정에 따른 죄를 범하여 사람을 상해(傷害)에 이르게 한 때에는 무기 또는 3년 이상의 징역에 처하며, 사망에 이르게 한 때에는 무기 또는 5년 이상의 징역에 처한다.

19 위험물안전관리법 〉 위험물시설의 설치 및 변경 〉 위험물시설의 설치 및 변경

오답률 40% | 답 ①

위험물시설의 설치 및 변경 등에 관한 사항으로 옳지 않은 것은?

① 제조소 등에서 위험물의 지정수량의 배수 등을 변경하고자 하는 자는 변경하고자 하는 날의 3일 전까지 시·도지사에게 신고하여야 한다.
② 탱크안전성능검사의 내용은 대통령령으로 정한다.
③ 제조소 등의 설치허가를 마쳤을 때에는 시·도지사의 완공검사를 받아야 한다.
④ 제조소 등의 용도폐지 신고기간은 14일 이내이다.

| 선지별 선택률 |

①	②	③	④
60%	20%	10%	10%

| 정답해설 |

① 변경하고자 하는 날의 3일 전이 아니라 1일 전까지 신고하여야 한다(「위험물안전관리법」 제6조).

20 위험물안전관리법 〉 제조소 등의 위치·구조 및 설비의 기준 〉 간이저장탱크의 기준

오답률 40% | 답 ③

간이저장탱크의 설치에 대한 설명으로 옳지 않은 것은?

① 옥외에 설치 시 탱크의 주위에 너비 1m 이상의 공간을 확보한다.
② 옥외에 설치 시 전용실 안에 설치하는 경우에는 탱크와 전용실의 벽과의 사이에 0.5m 이상의 간격을 유지하여야 한다.
③ 간이저장탱크의 용량은 500ℓ 이하이어야 한다.
④ 간이저장탱크의 밸브 없는 통기관의 지름은 25mm 이상으로 하여야 한다.

| 선지별 선택률 |

①	②	③	④
10%	10%	**60%**	20%

| 정답해설 |

③ 간이저장탱크의 용량은 500ℓ 이하가 아니라 600ℓ 이하이어야 한다[「위험물안전관리법 시행규칙」 별표 9(제33조 관련)].

제5회 실전동형 모의고사

소방관계법규

문제편 p.78

01	③	02	④	03	③	04	②	05	③
06	①	07	①	08	①	09	②	10	①
11	②	12	②	13	④	14	①	15	③
16	②	17	④	18	③	19	④	20	④

▶풀이시간: /14분 나의 점수: /100점

01 소방시설공사업법 〉 소방시설업 〉 소방시설업의 등록 오답률 6.7% | 답 ③

소방시설공사업의 업종별 등록기준 및 영업범위에 대한 설명으로 옳지 않은 것은?

① 일반 소방시설공사업 전기분야 법인의 자본금은 1억 원 이상이어야 한다.
② 일반 소방시설공사업 기계분야의 주된 기술인력은 소방기술사 또는 기계분야 소방설비기사 1명 이상이어야 한다.
③ 전문 소방시설공사업의 보조기술인력은 1명 이상이어야 한다.
④ 전문 소방시설공사업의 영업범위는 기계 및 전기분야 소방시설의 공사·개설·이전 및 정비이다.

| 선지별 선택률 |

①	②	③	④
0%	0%	93.3%	6.7%

| 정답해설 |
③ 전문 소방시설공사업의 보조기술인력은 2명 이상이어야 한다(「소방시설공사업법 시행령」 제2조 제1항).

| 더 알아보기 | 소방시설업의 업종별 등록기준 및 영업범위[「소방시설공사업법 시행령」 별표 1(제2조 제1항 관련)]

2. 소방시설공사업

업종별 \ 항목		기술인력	자본금(자산평가액)	영업범위
전문 소방시설 공사업		가. 주된 기술인력: 소방기술사 또는 기계분야와 전기분야의 소방설비기사 각 1명(기계분야 및 전기분야의 자격을 함께 취득한 사람 1명) 이상 나. 보조기술인력: 2명 이상	가. 법인: 1억 원 이상 나. 개인: 자산평가액 1억 원 이상	특정소방대상물에 설치되는 기계분야 및 전기분야 소방시설의 공사·개설·이전 및 정비
일반 소방 시설 공사업	기계 분야	가. 주된 기술인력: 소방기술사 또는 기계분야 소방설비기사 1명 이상 나. 보조기술인력: 1명 이상	가. 법인: 1억 원 이상 나. 개인: 자산평가액 1억 원 이상	가. 연면적 1만제곱미터 미만의 특정소방대상물에 설치되는 기계분야 소방시설의 공사·개설·이전 및 정비 나. 위험물제조소 등에 설치되는 기계분야 소방시설의 공사·개설·이전 및 정비
	전기 분야	가. 주된 기술인력: 소방기술사 또는 전기분야 소방설비기사 1명 이상 나. 보조기술인력: 1명 이상	가. 법인: 1억 원 이상 나. 개인: 자산평가액 1억 원 이상	가. 연면적 1만제곱미터 미만의 특정소방대상물에 설치되는 전기분야 소방시설의 공사·개설·이전·정비 나. 위험물제조소 등에 설치되는 전기분야 소방시설의 공사·개설·이전·정비

02 소방시설공사업법 〉 벌칙 〉 벌칙 오답률 53.3% | 답 ④

1년 이하의 징역 또는 1천만 원 이하의 벌금에 처하는 위법행위에 해당하는 것은?

① 자격수첩 또는 경력수첩을 빌려 준 사람
② 동시에 둘 이상의 업체에 취업한 사람
③ 관계인의 정당한 업무를 방해하거나 업무상 알게 된 비밀을 누설한 사람
④ 감리업자의 업무를 위반하여 감리를 하거나 거짓으로 감리한 자

| 선지별 선택률 |

①	②	③	④
6.6%	0%	46.7%	46.7%

| 정답해설 |
④ 1년 이하의 징역 또는 1천만 원 이하의 벌금에 처한다(「소방시설공사업법」 제36조 제3호).

| 오답해설 |
① 300만 원 이하의 벌금에 처한다(「소방시설공사업법」 제37조 제5호).
② 300만 원 이하의 벌금에 처한다(「소방시설공사업법」 제37조 제6호).
③ 300만 원 이하의 벌금에 처한다(「소방시설공사업법」 제37조 제7호).

03 소방시설공사업법 〉 소방시설업 〉 등록의 결격사유 오답률 0% | 답 ③

소방시설업의 등록 결격사유에 해당하지 않는 사람은?

① 피성년후견인
② 소방 관련 법규에 따른 금고 이상의 실형을 선고받고 그 집행이 끝나거나 면제된 날부터 2년이 지나지 아니한 사람
③ 등록하려는 소방시설업 등록이 취소된 날부터 3년이 지나지 아니한 자
④ 소방 관련 법규에 따른 금고 이상의 형의 집행유예를 선고받고 그 유예기간 중에 있는 사람

| 선지별 선택률 |

①	②	③	④
0%	0%	100%	0%

| 정답해설 |
③ 등록이 취소된 날부터 3년이 아니라 2년이 지나지 아니한 자이다(「소방시설공사업법」 제5조 제5호).

04 소방시설공사업법 〉 소방시설공사 등 〉 착공신고 오답률 40% | 답 ②

소방시설공사의 착공신고에 대한 설명으로 옳지 않은 것은?

① 소방본부장 또는 소방서장은 착공신고를 받은 날부터 2일 이내에 신고수리 여부를 신고인에게 통지하여야 한다.
② 공사업자가 소방시설공사를 하려면 소방청장이 정하는 바에 따른다.
③ 공사업자는 소방시설공사를 하려면 공사의 내용, 시공 장소, 그 밖에 필요한 사항을 소방본부장이나 소방서장에게 신고하여야 한다.
④ 공사업자가 신고한 사항 가운데 행정안전부령으로 정하는 중요한 사항을 변경하였을 때에는 행정안전부령으로 정하는 바에 따라 변경신고를 하여야 한다.

| 선지별 선택률 |

①	②	③	④
33.3%	60%	6.7%	0%

| 정답해설 |
② 소방시설공사를 하려면 소방청장이 아닌 행정안전부령으로 정하는 바에 따라야 한다(「소방시설공사업법」 제13조).

05 소방시설공사업법 〉 소방기술자 〉 자격의 정지 및 취소에 관한 기준 오답률 53.3% | 답 ③

소방기술자의 자격의 정지 및 취소에 관한 행정처분기준 중 2차에 자격취소되는 위반사항은?

① 거짓이나 그 밖의 부정한 방법으로 자격수첩 또는 경력수첩을 발급받은 경우
② 자격수첩 또는 경력수첩을 다른 자에게 빌려 준 경우
③ 동시에 둘 이상의 업체에 취업한 경우
④ 업무수행 중 해당 자격과 관련하여 고의 또는 중대한 과실로 다른 자에게 손해를 입히고 형의 선고를 받은 경우

| 선지별 선택률 |

①	②	③	④
0%	26.7%	46.7%	26.6%

| 정답해설 |
③ 1차에 자격정지가 되고, 2차에 자격이 취소되는 경우이다(「소방시설공사업법 시행규칙」 별표 5).

| 오답해설 |
①, ②, ④ 1차에 바로 자격이 취소되는 경우이다.

06 화재예방, 소방시설 설치·유지 및 안전관리에 관한 법률 〉 총칙 〉 용어의 정의 오답률 20% | 답 ①

무창층(無窓層)의 개구부의 요건으로 옳지 않은 것은?

① 지름 60cm 이상의 원이 내접(內接)할 수 있는 크기일 것
② 해당 층의 바닥면으로부터 개구부 밑부분까지의 높이가 1.2m 이내일 것
③ 도로 또는 차량이 진입할 수 있는 빈터를 향할 것
④ 화재 시 건축물로부터 쉽게 피난할 수 있도록 창살이나 그 밖의 장애물이 설치되지 아니할 것

| 선지별 선택률 |

①	②	③	④
80%	13.3%	6.7%	0%

| 정답해설 |
① 지름 60cm 이상이 아니라 50cm 이상의 원이 내접할 수 있는 크기여야 한다(「화재예방, 소방시설 설치·유지 및 안전관리에 관한 법률 시행령」 제2조 제1호 가목).

「화재예방, 소방시설 설치·유지 및 안전관리에 관한 법률 시행령」 제2조【정의】
이 영에서 사용하는 용어의 뜻은 다음과 같다.
1. '무창층(無窓層)'이란 지상층 중 다음 각 목의 요건을 모두 갖춘 개구부(건축물에서 채광·환기·통풍 또는 출입 등을 위하여 만든 창·출입구, 그 밖에 이와 비슷한 것을 말한다)의 면적의 합계가 해당 층의 바닥면적(「건축법 시행령」 제119조 제1항 제3호에 따라 산정된 면적을 말한다. 이하 같다)의 30분의 1 이하가 되는 층을 말한다.
가. 크기는 지름 50센티미터 이상의 원이 내접(內接)할 수 있는 크기일 것
나. 해당 층의 바닥면으로부터 개구부 밑부분까지의 높이가 1.2미터 이내일 것
다. 도로 또는 차량이 진입할 수 있는 빈터를 향할 것
라. 화재 시 건축물로부터 쉽게 피난할 수 있도록 창살이나 그 밖의 장애물이 설치되지 아니할 것
마. 내부 또는 외부에서 쉽게 부수거나 열 수 있을 것

07 화재예방, 소방시설 설치·유지 및 안전관리에 관한 법률 〉 총칙 〉 소방용품 오답률 6.7% | 답 ①

소방용품이란 소방시설 등을 구성하거나 소방용으로 사용되는 제품 또는 기기를 말하는데, 소방용품에 대한 설명으로 옳지 않은 것은?

① 소화설비를 구성하는 제품 또는 기기로서 소화약제 외의 것을 이용한 간이소화용구는 해당된다.
② 경보설비를 구성하는 제품 또는 기기로서 발신기, 수신기, 중계기, 감지기 및 음향장치(경종만 해당)는 해당된다.
③ 피난구조설비를 구성하는 제품 또는 기기로서 충전기를 포함한 공기호흡기는 해당된다.
④ 소화용으로 사용하는 제품 또는 기기로서 방염제(방염액·방염도료 및 방염성 물질)는 해당된다.

| 선지별 선택률 |

①	②	③	④
93.3%	6.7%	0%	0%

| 정답해설 |
① 소화설비를 구성하는 제품 또는 기기로서 간이소화용구는 제외된다(「화재예방, 소방시설 설치·유지 및 안전관리에 관한 법률 시행령」 제6조).

| 더 알아보기 | **소방용품[「화재예방, 소방시설 설치·유지 및 안전관리에 관한 법률 시행령」 별표 3(제6조 관련)]**

1. 소화설비를 구성하는 제품 또는 기기
가. 별표 1 제1호 가목의 소화기구(소화약제 외의 것을 이용한 간이소화용구는 제외한다)
나. 별표 1 제1호 나목의 자동소화장치
다. 소화설비를 구성하는 소화전, 관창(菅槍), 소방호스, 스프링클러헤드, 기동용 수압개폐장치, 유수제어밸브 및 가스관선택밸브
2. 경보설비를 구성하는 제품 또는 기기
가. 누전경보기 및 가스누설경보기
나. 경보설비를 구성하는 발신기, 수신기, 중계기, 감지기 및 음향장치(경종만 해당한다)
3. 피난구조설비를 구성하는 제품 또는 기기
가. 피난사다리, 구조대, 완강기(간이완강기 및 지지대를 포함한다)
나. 공기호흡기(충전기를 포함한다)
다. 피난구유도등, 통로유도등, 객석유도등 및 예비 전원이 내장된 비상조명등

4. 소화용으로 사용하는 제품 또는 기기
 가. 소화약제(별표 1 제1호 나목 2)와 3)의 자동소화장치와 같은 호 마목 3)부터 8)까지의 소화설비용만 해당한다)
 나. 방염제(방염액·방염도료 및 방염성 물질을 말한다)
5. 그 밖에 행정안전부령으로 정하는 소방 관련 제품 또는 기기

08 화재예방, 소방시설 설치·유지 및 안전관리에 관한 법률 〉 소방특별조사 등 〉 소방특별조사

오답률 40% | 답 ①

소방대상물의 개수(改修)·이전·제거, 사용의 금지 또는 제한, 사용폐쇄, 공사의 정지 또는 중지 등 필요한 조치를 명할 수 있는 사람은?

① 소방청장, 소방본부장 또는 서장
② 시장·군수
③ 시·도지사
④ 소방대장

| 선지별 선택률 |

①	②	③	④
60%	0%	20%	20%

| 정답해설 |
① 소방청장, 소방본부장 또는 소방서장은 소방대상물의 개수(改修)·이전·제거, 사용의 금지 또는 제한, 사용폐쇄, 공사의 정지 또는 중지, 그 밖의 필요한 조치를 명할 수 있다(「화재예방, 소방시설 설치·유지 및 안전관리에 관한 법률 시행규칙」 제2조).

오답률 TOP 1

09 화재예방, 소방시설 설치·유지 및 안전관리에 관한 법률 〉 소방시설의 설치 및 유지·관리 등 〉 특정소방대상물에 설치하는 소방시설

오답률 67% | 답 ②

모든 층에 스프링클러설비를 설치하여야 하는 특정소방대상물로 옳지 않은 것은? (단, 바닥면적의 합계가 $600m^2$ 이상이다)

① 의료시설 중 정신의료기관
② 의료시설 중 정신병원
③ 노유자시설
④ 숙박이 가능한 수련시설

| 선지별 선택률 |

①	②	③	④
26.7%	**33%**	26.7%	13.6%

| 정답해설 |
② 의료시설 중 정신병원은 스프링클러설비를 설치하여야 하는 특정소방대상물에서 제외된다[「화재예방, 소방시설 설치·유지 및 안전관리에 관한 법률 시행령」 별표 5(제15조 관련)].

| 더 알아보기 | 특정소방대상물의 관계인이 특정소방대상물의 규모·용도 및 수용인원 등을 고려하여 갖추어야 하는 소방시설의 종류[「화재예방, 소방시설 설치·유지 및 안전관리에 관한 법률 시행령」 별표 5(제15조 관련)].

1. 소화설비
 라. 스프링클러를 설치하여야 하는 특정소방대상물(위험물 저장 및 처리시설 중 가스시설 또는 지하구는 제외한다)은 다음의 어느 하나와 같다.
  4) 다음의 어느 하나에 해당하는 용도로 사용되는 시설의 바닥면적의 합계가 $600m^2$ 이상인 것은 모든 층
   가) 근린생활시설 중 조산원 및 산후조리원
   나) 의료시설 중 정신의료기관
   다) 의료시설 중 종합병원, 병원, 치과병원, 한방병원 및 요양병원(정신병원은 제외한다)
   라) 노유자시설
   마) 숙박이 가능한 수련시설

10 화재예방, 소방시설 설치·유지 및 안전관리에 관한 법률 〉 소방시설의 설치 및 유지·관리 등 〉 연소 우려가 있는 건축물의 구조

오답률 40% | 답 ①

옥외소화전을 설치하는 경우의 연소 우려가 있는 구조의 기준에 해당하지 않는 것은?

① 각각의 건축물이 다른 건축물의 외벽으로부터 수평거리가 1층의 경우에는 5m 이하인 경우
② 각각의 건축물이 다른 건축물의 외벽으로부터 수평거리가 2층 이상의 층의 경우에는 10m 이하인 경우
③ 개구부가 다른 건축물을 향하여 설치되어 있는 경우
④ 건축물대장의 건축물 현황도에 표시된 대지경계선 안에 둘 이상의 건축물이 있는 경우

| 선지별 선택률 |

①	②	③	④
60%	13.3%	13.3%	13.4%

| 정답해설 |
① 각각의 건축물이 다른 건축물의 외벽으로부터 수평거리가 1층의 경우 5m 이하가 아니라 6m 이하인 경우가 연소 우려가 있는 구조에 해당한다(「화재예방, 소방시설 설치·유지 및 안전관리에 관한 법률 시행규칙」 제7조).

「화재예방, 소방시설 설치·유지 및 안전관리에 관한 법률 시행규칙」 제7조【연소 우려가 있는 건축물의 구조】 영 별표 5 제1호 사목 1) 후단에서 '행정안전부령으로 정하는 연소(延燒) 우려가 있는 구조'란 다음 각 호의 기준에 모두 해당하는 구조를 말한다.
1. 건축물대장의 건축물 현황도에 표시된 대지경계선 안에 둘 이상의 건축물이 있는 경우
2. 각각의 건축물이 다른 건축물의 외벽으로부터 수평거리가 1층의 경우에는 6미터 이하, 2층 이상의 층의 경우에는 10미터 이하인 경우
3. 개구부(영 제2조 제1호에 따른 개구부를 말한다)가 다른 건축물을 향하여 설치되어 있는 경우

11 소방기본법 〉 총칙 〉 용어의 정의

오답률 0% | 답 ②

「소방기본법」에서 화재를 진압하고 화재, 재난·재해, 그 밖의 위급한 상황에서 구조·구급 활동 등을 하는 소방대의 범주에 해당하지 않는 것은?

① 소방공무원
② 청원소방원
③ 의무소방원
④ 의용소방대원

| 선지별 선택률 |

①	②	③	④
0%	**100%**	0%	0%

| 정답해설 |
② 청원소방원은 소방대의 범주에 해당하지 않는다(「소방기본법」 제2조 제5호).

「소방기본법」 제2조【정의】 5. '소방대(消防隊)'란 화재를 진압하고 화재, 재난·재해, 그 밖의 위급한 상황에서 구조·구급 활동 등을 하기 위하여 다음 각 목의 사람으로 구성된 조직체를 말한다.
가. 「소방공무원법」에 따른 소방공무원
나. 「의무소방대설치법」 제3조에 따라 임용된 의무소방원(義務消防員)
다. 「의용소방대 설치 및 운영에 관한 법률」에 따른 의용소방대원(義勇消防隊員)

12 소방기본법 〉 화재의 예방과 경계 〉 화재경계지구의 지정

오답률 6.7% | 답 ②

시·도지사는 화재가 발생할 우려가 높거나 화재가 발생하면 피해가 클 것으로 예상되는 지역을 화재경계지구로 지정할 수 있는데, 화재경계지구의 대상지역이 아닌 곳은?

① 시장지역
② 공장·창고가 있는 지역
③ 목조건물이 밀집한 지역
④ 소방시설·소방용수시설이나 소방출동로가 없는 지역

| 선지별 선택률 |

①	②	③	④
0%	**93.3%**	6.7%	0%

| 정답해설 |

② 공장·창고가 있는 지역이 아니라 공장·창고가 밀집한 지역이 화재경계지구의 대상지역이다(「소방기본법」 제13조 제1항).

「소방기본법」 제13조【화재경계지구의 지정 등】 ① 시·도지사는 다음 각 호의 어느 하나에 해당하는 지역 중 화재가 발생할 우려가 높거나 화재가 발생하는 경우 그로 인하여 피해가 클 것으로 예상되는 지역을 화재경계지구(火災警戒地區)로 지정할 수 있다.
1. 시장지역
2. 공장·창고가 밀집한 지역
3. 목조건물이 밀집한 지역
4. 위험물의 저장 및 처리 시설이 밀집한 지역
5. 석유화학제품을 생산하는 공장이 있는 지역
6. 「산업입지 및 개발에 관한 법률」 제2조 제8호에 따른 산업단지
7. 소방시설·소방용수시설 또는 소방출동로가 없는 지역
8. 그 밖에 제1호부터 제7호까지에 준하는 지역으로서 소방청장·소방본부장 또는 소방서장이 화재경계지구로 지정할 필요가 있다고 인정하는 지역

13 소방기본법 〉 총칙 〉 종합상황실의 실장의 업무

오답률 13.3% | 답 ④

소방본부의 종합상황실의 실장이 소방청의 종합상황실에 보고하여야 하는 상황으로 옳지 않은 것은?

① 다중이용업소의 화재 발생
② 가스 및 화약류의 폭발에 의한 화재 발생
③ 사망자가 5인 이상 발생하거나 사상자가 10인 이상 발생한 화재
④ 철도차량, 항구에 매어 둔 톤수가 500톤 이상인 선박, 항공기, 발전소 또는 변전소에서 발생한 화재

| 선지별 선택률 |

①	②	③	④
6.7%	6.6%	0%	**86.7%**

| 정답해설 |

④ 500톤 이상인 선박이 아니라 1천 톤 이상의 선박에 화재 발생 시 소방청의 종합상황실에 보고하여야 한다(「소방기본법 시행규칙」 제3조 제2항).

14 소방기본법 〉 총칙 〉 용어의 정의

오답률 40% | 답 ①

「소방기본법」에서 사용하는 용어의 정의로 옳지 않은 것은?

① '소방대상물'이란 건축물, 차량, 항공기, 선박(「선박법」 제1조의2 제1항에 따른 선박으로서 항구에 매어 둔 선박만 해당한다), 선박 건조 구조물, 산림, 그 밖의 인공 구조물 또는 물건을 말한다.
② '소방본부장'이란 특별시·광역시·특별자치시·도 또는 특별자치도에서 화재의 예방·경계·진압·조사 및 구조·구급 등의 업무를 담당하는 부서의 장을 말한다.
③ '소방대(消防隊)'란 화재를 진압하고 화재, 재난·재해, 그 밖의 위급한 상황에서 구조·구급 활동 등을 하기 위하여 구성된 조직체를 말한다.
④ '소방대장(消防隊長)'이란 소방본부장 또는 소방서장 등 화재, 재난·재해, 그 밖의 위급한 상황이 발생한 현장에서 소방대를 지휘하는 사람을 말한다.

| 선지별 선택률 |

①	②	③	④
60%	6.7%	26.6%	6.7%

| 정답해설 |

① 항공기는 소방대상물에 해당하지 않는다(「소방기본법」 제2조).

15 소방기본법 〉 소방장비 및 소방용수시설 등 〉 소방력의 기준

오답률 26.7% | 답 ③

소방기관이 소방업무를 수행하는 데 필요한 인력과 장비 등 소방력에 관한 기준은 무엇으로 정하는가?

① 대통령령
② 총리령
③ 행정안전부령
④ 시·도지사

| 선지별 선택률 |

①	②	③	④
26.7%	0%	**73.3%**	0%

| 정답해설 |

③ 소방력에 관한 기준은 행정안전부령으로 정한다(「소방기본법」 제8조 제1항).

16 위험물안전관리법 〉 총칙 〉 위험물

오답률 53.3% | 답 ②

제6류 위험물의 일반적인 성질이 아닌 것은?

① 물질의 분해에 의해서 산소를 발생하는 산화성 액체이며 불연성 물질이다.
② 과산화수소를 제외하고는 모두 강산성의 액체로 모두 산소를 함유하고 있으며 물보다 가볍다.
③ 과산화수소는 알코올, 에테르에 녹으나 벤젠, 석유에는 녹지 않는다.
④ 증기는 유독하며 피부와 접촉하면 점막을 부식시킨다.

| 선지별 선택률 |

①	②	③	④
13.3%	**46.7%**	40%	0%

| 정답해설 |

② 모두 산소를 함유하고 있으며 물보다 무겁다[제6류 위험물(산화성 액체)의 공통 사항].

| 더 알아보기 | **제6류 위험물의 일반적 성질**

1. 산화성 액체는 불연성이지만, 분해할 때 다량의 산소가 발생된다.
2. 모두 강산성의 액체(단, 과산화수소: 알칼리성)로 물보다 무겁고 자체 내에 산소가 있다.
3. 과산화수소는 수용성(물, 알코올 등)에 녹지만, 비수용성(벤젠, 석유 등)에는 녹지 않는다. 또한 다량의 경우 청색을 띠며 폭발이 가능하며, 강산화제이지만 환원제로도 작용한다.
4. 피부에 닿으면 화상 등을 입으며, 증기는 유독성이 있으므로 피부와 접촉할 경우 점막을 부식시킨다.
5. 질산은 자극적인 냄새가 나는 무색의 발연성 액체로서 나무, 종이 등과 접촉하여 발화한다.

17 위험물안전관리법 〉 위험물시설의 설치 및 변경 〉 행정처분기준

오답률 60% | 답 ④

제조소 등에 대한 행정처분기준에서 1차에 사용정지 30일에 해당되는 위반사항으로 옳은 것은?

① 변경허가를 받지 아니하고 제조소 등의 위치·구조 또는 설비를 변경한 때
② 완공검사를 받지 아니하고 제조소 등을 사용한 때
③ 위험물안전관리자를 선임하지 아니한 때
④ 수리·개조 또는 이전의 명령에 위반한 때

| 선지별 선택률 |

①	②	③	④
20%	20%	20%	**40%**

| 정답해설 |

④ 위반 시 1차에 사용정지 30일에 해당하는 위반사항이다[「위험물안전관리법 시행규칙」 별표 2(제25조, 제58조 제1항 및 제62조 제1항 관련)].

| 오답해설 |

① 위반 시 1차에 경고 또는 사용정지 15일에 해당하는 위반사항이다.
②, ③ 위반 시 1차에 사용정지 15일에 해당하는 위반사항이다.

| 더 알아보기 | **제조소 등에 대한 행정처분기준[「위험물안전관리법 시행규칙」 별표 2(제25조, 제58조 제1항 및 제62조 제1항 관련)]**

위반사항	근거 법규	행정처분기준		
		1차	2차	3차
변경허가를 받지 아니하고 제조소 등의 위치·구조 또는 설비를 변경한 때	법 제12조 제1호	경고 또는 사용정지 15일	사용정지 60일	허가취소
완공검사를 받지 아니하고 제조소 등을 사용한 때	법 제12조 제2호	사용정지 15일	사용정지 60일	허가취소
수리·개조 또는 이전의 명령에 위반한 때	법 제12조 제3호	사용정지 30일	사용정지 90일	허가취소
위험물안전관리자를 선임하지 아니한 때	법 제12조 제4호	사용정지 15일	사용정지 60일	허가취소

오답률 TOP 2

18 위험물안전관리법 〉 제조소 등의 위치·구조 및 설비의 기준 〉 옥내저장소의 기준

오답률 66.7% | 답 ③

옥내저장소에 화재 발생 시 소화가 곤란한 정도에 따라 그 소화에 적응성이 있는 소화설비를 설치하여야 하는데, 소화난이도등급 I 의 소화설비 설치기준으로 옳지 않은 것은?

① 지정수량의 150배 이상인 것
② 연면적 150m^{2}를 초과하는 것
③ 처마높이가 5m 이상인 단층건물의 것
④ 옥내저장소로 사용되는 부분 외의 부분이 있는 건축물에 설치된 것

| 선지별 선택률 |

①	②	③	④
33.3%	13.3%	**33.3%**	20.1%

| 정답해설 |

③ 처마높이가 5m 이상이 아니라 6m 이상인 단층건물의 것이 옳은 설명이다(「위험물안전관리법 시행규칙」 별표 17).

| 더 알아보기 | **소화설비, 경보설비 및 피난설비의 기준[「위험물안전관리법 시행규칙」 별표 17(제41조 제2항, 제42조 제2항 및 제43조 제2항 관련)] 〈시행일 2021.1.1.〉**

Ⅰ. 소화설비
1. 소화난이도등급 Ⅰ 의 제조소 등 및 소화설비
가. 소화난이도등급 Ⅰ 에 해당하는 제조소 등

제조소 등의 구분	제조소 등의 규모, 저장 또는 취급하는 위험물의 품명 및 최대수량 등
옥내 저장소	지정수량의 150배 이상인 것(고인화점위험물만을 저장하는 것 및 제48조의 위험물을 저장하는 것은 제외)
	연면적 150m^{2}를 초과하는 것(150m^2 이내마다 불연재료로 개구부 없이 구획된 것 및 인화성 고체 외의 제2류 위험물 또는 인화점 70℃ 이상의 제4류 위험물만을 저장하는 것은 제외)
	처마높이가 6m 이상인 단층건물의 것
	옥내저장소로 사용되는 부분 외의 부분이 있는 건축물에 설치된 것(내화구조로 개구부 없이 구획된 것 및 인화성 고체 외의 제2류 위험물 또는 인화점 70℃ 이상의 제4류 위험물만을 저장하는 것은 제외)

오답률 TOP 3

19 위험물안전관리법 〉 제조소 등의 위치·구조 및 설비의 기준 〉 주유취급소의 기준

오답률 65.7% | 답 ④

주유취급소에 설치할 수 있는 탱크로 옳지 않은 것은?

① 고정주유설비 또는 고정급유설비에 직접 접속하는 간이탱크 – 3기 이하
② 자동차 등을 점검·정비하는 작업장 등에서 사용하는 폐유·윤활유 등의 위험물을 저장하는 탱크 – 2,000리터 이하
③ 자동차 등에 주유하기 위한 고정주유설비에 직접 접속하는 전용탱크, 고정급유설비에 직접 접속하는 전용탱크 – 50,000리터 이하
④ 보일러 등에 직접 접속하는 전용탱크 – 20,000리터 이하

| 선지별 선택률 |

①	②	③	④
20.1%	12.3%	33.3%	**34.3%**

| 정답해설 |

④ 보일러 등에 직접 접속하는 전용탱크로서 10,000리터 이하의 것을 설치한다(「위험물안전관리법 시행규칙」 제37조).

> 「위험물안전관리법 시행규칙」 제37조 【주유취급소의 기준】 법 제5조 제4항의 규정에 의한 제조소 등의 위치·구조 및 설비의 기준 중 주유취급소에 관한 것은 별표 13과 같다.

| 더 알아보기 | 주유취급소의 위치·구조 및 설비의 기준[「위험물안전관리법 시행규칙」 별표 13(제37조 관련)]

> Ⅲ. 탱크
> 1. 주유취급소에는 다음 각 목의 탱크 외에는 위험물을 저장 또는 취급하는 탱크를 설치할 수 없다. 다만, 별표 10 Ⅰ의 규정에 의한 이동탱크저장소의 상치주차장소를 주유공지 또는 급유공지 외의 장소에 확보하여 이동탱크저장소(당해 주유취급소의 위험물의 저장 또는 취급에 관계된 것에 한한다)를 설치하는 경우에는 그러하지 아니하다.
>   가. 자동차 등에 주유하기 위한 고정주유설비에 직접 접속하는 전용탱크로서 50,000리터 이하의 것
>   나. 고정급유설비에 직접 접속하는 전용탱크로서 50,000리터 이하의 것
>   다. 보일러 등에 직접 접속하는 전용탱크로서 10,000리터 이하의 것
>   라. 자동차 등을 점검·정비하는 작업장 등(주유취급소 안에 설치된 것에 한한다)에서 사용하는 폐유·윤활유 등의 위험물을 저장하는 탱크로서 용량(2 이상 설치하는 경우에는 각 용량의 합계를 말한다)이 2,000리터 이하인 탱크(이하 '폐유탱크 등'이라 한다)
>   마. 고정주유설비 또는 고정급유설비에 직접 접속하는 3기 이하의 간이탱크. 다만, 「국토의 계획 및 이용에 관한 법률」에 의한 방화지구 안에 위치하는 주유취급소의 경우를 제외한다.

20 위험물안전관리법 〉 보칙 〉 안전교육 오답률 13.4% | 답 ④

안전관리자·탱크시험자·위험물운송자 등이 받아야 하는 안전교육에 관한 설명으로 옳지 않은 것은?

① 안전관리교육대상자는 위험물의 안전관리와 관련된 업무를 수행하는 자로서 소방청장이 실시하는 교육을 받아야 한다.
② 제조소 등의 관계인은 교육대상자에 대하여 필요한 안전교육을 받게 하여야 한다.
③ 시·도지사, 소방본부장 또는 소방서장은 교육대상자가 교육을 받지 아니한 때에는 그 교육대상자가 교육을 받을 때까지 그 자격으로 행하는 행위를 제한할 수 있다.
④ 교육의 과정 및 기간과 그 밖에 교육의 실시에 관하여 필요한 사항은 소방본부장 또는 소방서장이 정한다.

| 선지별 선택률 |

①	②	③	④
0%	6.7%	6.7%	**86.6%**

| 정답해설 |

④ 교육의 실시에 관하여 필요한 사항은 소방본부장 또는 소방서장이 정하는 것이 아니라 행정안전부령으로 정한다(「위험물안전관리법」 제28조 제3항).

제6회 실전동형 모의고사

소방관계법규

문제편 p.84

01	③	02	②	03	③	04	④	05	①
06	③	07	④	08	③	09	①	10	④
11	①	12	①	13	④	14	①	15	①
16	③	17	③	18	④	19	②	20	④

▶풀이시간: /16분 나의 점수: /100점

01 소방시설공사업법 〉 소방시설업 〉 소방시설업자가 보관하여야 하는 관계 서류

오답률 33.3% | 답 ③

소방시설업자가 하자보수 보증기간 동안 보관하여야 할 관계 서류에 해당하지 않는 것은?

① 소방공사 감리기록부
② 소방공사 감리일지
③ 소방공사현장 방문일지
④ 소방시설의 완공 당시 설계도서

| 선지별 선택률 |

①	②	③	④
0%	8.3%	66.7%	25%

| 정답해설 |

③ 소방공사현장 방문일지는 감리업과 무관한 서류이므로 보관하여야 할 서류에 해당하지 않는다(「소방시설공사업법 시행규칙」 제8조).

02 소방시설공사업법 〉 소방시설공사 등 〉 설계

오답률 33.3% | 답 ②

성능위주설계를 할 수 있는 자의 자격, 기술인력 및 자격에 따른 설계의 범위와 그 밖에 필요한 사항을 정하는 기준은?

① 법률
② 대통령령
③ 행정자치부령
④ 시·도지사

| 선지별 선택률 |

①	②	③	④
0%	66.7%	33.3%	0%

| 정답해설 |

② 성능위주설계를 할 수 있는 자의 자격, 기술인력 및 자격에 따른 설계의 범위와 그 밖에 필요한 사항은 대통령령으로 정한다(「소방시설공사업법」 제11조 제3항).

오답률 TOP 1

03 소방시설공사업법 〉 소방시설공사 등 〉 하도급계약 자료의 공개

오답률 83.3% | 답 ③

국가, 지방자치단체 또는 공공기관이 발주하는 소방시설공사 등을 하도급한 경우 해당 발주자가 누구나 볼 수 있는 방법으로 공개하여야 하는 항목으로 옳지 않은 것은?

① 공사명
② 예정가격 및 수급인의 도급금액 및 낙찰률
③ 수급인(상호 및 대표자, 업종 및 등록번호, 영업소 소재지)
④ 하수급인(상호 및 대표자, 업종 및 등록번호, 영업소 소재지)

| 선지별 선택률 |

①	②	③	④
0%	50%	16.7%	33.3%

| 정답해설 |

③ 업종 및 등록번호는 하수급인에 해당되는 사항이다. '수급인(상호 및 대표자, 영업소 소재지, 하도급 사유)'가 옳다(「소방시설공사업법」 제22조의4 제1항).

04 소방시설공사업법 〉 소방시설공사 등 〉 방염처리능력의 평가 및 공시 등

오답률 33.3% | 답 ④

방염처리능력의 평가 및 공시사항으로 옳지 않은 것은?

① 협회는 제출된 서류가 거짓으로 확인된 경우에는 확인된 날부터 10일 이내에 해당 방염처리업자의 방염처리능력을 새로 평가하고 해당 방염처리업자의 등록수첩에 그 사실을 기재하여 발급해야 한다.
② 협회는 방염처리능력을 평가한 경우에는 매년 7월 31일까지 협회의 인터넷 홈페이지에 공시해야 한다. 다만, 제19조의2 제3항 또는 제3항에 따라 방염처리능력을 평가한 경우에는 평가완료일부터 10일 이내에 공시해야 한다.
③ 방염처리능력 평가의 유효기간은 공시일부터 1년간으로 한다.
④ 방염처리능력 평가 및 공시에 필요한 세부규정은 협회가 정하되, 행정안전부장관의 승인을 받아야 한다.

| 선지별 선택률 |

①	②	③	④
8.3%	0%	25%	66.7%

| 정답해설 |

④ 행정안전부장관이 아니라 소방청장의 승인을 받아야 한다(「소방시설공사업법 시행규칙」 제19조의3 제6항).

「소방시설공사업법 시행규칙」 제19조의3 【방염처리능력의 평가 및 공시 등】

③ 협회는 제19조의2에 따라 제출된 서류가 거짓으로 확인된 경우에는 확인된 날부터 10일 이내에 해당 방염처리업자의 방염처리능력을 새로 평가하고 해당 방염처리업자의 등록수첩에 그 사실을 기재하여 발급해야 한다.

④ 협회는 방염처리능력을 평가한 경우에는 법 제20조의3 제1항에 따라 다음 각 호의 사항을 매년 7월 31일까지 협회의 인터넷 홈페이지에 공시해야 한다. 다만, 제19조의2 제3항 또는 제3항에 따라 방염처리능력을 평가한 경우에는 평가완료일부터 10일 이내에 공시해야 한다.

1. 상호 및 성명(법인인 경우에는 대표자의 성명을 말한다)
2. 주된 영업소의 소재지

3. 업종 및 등록번호
4. 방염처리능력 평가 결과
⑤ 방염처리능력 평가의 유효기간은 공시일부터 1년간으로 한다. 다만, 제19조의2 제3항 또는 제3항에 따라 방염처리능력을 평가한 경우에는 해당 방염처리능력 평가 결과의 공시일부터 다음 해의 정기 공시일(제4항 본문에 따라 공시한 날을 말한다)의 전날까지로 한다.
⑥ 제1항부터 제5항까지에서 규정한 사항 외에 방염처리능력 평가 및 공시에 필요한 세부규정은 협회가 정하되, 소방청장의 승인을 받아야 한다.

오답률 TOP 3

05 화재예방, 소방시설 설치·유지 및 안전관리에 관한 법률 〉 소방시설관리사 및 소방시설관리업 〉 소방시설관리업의 등록

오답률 58.3% | 답 ①

소방시설관리업의 기술 인력, 장비 등 관리업의 등록기준에 관하여 필요한 사항은 무엇으로 정하는가?

① 대통령령
② 행정안전부령
③ 소방청장
④ 시·도지사

| 선지별 선택률 |

①	②	③	④
41.7%	58.3%	0%	0%

| 정답해설 |

① 기술 인력, 장비 등 관리업의 등록기준에 관하여 필요한 사항은 대통령령으로 정한다(「화재예방, 소방시설 설치·유지 및 안전관리에 관한 법률」 제29조 제2항).

06 화재예방, 소방시설 설치·유지 및 안전관리에 관한 법률 〉 소방대상물의 안전관리 〉 소방안전관리자

오답률 8.3% | 답 ③

소방안전관리대상물의 관계인이 소방안전관리자를 선임한 경우 소방안전관리자의 성명과 행정안전부령으로 정하는 사항을 게시하여야 하는데, 행정안전부령으로 정하는 사항이 아닌 것은?

① 소방안전관리자의 연락처
② 소방안전관리자의 선임일자
③ 소방안전관리자의 성별
④ 소방안전관리대상물의 명칭

| 선지별 선택률 |

①	②	③	④
0%	8.3%	91.7%	0%

| 정답해설 |

③ 소방안전관리자의 성별이 아니라 소방안전관리대상물의 등급을 게시하여야 한다(「화재예방, 소방시설 설치·유지 및 안전관리에 관한 법률 시행규칙」 제14조 제8항).

07 화재예방, 소방시설 설치·유지 및 안전관리에 관한 법률 〉 소방대상물의 안전관리 〉 소방안전관리자

오답률 50% | 답 ④

다음 중 2급 소방안전관리대상물의 소방안전관리에 관한 시험에 응시할 수 없는 사람은 누구인가?

① 대학에서 소방안전관리학과를 전공하고 졸업한 사람
② 의용소방대원으로 3년 이상 근무한 경력이 있는 사람
③ 군부대(주한 외국군부대를 포함한다) 및 의무소방대의 소방대원으로 1년 이상 근무한 경력이 있는 사람
④ 「위험물안전관리법」 제19조에 따른 자체소방대의 소방대원으로 2년 이상 근무한 경력이 있는 사람

| 선지별 선택률 |

①	②	③	④
16.7%	8.3%	25%	50%

| 정답해설 |

④ 자체소방대의 소방대원으로 3년 이상 근무한 경력이 있는 사람은 응시할 수 있다(「화재예방, 소방시설 설치·유지 및 안전관리에 관한 법률 시행령」 제23조 제3항).

08 화재예방, 소방시설 설치·유지 및 안전관리에 관한 법률 〉 소방대상물의 안전관리 〉 특정소방대상물의 근무자 및 거주자에 대한 소방훈련

오답률 16.7% | 답 ③

근무자 및 거주자에게 소방훈련이나 교육을 실시하여야 하는 특정소방대상물 중 상시근무하거나 거주하는 인원이 몇 명인 경우에 그 특정소방대상물의 대상에서 제외되는가?

① 5명 이하
② 7명 이하
③ 10명 이하
④ 15명 이하

| 선지별 선택률 |

①	②	③	④
8.3%	8.4%	83.3%	0%

| 정답해설 |

③ 특정소방대상물 중 상시근무하거나 거주하는 인원이 10명 이하인 특정소방대상물을 제외한 특정소방대상물의 관계인은 그 장소에 상시근무하거나 거주하는 사람에게 소방훈련과 소방안전관리에 필요한 교육을 하여야 한다(「화재예방, 소방시설 설치·유지 및 안전관리에 관한 법률」 제22조).

「화재예방, 소방시설 설치·유지 및 안전관리에 관한 법률 시행령」 제26조【근무자 및 거주자에게 소방훈련·교육을 실시하여야 하는 특정소방대상물】 법 제22조 제1항 전단에서 '대통령령으로 정하는 특정소방대상물'이란 제22조 제1항에 따른 특정소방대상물 중 상시근무하거나 거주하는 인원(숙박시설의 경우에는 상시근무하는 인원을 말한다)이 10명 이하인 특정소방대상물을 제외한 것을 말한다.

09 화재예방, 소방시설 설치·유지 및 안전관리에 관한 법률 〉 소방대상물의 안전관리 〉 공동 소방안전관리

오답률 33.3% | 답 ①

특정소방대상물 중 공동 소방안전관리자를 선임하여야 하는 곳으로 옳지 않은 것은?

① 지하층을 포함한 층수가 11층 이상인 건축물
② 지하의 인공구조물 안에 설치된 상점 및 사무실
③ 복합건축물로서 연면적이 5,000m^2 이상인 것
④ 판매시설 중 도매시장 및 소매시장

| 선지별 선택률 |

①	②	③	④
66.7%	25%	8.3%	0%

| 정답해설 |

① 지하층을 제외한 층수가 11층 이상인 건축물은 특정소방대상물로서 공동 소방안전관리자를 선임하여야 한다(「화재예방, 소방시설 설치·유지 및 안전관리에 관한 법률」 제21조, 동법 시행령 제25조).

10 화재예방, 소방시설 설치·유지 및 안전관리에 관한 법률 〉 소방대상물의 안전관리 〉 소방안전관리자

오답률 8.3% | 답 ④

소방청장이 실시하는 특급 소방안전관리자 시험을 보지 않고 특급 소방안전관리대상물의 소방안전관리자가 될 수 있는 사람으로 옳지 않은 것은?

① 소방기술사 또는 소방시설관리사의 자격이 있는 사람
② 소방설비기사의 자격을 취득한 후 5년 이상 1급 소방안전관리대상물의 소방안전관리자로 근무한 실무경력이 있는 사람
③ 소방설비산업기사의 자격을 취득한 후 7년 이상 1급 소방안전관리대상물의 소방안전관리자로 근무한 실무경력이 있는 사람
④ 소방공무원으로 15년 이상 근무한 경력이 있는 사람

| 선지별 선택률 |

①	②	③	④
0%	0%	8.3%	**91.7%**

| 정답해설 |

④ 소방공무원 경력이 15년 이상인 사람이 아니라 20년 이상인 사람이어야 한다(「화재예방, 소방시설 설치·유지 및 안전관리에 관한 법률 시행령」 제23조).

11 위험물안전관리법 〉 위험물시설의 안전관리 〉 위험물안전관리자

오답률 0% | 답 ①

위험물안전관리자에 대한 설명으로 옳지 않은 것은?

① 안전관리자를 선임한 제조소 등의 관계인은 그 안전관리자를 해임하거나 안전관리자가 퇴직한 때에는 해임하거나 퇴직한 날부터 20일 이내에 다시 안전관리자를 선임하여야 한다.
② 제조소 등의 관계인은 안전관리자를 선임한 경우에는 선임한 날부터 14일 이내에 행정안전부령으로 정하는 바에 따라 소방본부장 또는 소방서장에게 신고하여야 한다.
③ 안전관리자를 선임한 제조소 등의 관계인은 안전관리자가 여행·질병 그 밖의 사유로 인하여 일시적으로 직무를 수행할 수 없거나 안전관리자의 해임 또는 퇴직과 동시에 다른 안전관리자를 선임하지 못하는 경우 위험물안전에 관한 기본지식과 경험이 있는 자로서 행정안전부령이 정하는 자를 대리자(代理者)로 지정하여 그 직무를 대행하게 하여야 한다.
④ 다수의 제조소 등을 동일인이 설치한 경우에는 관계인은 1인의 안전관리자를 중복하여 선임할 수 있다.

| 선지별 선택률 |

①	②	③	④
100%	0%	0%	0%

| 정답해설 |

① 안전관리자를 선임한 제조소 등의 관계인은 그 안전관리자를 해임하거나 안전관리자가 퇴직한 때에는 해임하거나 퇴직한 날부터 '30일' 이내에 다시 안전관리자를 선임하여야 한다(「위험물안전관리법」 제15조 제2항).

오답률 TOP 2

12 위험물안전관리법 〉 위험물시설의 안전관리 〉 위험물안전관리자

오답률 72.7% | 답 ①

위험물산업기사, 안전관리자교육이수자 또는 소방공무원경력자 등 안전관리자를 선임하여야 하는 저장소의 기준으로 옳지 않은 것은?

① 제4류 위험물만을 저장하는 것으로서 지정수량 40배 이하의 옥내저장소
② 제4류 위험물 중 제2석유류, 제3석유류, 제4석유류, 동식물유류만을 저장하는 것으로서 지정수량 40배 이하의 옥외탱크저장소
③ 제4류 위험물만을 저장하는 것으로서 지정수량 40배 이하의 지하탱크저장소
④ 제4류 위험물만을 저장하는 것으로서 지정수량의 40배 이하의 옥외저장소

| 선지별 선택률 |

①	②	③	④
27.3%	27.2%	45.5%	0%

| 정답해설 |

① 제4류 위험물만을 저장하는 것으로서 지정수량 '5배' 이하의 옥내저장소가 옳다[「위험물안전관리법 시행령」 별표 6(제13조 관련)].

13 위험물안전관리법 〉 제조소 등의 위치·구조 및 설비의 기준 〉 옥내저장소의 기준

오답률 25% | 답 ④

지정수량의 50배 이하인 소규모 옥내저장소의 특례기준에 대한 설명으로 옳지 않은 것은?

① 하나의 저장창고 바닥면적은 150m^2 이하로 할 것
② 저장창고는 벽·기둥·바닥·보 및 지붕을 내화구조로 할 것
③ 저장창고의 출입구에는 수시로 개방할 수 있는 자동폐쇄방식의 갑종방화문을 설치할 것
④ 저장창고에는 창을 가능한 한 작게 설치할 것

| 선지별 선택률 |

①	②	③	④
0%	16.7%	8.3%	**75%**

| 정답해설 |

④ 저장창고에는 창을 설치하지 않아야 한다[「위험물안전관리법 시행규칙」 별표 5(제29조 관련)].

14 위험물안전관리법 〉 제조소 등의 위치·구조 및 설비의 기준 〉 주유취급소의 기준

오답률 25% | 답 ①

주유취급소에 설치하는 탱크의 기준으로 옳지 않은 것은?

① 자동차 등을 점검·정비하는 작업장 등에서 사용하는 폐유·윤활유 등의 위험물을 저장하는 탱크로서 용량이 5,000리터 이하의 것
② 보일러 등에 직접 접속하는 전용탱크로서 10,000리터 이하의 것
③ 고정급유설비에 직접 접속하는 전용탱크로서 50,000리터 이하의 것
④ 자동차 등에 주유하기 위한 고정주유설비에 직접 접속하는 전용탱크로서 50,000리터 이하의 것

| 선지별 선택률 |

①	②	③	④
75%	0%	16.7%	8.3%

| 정답해설 |

① 자동차 등을 점검·정비하는 작업장 등에서 사용하는 폐유·윤활유 등의 위험물을 저장하는 탱크로서 용량이 2,000리터 이하인 탱크가 옳다(「위험물안전관리법 시행규칙」 별표 13(제37조 관련)).

15 위험물안전관리법 〉 제조소 등의 위치·구조 및 설비의 기준 〉 주유취급소의 기준

오답률 50% | 답 ①

주유취급소 주유원 간이대기실의 기준으로 옳지 않은 것은?

① 내화구조로 할 것
② 바퀴가 부착되지 아니한 고정식일 것
③ 차량의 출입 및 주유작업에 장애를 주지 아니하는 위치에 설치할 것
④ 바닥면적이 $2.5m^2$ 이하일 것

| 선지별 선택률 |

①	②	③	④
50%	0%	0%	50%

| 정답해설 |

① 주유원 간이대기실의 구조에 대한 규정은 없으며, 주유원 간이대기실은 불연재료로 하여야 한다.

| 더 알아보기 | **주유취급소의 위치·구조 및 설비의 기준[「위험물안전관리법 시행규칙」 별표 13(제37조 관련)]**

사. 주유원 간이대기실은 다음의 기준에 적합할 것
1) 불연재료로 할 것
2) 바퀴가 부착되지 아니한 고정식일 것
3) 차량의 출입 및 주유작업에 장애를 주지 아니하는 위치에 설치할 것
4) 바닥면적이 $2.5m^2$ 이하일 것. 다만, 주유공지 및 급유공지 외의 장소에 설치하는 것은 그러하지 아니하다.

16 소방기본법 〉 화재의 예방과 경계 〉 화재경계지구의 지정

오답률 0% | 답 ③

소방본부장 또는 소방서장의 권한으로 옳은 것은?

① 소방박물관 등의 설립운영
② 소방용수시설 설치 및 관리
③ 화재경계지구 안의 관계인에 대하여 소방에 필요한 훈련 및 교육
④ 소방응원협약 및 화재경계지구 지정

| 선지별 선택률 |

①	②	③	④
0%	0%	**100%**	0%

| 정답해설 |

③ 소방본부장 또는 소방서장은 소방특별조사(제3항), 관계인에게 소방용수시설, 소화기구, 그 밖에 필요한 설비의 설치명령(제4항), 화재경계지구 안의 관계인에 대하여 소방에 필요한 훈련 및 교육(제5항)을 실시할 수 있다(「소방기본법」 제13조).

| 오답해설 |

① 소방청장의 권한이다(「소방기본법」 제5조).
②, ④ 시·도지사의 권한이다(「소방기본법」 제10조, 제11조).

17 소방기본법 〉 벌칙 〉 벌칙

오답률 50% | 답 ③

다음 중 「소방기본법」 위반으로 가장 많은 벌금이 부과될 수 있는 것은?

① 정당한 사유 없이 타고 남은 불 또는 화기가 있을 우려가 있는 재의 처리 명령에 따르지 아니하거나 이를 방해한 사람
② 화재조사 시 정당한 사유 없이 관계 공무원의 출입 또는 조사를 거부·방해 또는 기피한 사람
③ 관계인의 정당한 업무를 방해하거나 화재조사를 수행하면서 알게 된 비밀을 다른 사람에게 누설한 사람
④ 정당한 사유 없이 소방대가 현장에 도착할 때까지 사람을 구출하는 조치 또는 불을 끄거나 불이 번지지 아니하도록 하는 조치를 하지 아니한 사람

| 선지별 선택률 |

①	②	③	④
8.3%	25%	**50%**	16.7%

| 정답해설 |

③ 관계인의 정당한 업무를 방해하거나 화재조사를 수행하면서 알게 된 비밀을 다른 사람에게 누설한 사람은 300만 원 이하의 벌금에 처한다(「소방기본법」 제52조).

| 오답해설 |

①, ② 200만 원 이하의 벌금에 처한다(「소방기본법」 제53조).
④ 100만 원 이하의 벌금에 처한다(「소방기본법」 제54조).

「소방기본법」 제52조 **【벌칙】** 다음 각 호의 어느 하나에 해당하는 자는 300만 원 이하의 벌금에 처한다.
1. 제25조 제2항 및 제3항에 따른 처분을 방해한 자 또는 정당한 사유 없이 그 처분에 따르지 아니한 자
2. 제30조 제3항을 위반하여 관계인의 정당한 업무를 방해하거나 화재조사를 수행하면서 알게 된 비밀을 다른 사람에게 누설한 사람

제53조 **【벌칙】** 다음 각 호의 어느 하나에 해당하는 자는 200만 원 이하의 벌금에 처한다.
1. 정당한 사유 없이 제12조 제1항 각 호의 어느 하나에 따른 명령에 따르지 아니하거나 이를 방해한 자
2. 정당한 사유 없이 제30조 제1항에 따른 관계 공무원의 출입 또는 조사를 거부·방해 또는 기피한 자

제54조 **【벌칙】** 다음 각 호의 어느 하나에 해당하는 자는 100만 원 이하의 벌금에 처한다.
1. 제13조 제3항에 따른 화재경계지구 안의 소방대상물에 대한 소방특별조사를 거부·방해 또는 기피한 자
1의2. 제16조의3 제2항을 위반하여 정당한 사유 없이 소방대의 생활안전활동을 방해한 자
2. 제20조를 위반하여 정당한 사유 없이 소방대가 현장에 도착할 때까지 사람을 구출하는 조치 또는 불을 끄거나 불이 번지지 아니하도록 하는 조치를 하지 아니한 사람
3. 제26조 제1항에 따른 피난 명령을 위반한 사람
4. 제27조 제1항을 위반하여 정당한 사유 없이 물의 사용이나 수도의 개폐장치의 사용 또는 조작을 하지 못하게 하거나 방해한 자
5. 제27조 제2항에 따른 조치를 정당한 사유 없이 방해한 자

18 소방기본법 〉 소방장비 및 소방용수시설 등 〉 소방용수시설의 설치 및 관리

오답률 8.3% | 답 ④

소방용수시설의 설치기준상 소방용 호스와 연결하는 소화전 연결금속구의 구경으로 옳은 것은?

① 40mm
② 55mm
③ 60mm
④ 65mm

| 선지별 선택률 |

①	②	③	④
0%	0%	8.3%	91.7%

| 정답해설 |

④ 소방용 호스와 연결하는 소화전 연결금속구의 구경은 65mm로 하여야 한다[「소방기본법 시행규칙」 별표 3(제6조 제2항 관련)].

19 소방기본법 〉 소방장비 및 소방용수시설 등 〉 소방용수시설의 설치 및 관리

오답률 8.3% | 답 ②

소방용수시설 중 저수조의 설치기준으로 옳지 않은 것은?

① 지면으로부터의 낙차가 4.5m 이하일 것
② 흡수 부분의 수심이 0.5m 이하일 것
③ 저수조에 물을 공급하는 방법은 상수도에 연결하여 자동으로 급수되는 구조일 것
④ 흡수관의 투입구가 사각형의 경우에는 한 변의 길이가 60cm 이상, 원형의 경우에는 지름이 60cm 이상일 것

| 선지별 선택률 |

①	②	③	④
8.3%	91.7%	0%	0%

| 정답해설 |

② 흡수 부분의 수심은 0.5m 이상이어야 한다[「소방기본법 시행규칙」 별표 3(제6조 제2항 관련)].

| 더 알아보기 | **소방용수시설의 설치기준[「소방기본법 시행규칙」 별표 3(제6조 제2항 관련)]**

2. 소방용수시설별 설치기준
다. 저수조의 설치기준
(1) 지면으로부터의 낙차가 4.5m 이하일 것
(2) 흡수 부분의 수심이 0.5m 이상일 것
(3) 소방펌프자동차가 쉽게 접근할 수 있도록 할 것
(4) 흡수에 지장이 없도록 토사 및 쓰레기 등을 제거할 수 있는 설비를 갖출 것
(5) 흡수관의 투입구가 사각형의 경우에는 한 변의 길이가 60cm 이상, 원형의 경우에는 지름이 60cm 이상일 것
(6) 저수조에 물을 공급하는 방법은 상수도에 연결하여 자동으로 급수되는 구조일 것

20 소방기본법 〉 화재의 조사 〉 화재조사전담부서의 설치·운영

오답률 50% | 답 ④

소방서 화재조사전담부서에 갖추어야 할 안전장비가 아닌 것은?

① 안전화
② 안전모
③ 안전고리
④ 안전작업복

| 선지별 선택률 |

①	②	③	④
0%	8.3%	41.7%	50%

| 정답해설 |

④ 안전작업복이 아니라 보호용 작업복을 갖추어야 한다[「소방기본법 시행규칙」 별표 6(제12조 제4항 관련)].

| 더 알아보기 | **화재조사전담부서에 갖추어야 할 장비 및 시설[「소방기본법 시행규칙」 별표 6(제12조 제4항 관련)]**

2. 소방서

구분	기자재명 및 시설규모
안전장비 (8종)	보호용 작업복, 보호용 장갑, 안전화, 안전모, 마스크(방진마스크, 방독마스크), 보안경, 안전고리, 공기호흡기세트

| 편저자 우성천

약력

現) 동해안권경제자유구역청 건축위원회 위원
前) 소방공무원으로 25년간 근무(소방사~소방정)
前) 경기도 소방학교 교무과장 및 서무과장 역임
前) 초당대학교 소방행정학과 교수(학과장, 소방박물관장) 역임
前) 국립강원대학교 소방방재학부 교수(학부장, 주임 교수) 역임
前) 한국화재소방학회 총무이사 및 연구이사 역임
前) 국가위기관리학회 강원지회장 역임
前) 삼척시, 홍천군, 동해시, 태백시, 화성시 등 건축심의위원회 위원 역임
前) 전국소방공무원 필기시험 출제위원 및 검토위원 역임
前) 한국산업인력공단 필기시험 출제위원 및 검토위원 역임(소방설비기사 · 소방설비산업기사)

2022 에듀윌 소방공무원 실전동형 모의고사 소방학개론+소방관계법규

발 행 일	2022년 1월 13일 초판
편 저 자	우성천
펴 낸 이	이중현
펴 낸 곳	(주)에듀윌
등록번호	제25100-2002-000052호
주 소	08378 서울특별시 구로구 디지털로34길 55 코오롱싸이언스밸리 2차 3층

ISBN 979-11-360-1459-7 13350

www.eduwill.net

대표전화 1600-6700

여러분의 작은 소리
에듀윌은 크게 듣겠습니다.

본 교재에 대한 여러분의 목소리를 들려주세요.
공부하시면서 어려웠던 점, 궁금한 점,
칭찬하고 싶은 점, 개선할 점, 어떤 것이라도 좋습니다.

에듀윌은 여러분께서 나누어 주신 의견을
통해 끊임없이 발전하고 있습니다.

에듀윌 도서몰 book.eduwill.net

- 부가학습자료 및 정오표: 에듀윌 도서몰 → 도서자료실
- 교재 문의: 에듀윌 도서몰 → 문의하기 → 교재(내용, 출간) / 주문 및 배송

2022

에듀윌 소방공무원

실전동형 모의고사

에듀윌 소방공무원

실전동형 모의고사 | 소방학개론+소방관계법규 12회

최신 기출문제와
1:1 유형 매칭

오답률 TOP 3 문항
& 선지별 선택률 수록

전 회차
무료 해설강의

기출재구성 모의고사
2회 추가 제공

1초 합격예측!
모바일 성적분석표

2017/2020 공무원 온라인 과정 환급자 수 비교

2022, 2021 대한민국 브랜드만족도 소방공무원 교육 1위 (한경비즈니스)
2020, 2019 한국브랜드만족지수 소방공무원 교육 1위 (주간동아, G밸리뉴스)

고객의 꿈, 직원의 꿈, 지역사회의 꿈을 실현한다

펴낸곳 (주)에듀윌 **펴낸이** 이중현 **출판총괄** 김형석
개발책임 진현주 **개발** 고원, 이혜린
주소 서울시 구로구 디지털로34길 55 코오롱싸이언스밸리 2차 3층
대표번호 1600-6700 **등록번호** 제25100-2002-000052호

에듀윌 도서몰 book.eduwill.net
• 부가학습자료 및 정오표: 에듀윌 도서몰 → 도서자료실
• 교재 문의: 에듀윌 도서몰 → 문의하기 → 교재(내용, 출간) / 주문 및 배송

한국사능력검정시험 기본서/2주끝장/기출/우선순위50/초등

조리기능사 필기/실기

제과제빵기능사 필기/실기

SMAT 모듈A/B/C

ERP정보관리사 회계/인사/물류/생산(1, 2급)

전산세무회계 기초서/기본서/기출문제집

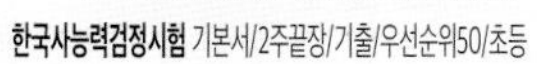

어문회 한자 2급 | 상공회의소한자 3급

ToKL 한권끝장/2주끝장

KBS한국어능력시험 한권끝장/2주끝장/문제집/기출문제집

한국실용글쓰기

매경TEST 기본서/문제집/2주끝장

TESAT 기본서/문제집/기출문제집

스포츠지도사 필기/실기구술 한권끝장

산업안전기사 | 산업안전산업기사

위험물산업기사 | 위험물기능사

무역영어 1급 | 국제무역사 1급

운전면허 1종·2종

컴퓨터활용능력 | 워드프로세서

월간시사상식 | 일반상식

월간NCS | 매1N

NCS 통합 | 모듈형 | 피듈형

PSAT형 NCS 수문끝

PSAT 기출완성 | 6대 출제사 기출PACK

한국철도공사 | 서울교통공사 | 부산교통공사

국민건강보험공단 | 한국전력공사

한수원 | 수자원 | 토지주택공사

행과연 | 기업은행 | 인천국제공항공사

대기업 인적성 통합 | GSAT

LG | SKCT | CJ | L-TAB

ROTC·학사장교 | 부사관

※ YES24 수험서 자격증 주택관리사 베스트셀러 1위 (2010년 12월, 2011년 3월, 9월, 12월, 2012년 1월, 3월~12월, 2013년 1월~5월, 8월~11월, 2014년 2월~8월, 10월~12월, 2015년 1월~5월, 7월~12월, 2016년 1월~12월, 2017년 1월~12월, 2018년 1월~12월, 2019년 1월~12월, 2020년 1월~7월, 9월~12월, 2021년 1월~12월, 2022년 1월 월별 베스트, 매월 1위 교재는 다름)
※ YES24 국내도서 해당분야 월별, 주별 베스트 기준